୩୦ ଦିନରେ ଫଟାଫଟ୍ ଇଂରାଜୀ ଶିଖନ୍ତୁ

ମୁଖ୍ୟ ସଂପାଦକ
କୃଷ୍ଣ ଗୋପାଳ ବିକଲ
ସହ-ସଂପାଦକ
ଅମିତାଭ ଧିଙ୍ଗ୍ରା

ଡାଇମଣ୍ଡ ବୁକ୍ସ

www.diamondbook.in

***Publisher* : Diamond Books (P.) Limited**
X-30, Okhla Industrial Area,
Phase-II, New Delhi-110020
Phone : 011-40712100
E-Mail : sales@dpb.in
Website : www.diamondbook.in

Edition : 2020
Printer : Adarsh Printers, Shahdara, Delhi-32

---

୩୦ ଦିନରେ ଫଟାଫଟ୍ ଇଂରାଜୀ ଶିଖନ୍ତୁ
30 Din Me Fatafat Angrejee Sikhen (Odia)
by Krishna Gopal Vikal

ଭୂମିକା

ଇଂରାଜୀ ଭାଷାର ପ୍ରସିଦ୍ଧ ବିଦ୍ୱାନମାନଙ୍କ ଦ୍ୱାରା ପ୍ରସ୍ତୁତ କରାଯାଇଥିବା ଏହି କୋର୍ସ କିଛି ଦିନର ନିରନ୍ତର ଅଭ୍ୟାସ ଦ୍ୱାରା ଧାରାପ୍ରବାହ ଇଂରାଜୀ କହିପାରିବା ସହ ପଢିବା ତଥା ଲେଖିବା ଶିଖାଇବାର ଏକ ଅଦ୍ୱିତୀୟ କୋର୍ସ ଅଟେ, ଯାହା ଅନ୍ୟ କୋର୍ସ ଠାରୁ ସଂପୂର୍ଣ୍ଣ ଭିନ୍ନ ତଥା ଏକ ପ୍ରଭାବୀ ପଦ୍ଧତି ଉପରେ ଆଧାରିତ । ଏହି କୋର୍ସ ଆପଣଙ୍କୁ କେବଳ କିଛି ଶବ୍ଦ ତଥା ବାକ୍ୟ ଶିଖାଇବ ନାହିଁ ବରଂ ଇଂରାଜୀ ଭାଷାର ଗଭୀରତା ପର୍ଯ୍ୟନ୍ତ ପହଞ୍ଚିବାରେ ସାହାଯ୍ୟ କରିବ । ଏଥି ସହ ଏହି କୋର୍ସ ଆଧୁନିକ ପ୍ରଣାଳୀରେ ଇଂରାଜୀ ଶିଖିବା ପାଇଁ ମନରେ ଆଗ୍ରହ ସୃଷ୍ଟି କରିବ ।

ଅଧିକାଂଶ ଛାତ୍ର ମେଟ୍ରିକ, ହାୟର ସେକେଣ୍ଡାରୀ ତଥା ସ୍ନାତକ ଡିଗ୍ରୀ ହାସଲ କରିବା ପରେ ବି ଶୁଦ୍ଧ ଇଂରାଜୀ କହିପାରନ୍ତି ନାହିଁ । ଏହା ଦ୍ୱାରା ସେମାନେ ନିଜେ ଲଜ୍ଜିତ ଅନୁଭବ କରିବା ସହ ସମ୍ମୁଖରେ ଥିବା ବ୍ୟକ୍ତି ଉପରେ ଏହି ଅଶୁଦ୍ଧ ଇଂରାଜୀର ବିପରୀତ ପ୍ରଭାବ ମଧ୍ୟ ପଡ଼ିଥାଏ । ସେମାନେ ଚାକିରି, ବ୍ୟବସାୟ ତଥା ଅନ୍ୟାନ୍ୟ ଗୁରୁତ୍ୱପୂର୍ଣ୍ଣ ପରିସ୍ଥିତିରେ ନିଜର ପ୍ରଭାବ ପକାଇ ପାରନ୍ତି ନାହିଁ, ଯାହାର ମୂଳ କାରଣ ହେଉଛି ଇଂରାଜୀରେ କଥାବାର୍ତ୍ତା କରିବାରେ ଅସମର୍ଥତା ।

ସାଧାରଣତଃ ଦେଖା ଯାଇଛି ଯେ ଓଡ଼ିଆ ମାଧ୍ୟମରେ ପାଠ ପଢୁଥିବା ଛାତ୍ରଛାତ୍ରୀମାନେ ଆଗାମୀ ଦିନରେ ଇଂରାଜୀ ଭାଷା ଶିଖିବାରେ ଅଜ୍ଞ ବହୁତେ ଅସୁବିଧାର ସମ୍ମୁଖୀନ ହୋଇ ଥାଆନ୍ତି । ଏହି କଥାକୁ ଧ୍ୟାନରେ ରଖି ପ୍ରୟାସ କରାଯାଇଛି ଯେ ଏହି ବିଧି ଦ୍ୱାରା ଆପଣ ଯାହା ବି କିଛି ପଢ଼ିବେ ତାହା ଆପଣଙ୍କର ଭଲ ରୂପେ ମନେ ରହିଯାଉ, ଆପଣଙ୍କୁ ଅସୁବିଧା ନହେଉ ତଥା ଆପଣ ନ ଅଟକି ଇଂରାଜୀ କହିପାରିବାରେ ସଫଳ ହୁଅନ୍ତୁ । ଆପଣ ବି ଇଂରାଜୀରେ କଥା କହି ଅନେକ ଗୁରୁତ୍ୱପୂର୍ଣ୍ଣ ସ୍ଥାନରେ ବହୁତ ଭଲ ପ୍ରଭାବ ବିସ୍ତାର କରିପାରିବେ ।

ଆପଣ ଜାଣନ୍ତି ଯେ ଇଂରାଜୀ ଭାଷା ଏକ ଅନ୍ତରାଷ୍ଟ୍ରୀୟ ଭାଷା ହୋଇସାରିଛି । ଏହି ଇଂରାଜୀ ଭାଷାର ବିସ୍ତୃତିକୁ ବିଚାରରେ ରଖି ସହଜ ତଥା ସରଳ ପ୍ରଣାଳୀରେ ଓଡ଼ିଆ ଭାଷାକୁ ମାଧ୍ୟମ ରୂପେ ବ୍ୟବହାର କରି '୩୦ ଦିନରେ ଫଟାଫଟ୍ ଇଂରାଜୀ ଶିଖନ୍ତୁ' ପୁସ୍ତକଟିକୁ ରଚନା କରାଯାଇଛି । ଏହାକୁ ଅଧ୍ୟୟନ କରି ସାଧାରଣ ବିଦ୍ୟାର୍ଥୀ, କର୍ମଚାରୀ ଅଥବା ବ୍ୟବସାୟୀ ସ୍ୱଳ୍ପ ଅଭ୍ୟାସ ଦ୍ୱାରା ଫଟାଫଟ୍ ଇଂରାଜୀ କହିପାରିବେ ।

–ଲେଖକ

ପ୍ରକାଶକୀୟ

ଆମ ଦେଶର ଜାତୀୟ ସଂହତି ତଥା ଏକତା ବୃଦ୍ଧି କରିବାର ମହତ୍ତ୍ୱାକାଂକ୍ଷା ନେଇ ଆମେ 'ଭାଷା ଶିଖନ୍ତୁ' ନାମକ ଏକ ନୂତନ ପୁସ୍ତକ ଶୃଙ୍ଖଳା ପ୍ରକାଶିତ କରୁଛୁ, ଯାହା ଦ୍ୱାରା ଦେଶର ଅଗଣିତ ଜନସାଧାରଣ ନିଜର ମାତୃଭାଷାକୁ ମାଧ୍ୟମ ରୂପେ ବ୍ୟବହାର କରି ଅନ୍ୟ ଭାଷା ଶିଖି ପାରିବେ ଏବଂ ଏହା ଦ୍ୱାରା ବିଚାର ଓ ଭାବନାର ସଫଳ ଆଦାନପ୍ରଦାନ କରି ପାରସ୍ପରିକ ସମ୍ବନ୍ଧକୁ ଦୃଢ଼ତର କରିପାରିବେ।

ଏହି ସିରିଜ୍ ଅନ୍ତର୍ଗତ ପ୍ରତ୍ୟେକ ପୁସ୍ତକକୁ ପାଞ୍ଚଟି ମୁଖ୍ୟ ବିଭାଗରେ ବିଭକ୍ତ କରାଯାଇଛି। ପ୍ରଥମ ଦୁଇଟି ବିଭାଗ ଭାଷା ବାବଦରେ ମୌଳିକ ଜ୍ଞାନ ପ୍ରଦାନ କରୁଥିବା ବେଳେ ଶେଷ ତିନୋଟି ବିଭାଗ ଭାଷାର ପ୍ରତ୍ୟେକ୍ଷ ପ୍ରୟୋଗ ତଥା ବିଭିନ୍ନ ପରିସ୍ଥିତିରେ କଥାବାର୍ତ୍ତାର ଆଦର୍ଶ ନମୂନା ପ୍ରସ୍ତୁତ କରୁଛି।

ଏହି ପୁସ୍ତକଗୁଡ଼ିକର ମୂଳ କଳେବର ବିଶିଷ୍ଟ ଲେଖକ ତଥା ସଂପାଦକ ଶ୍ରୀ କୃଷ୍ଣ ଗୋପାଳ ଏବଂ ତାଙ୍କର ସହାୟକ ଶ୍ରୀ ଅମିତାଭ ଧିଙ୍ଗ୍ରାଙ୍କ ଦ୍ୱାରା ରଚିତ। ଏହା ସହ ସମ୍ବନ୍ଧିତ ଭାଷା ବିଷୟକ ପୁସ୍ତକ ରଚନା ସମୟରେ ସେହି ନିର୍ଦ୍ଦିଷ୍ଟ ଭାଷା ବାବଦରେ ଜ୍ଞାନ ରଖିଥିବା ବିଶିଷ୍ଟ ଭାଷାବିତ୍‌ମାନଙ୍କର ସହାୟତା ନିଆଯାଇ ପୁସ୍ତକର ଉପଯୋଗୀତାକୁ ବୃଦ୍ଧି କରିବାର ପ୍ରୟାସ କରାଯାଇଛି।

ଆମର ଆଶା ତଥା ବିଶ୍ୱାସ ଏହି 'ଭାଷା ଶିକ୍ଷା' ସିରିଜ୍ ପୁସ୍ତକଗୁଡ଼ିକ ବିଭିନ୍ନ ଭାଷାଭାଷୀମାନଙ୍କ ମଧ୍ୟରେ ପାରସ୍ପରିକ ବୁଝାମଣାକୁ ବୃଦ୍ଧି କରାଇ ଦେଶରେ ଜାତୀୟ ସଂହତି ଏବଂ ଏକତା ସ୍ଥାପନ କରିବାରେ ସହାୟକ ହେବ।

– Narender Kumar Verma
nk@dpb.in

ବିଷୟବସ୍ତୁ CONTENTS

ଭାଗ ୧ - ବର୍ଣ୍ଣମାଳା
PART-1–ALPHABET

୧ମ ସୋପାନ 1ST STEP

ଆପଣମାନଙ୍କୁ ସ୍ୱାଗତ

WELCOME YOU ALL

ଏହି ପୁସ୍ତକ ଆପଣଙ୍କ ହାତରେ ଥିବାରୁ ଆମେ ଅନୁଭବ କରୁଛୁ ଯେ ଆପଣଙ୍କର ଇଂରାଜୀ ଶିଖିବା ପାଇଁ ଆଗ୍ରହ ରହିଛି। ଏହା ଅତ୍ୟନ୍ତ ଆନନ୍ଦର ବିଷୟ।

ବିଶ୍ୱରେ ଥିବା ସମସ୍ତ ଭାଷା ମଧ୍ୟରେ ଇଂରାଜୀ ହିଁ ଏମିତି ଭାଷା ଯାହାକୁ ଅଧିକ ଦେଶର ଲୋକେ କହନ୍ତି ଏବଂ ବୁଝିଥାନ୍ତି ମଧ୍ୟ। ଦେଶ-ଦେଶ ମଧ୍ୟରେ ଯୋଗସୂତ୍ର ରକ୍ଷା କରିବା ପାଇଁ ଇଂରାଜୀ ଭାଷା ବ୍ୟବହାର କରାଯାଇଥାଏ। ବ୍ୟବସାୟ, ବାଣିଜ୍ୟ, କ୍ରୀଡ଼ା, ସଂସ୍କୃତି, ପର୍ଯ୍ୟଟନ ଆଦି କ୍ଷେତ୍ରରେ ମଧ୍ୟ ଇଂରାଜୀ ଭାଷାର ମହତ୍ତ୍ୱ ରହିଛି।

ଆମେ ଆପଣଙ୍କୁ ସ୍ୱାଗତ ଜଣାଉଛୁ ଯେ ଆପଣ ଆପଣଙ୍କ ବହୁମୂଲ୍ୟ ସମୟ ଦେଇ ଏହି ପୁସ୍ତକକୁ ପଢ଼ିବା ପାଇଁ ଆଣିଛନ୍ତି। ଆପଣଙ୍କୁ ଆମେ ପ୍ରତିଶ୍ରୁତି ଦେଉଛୁ କି ଆପଣ ଏଥିରେ ନିଶ୍ଚିତ ସଫଳ ହେବେ। ଆପଣ କ୍ରମାଗତ ଭାବେ ଏହି ପୁସ୍ତକର ସୋପାନ ଦେଇ ଗତିକରିବା ସହିତ ଇଂରାଜୀରେ ଦକ୍ଷତା ହାସଲ କରିପାରିବେ। ଆସନ୍ତୁ ଆମର ଇଂରାଜୀ ଶିକ୍ଷା ଯାତ୍ରାକୁ ଆରମ୍ଭ କରିବା।

ବାର୍ତ୍ତାଳାପରେ ଅଭିବାଦନ ବାକ୍ୟ (Sentences of Greetings in Conversation):

ଇଂରାଜୀରେ ଅଭିବାଦନ କିମ୍ବା ପ୍ରଣାମ ଜଣାଇବା ପାଇଁ ସମୟାନୁଯାୟୀ ବାକ୍ୟ ରହିଛି, ଉଦାହରଣ ସ୍ୱରୂପ- 'Good morning', 'Good evening', 'Good night' ଇତ୍ୟାଦି। କିନ୍ତୁ ଓଡ଼ିଆରେ ଆମେ ଯେତେବେଳେ ସାକ୍ଷାତ ହୁଏ ନମସ୍କାର କିମ୍ବା ପ୍ରଣାମ ଆଦି କହିଥାଉ। ବିଭିନ୍ନ ଧର୍ମ ଏବଂ ବର୍ଗର ଲୋକେ ସେମାନଙ୍କ ନିଜ ରୁଚି ଅନୁସାରେ ଅଭିବାଦନ ଶବ୍ଦ ବ୍ୟବହାର କରନ୍ତି, ଯେମିତି- ରାମ ରାମ ! ଜୁହାର ! ସତ୍ ଶ୍ରୀ ଅକାଲ ! ସଲାମ ଆଲେକୁମ ଇତ୍ୟାଦି।

ଦେଖାହେଲେ (While meeting)

ନମସ୍କାର, ମହାଶୟ !	Good morning, Sir!	ଗୁଡ୍ ମର୍ଣ୍ଣିଂ ସାର୍ !
ନମସ୍କାର, ମହାଶୟା !	Good morning, Madam!	ଗୁଡ୍ ମର୍ଣ୍ଣିଂ ମାଡାମ୍ !
ପ୍ରଣାମ, ମିତ୍ର !	Good afternoon, my friend!	ଗୁଡ୍ ଆଫଟରନୁନ୍ ମାଇଁ ଫ୍ରେଣ୍ଡ !
ପ୍ରଣାମ, ଭାଇ !	Good afternoon, my brother!	ଗୁଡ୍ ଆଫଟରନୁନ୍ ମାଇଁ ବ୍ରଦର୍ !
ନମସ୍କାର, ମହୋଦୟ !	Good evening, boss!	ଗୁଡ୍ ଇଭିନିଙ୍ଗ୍, ବସ୍ !
ପ୍ରଣାମ, ବନ୍ଧୁ !	Good evening, my comrade!	ଗୁଡ୍ ଇଭିନିଙ୍ଗ୍, ମାଇ କମ୍ରେଡ !
ଶୁଭରାତ୍ରି, ଭଉଣୀ !	Good night, my sister!	ଗୁଡ୍ ନାଇଟ୍, ମାଇ ସିଷ୍ଟର୍ !

ବିଦାୟ ନେଲାବେଳେ (While departing)

ବିଦାୟ, ପିଲାମାନେ !	Good bye, my child!	ଗୁଡ୍ ବାଏ, ମାଇ ଚାଇଲ୍ଡ !
ବିଦାୟ !	Bye bye!	ବାଏ ବାଏ !
ବିଦାୟ !	Ta-Ta!	ଟା - ଟା !
ଶୁଭ ବିଦାୟ !	Good bye!	ଗୁଡ୍ ବାଏ !

ଶୁଭକାମନା (Good wishes)

ଶୁଭ ଦିପାବଳୀ !	Happy Diwali!	ହାପୀ ଦିୱାଲି !
ଇଦ୍ ର ଶୁଭେଚ୍ଛା !	Happy Id!	ହାପୀ ଇଦ୍ !
ଗୁରୁପର୍ବ ର ଅଭିନନ୍ଦନ !	Happy Guru parva!	ହାପୀ ଗୁରୁ ପର୍ବ !
କ୍ରିସ୍‌ମସ ର ଅଭିନନ୍ଦନ !	Happy X-mas!	ହାପୀ କ୍ରିସ୍‌ମସ !

REMARKS

ଇଂରାଜୀରେ ଅଭିବାଦନ ଜଣାଇବା ପାଇଁ ସମସ୍ତେ ଗୁଡ୍ ମର୍ଣ୍ଣିଙ୍ଗ୍ (Good Morning) କିମ୍ବା ଗୁଡ୍ ଇଭିନିଙ୍ଗ୍ (Good Evening) କୁହନ୍ତି । ଆନ୍ତରିକ ଶୁଭେଚ୍ଛା ପ୍ରଦର୍ଶନ କରିବା ପାଇଁ ଜଣେ ମୁସ୍‌ଲିମ ସଲାମ ଆଲେକୁମ (Salam Alekum), ଜଣେ ସିଖ୍ ସତ୍ ଶ୍ରୀ ଅକାଲ (Sat Shree Akal), ଜଣେ ଜାତୀୟତାବାଦୀ ଜୟ ହିନ୍ଦ୍ (Jai Hind) ଏବଂ ଜଣେ ମନୁଷ୍ୟବାଦୀ ଜୟ ଜଗତ୍ (Jai Jagat) କହିଥାନ୍ତି ।

୨ୟ ସୋପାନ 2ND STEP

ବର୍ଣ୍ଣମାଳା
ALPHABET

ଇଂରାଜୀ ଭାଷା ହେଉଛି ପଶ୍ଚିମ ଜର୍ମାନିକ୍ ଭାଷା ଯାହାର ଉତ୍ପତ୍ତି ଆଙ୍ଗ୍‌ଲୋ-ଫ୍ରିଜିଆନ କରିଥିଲେ ଏବଂ ଏହା ମଝମରୁ ସପ୍ତମ ଶତାବ୍ଦୀ ମଧ୍ୟରେ ଜର୍ମାନୀୟ ଦାର୍ଶନିକଙ୍କ ଦ୍ୱାରା ବ୍ରିଟେନ୍‌କୁ ଆସିଥିଲା, ଯାହା ବର୍ତ୍ତମାନର ଉତ୍ତର-ପଶ୍ଚିମ ଜର୍ମାନୀ, ପଶ୍ଚିମ ଡେନ୍‌ମାର୍କ ଏବଂ ନେଦରଲାଣ୍ଡ।

ଇଂରାଜୀ ବର୍ଣ୍ଣମାଳାକୁ ଦୁଇ ଭାଗରେ ବିଭକ୍ତ କରାଯାଇଛି, ଯେଉଁଥିରେ ସ୍ୱରବର୍ଣ୍ଣ ୫ଟି ଏବଂ ବ୍ୟଞ୍ଜନ ବର୍ଣ୍ଣ ୨୧ଟି ରହିଛି।

ଏଠାରେ ଆମେ ଇଂରାଜୀ ବର୍ଣ୍ଣମାଳା ଆଲୋଚନା କରିବା।

CAPITAL LETTERS ବଡ଼ ଅକ୍ଷର

A	B	C	D	E	F	G
ଏ	ବି	ସି	ଡି	ଇ	ଏଫ୍	ଜି
H	I	J	K	L	M	N
ଏଚ୍	ଆଇ	ଜେ	କେ	ଏଲ୍	ଏମ୍	ଏନ୍
O	P	Q	R	S	T	U
ଓ	ପି	କ୍ୟୁ	ଆର୍	ଏସ୍	ଟି	ୟୁ
	V	W	X	Y	Z	
	ଭି	ଡବ୍‌ଲ୍ୟୁ	ଏକ୍‌ସ୍	ୱାଇ	ଜେଡ୍	

SMALL LETTERS ସାନ ଅକ୍ଷର

a	b	c	d	e	f	g
ଏ	ବି	ସି	ଡି	ଇ	ଏଫ୍	ଜି
h	i	j	k	l	m	n
ଏଚ୍	ଆଇ	ଜେ	କେ	ଏଲ୍	ଏମ୍	ଏନ୍
o	p	q	r	s	t	u
ଓ	ପି	କ୍ୟୁ	ଆର୍	ଏସ୍	ଟି	ୟୁ

v	w	x	y	z
ଭି	ଡବ୍ଲ୍ୟୁ	ଏକ୍ସ୍	ୱାଇ	ଜେଡ୍

ଇଂରାଜୀ ବର୍ଣ୍ଣମାଳାରେ ୨୬ଟି ଅକ୍ଷର ରହିଛି । ସେଗୁଡ଼ିକୁ ଦୁଇ ପ୍ରକାରେ ଲେଖାଯାଇଥାଏ, ଯଥା- ବଡ଼ ଅକ୍ଷର 'Capital letter' ଏବଂ ଛୋଟ ଅକ୍ଷର 'Small letter' । ବର୍ତ୍ତମାନ ଆମେ ସ୍ୱରବର୍ଣ୍ଣ ବିଷୟରେ ଆଲୋଚନା କରିବା ।

VOWELS ସ୍ୱରବର୍ଣ୍ଣ

A	*E*	*I*	*O*	*U*
ଏ	ଇ	ଆଇ	ଓ	ୟୁ
a	*e*	*i*	*o*	*u*
ଏ	ଇ	ଆଇ	ଓ	ୟୁ

ଇଂରାଜୀରେ ସ୍ୱରବର୍ଣ୍ଣ ବିନା କୌଣସି ଶବ୍ଦ ସମ୍ଭବ ନୁହେଁ ।

ଓଡ଼ିଆରେ ଉଚ୍ଚାରଣ—

A	B	C	D	E	F	G
ଅ,ଆ	ବ	କ,ସ	ଡ,ଦ	ଏ,ଇ	ଫ	ଗ
H	I	J	K	L	M	N
ହ	ଇ	ଜ	କ	ଲ,ଳ	ମ	ନ
O	P	Q	R	S	T	U
ଓ,ଅ	ପ	କ୍ୱ	ର	ସ	ଟ,ତ	ଉ,ଅ
	V	W	X	Y	Z	
	ଭ	ୱ	ଏକ୍ସ	ୟ	ଜ	

ଟିପ୍ପଣୀ REMARKS

* **ଇଂରାଜୀ ବର୍ଣ୍ଣମାଳାର a, e, i, o, u ଏହି ପାଞ୍ଚଟି ଅକ୍ଷରକୁ ସ୍ୱରବର୍ଣ୍ଣ କୁହାଯାଏ । ଏହା ସାହାଯ୍ୟରେ ଅନ୍ୟ ଏକୋଇଶଟି ଅକ୍ଷର ଉଚ୍ଚାରଣ କରାଯାଏ ।**

୩ୟ ସୋପାନ 3RD STEP

ବ୍ୟଞ୍ଜନ ବର୍ଣ୍ଣ
CONSONANTS

ଆମେ ଜାଣିଛେ, ଇଂରାଜୀ ବର୍ଣ୍ଣମାଳାରେ ୨୧ଟି ବ୍ୟଞ୍ଜନ ବର୍ଣ୍ଣ ରହିଛି। ସେଥି ମଧ୍ୟରୁ କେତେକ ଓଡ଼ିଆ ଅକ୍ଷର ଭଳି ଉଚ୍ଚାରିତ ହୋଇଥାଏ।

ନିମ୍ନରେ ବ୍ୟଞ୍ଜନ ବର୍ଣ୍ଣଗୁଡ଼ିକୁ ପୁନର୍ବାର ଦିଆଗଲା, ସାଧାରଣତଃ ଯେଉଁଭଳି ଇଂରାଜୀ ପୁସ୍ତକରେ ଲେଖାଯାଇଥାଏ।

CAPITAL LETTERS ବଡ଼ ଅକ୍ଷର

B	**C**	**D**	**F**	**G**	**H**	**J**
ବି	ସି	ଡି	ଏଫ୍	ଜି	ଏଚ୍	ଜେ
K	**L**	**M**	**N**	**P**	**Q**	**R**
କେ	ଏଲ୍	ଏମ୍	ଏନ୍	ପି	କ୍ୟୁ	ଆର୍
S	**T**	**V**	**W**	**X**	**Y**	**Z**
ଏସ୍	ଟି	ଭି	ଡବ୍ଲ୍ୟୁ	ଏକ୍ସ୍	ୱାଇ	ଜେଡ୍

SMALL LETTERS ଛୋଟ ଅକ୍ଷର

b	**c**	**d**	**f**	**g**	**h**	**j**
ବି	ସି	ଡି	ଏଫ୍	ଜି	ଏଚ୍	ଜେ
k	**l**	**m**	**n**	**p**	**q**	**r**
କେ	ଏଲ୍	ଏମ୍	ଏନ୍	ପି	କ୍ୟୁ	ଆର୍
s	**t**	**v**	**w**	**x**	**y**	**z**
ଏସ୍	ଟି	ଭି	ଡବ୍ଲ୍ୟୁ	ଏକ୍ସ୍	ୱାଇ	ଜେଡ୍

1. ଓଡ଼ିଆ ଅକ୍ଷର 'ଅ' ଏବଂ 'ଆ' ପାଇଁ **'a'** ବ୍ୟବହୃତ ହୁଏ। 'ଟ' ଏବଂ 'ତ' ପାଇଁ **'t'** ବ୍ୟବହୃତ ହୁଏ। 'ଡ' ଏବଂ 'ଦ' ପାଇଁ **'d'** ବ୍ୟବହୃତ ହୁଏ।
2. କେତେକ ସ୍ଥାନରେ **'c'** ଅକ୍ଷର **'ସ'** ପରି ଉଚ୍ଚାରଣ କରାଯାଏ।
   ଯେପରିକି:- City (ସିଟୀ), **Cell** (ସେଲ୍) ଇତ୍ୟାଦି।
3. କେତେକ ସ୍ଥାନରେ **'th'** କୁ **'ଦ'** ପରି ଉଚ୍ଚାରଣ କରାଯାଏ।
   ଯେପରିକି:- the (ଦି), **this** (ଦିସ୍), **those** (ଦୋଜ୍) ଇତ୍ୟାଦି।
4. ଓଡ଼ିଆ ବର୍ଣ୍ଣମାଳା, ମାତ୍ରା ଓ ଯୁକ୍ତାକ୍ଷର ଗୁଡ଼ିକର ଇଂରାଜୀ ରୂପ ସାହାଯ୍ୟରେ ଯେ କୌଣସି ନାମ-

ବୋଧକ ଶବ୍ଦକୁ ଇଂରାଜୀରେ ଲେଖାଯାଇ ପାରେ। ଇଂରାଜୀ ରୂପର ପ୍ରଥମ ଅକ୍ଷର ବଡ଼ ଅକ୍ଷର **(Capital letter)** ହେବ।

5. ଗୋଟିଏ ସ୍ୱରବର୍ଣ୍ଣ ଓ ଗୋଟିଏ ବ୍ୟଞ୍ଜନ ବର୍ଣ୍ଣ ସାହାଯ୍ୟରେ ଶବ୍ଦ ଗଠନ:

A ଏ - ଗୋଟିଏ	**He ହି - ସେ**	**Am ଆମ୍ -ଅଟେ, ଅଛି**
Is ଇଜ୍ - ଅଟେ, ଅଛି	**Do ଡୁ - କରିବା**	**An ଆନ୍ - ଗୋଟିଏ**
We ଉଇ- ଆମ୍ଭେମାନେ	**At ଆଟ୍-ରେ, ଠାରେ**	**On ଅନ୍ - ଉପରେ**
Go ଗୋ - ଯିବା	**I ଆଇ - ମୁଁ**	**My ମାଇଁ - ମୋର**
It ଇଟ୍ - ଏହା	**Up ଅପ୍ - ଉପରେ**	**So ସୋ - ସେପରି**

English letters with Abbreviated forms of Odia Vowel (ମାତ୍ରା):

ଅ-କାର	ଆ-କାର(ା)	ଇ-କାର(ି)	ଈ-କାର(ୀ)	ଉ-କାର(ୁ)	ଊ-କାର(ୂ)
a	**a**	**e, i**	**ee, i**	**u**	**u, oo**
ଋ-କାର(ୃ)	ଏ-କାର(େ)	ଐ-କାର(ୈ)	ଓ-କାର(ୋ)	ଔ-କାର(ୌ)	ଅନୁସ୍ୱାର(ଂ)
ru	**e**	**ai**	**o**	**au, aw**	**n, an**
ବିସର୍ଗ(ଃ)	ଚନ୍ଦ୍ରବିନ୍ଦୁ(ଁ)	ଯ-ଫଳା(୍ୟ)	ର-ଫଳା(୍ର)		ଳ ବା ଲ-ଫଳା(୍ଲ)
h, ah	**n, an**	**ya**	**ra**		**la**
ବ-ଫଳା(୍ୱ)		ମ-ଫଳା(୍ମ)		ନ-ଫଳା(୍ନ)	ରେଫ୍ (ର୍)
wa		**ma**		**na**	**r**

ବର୍ଣ୍ଣଗୁଡ଼ିକର ଉଚ୍ଚାରଣ (Pronunciation of Alphabets)

ଆସନ୍ତୁ ଜାଣିବା ବ୍ୟଞ୍ଜନବର୍ଣ୍ଣ ସହ ସ୍ୱରବର୍ଣ୍ଣର ଉଚ୍ଚାରଣ କେମିତି ହୋଇଥାଏ।

Letter	Pronunciation	Remarks
a	ଏ	a, as in **ape** (ଏପ୍) ମାଙ୍କଡ଼
b	ବି	b, as in **bag** (ବ୍ୟାଗ୍) ମୁଣା
c	ସି	c, as in **cat** (କ୍ୟାଟ୍) ବିରାଡ଼ି
d	ଡି	d, as in **dog** (ଡଗ୍) କୁକୁର
e	ଇ	e, as in **egg** (ଏଗ୍) ଅଣ୍ଡା
f	ଏଫ୍	f, as in **fan** (ଫ୍ୟାନ୍) ପଙ୍ଖା
g	ଜି	g, as in **gun** (ଗନ୍) ବନ୍ଧୁକ
h	ଏଚ୍	h, as in **hen** (ହେନ୍) କୁକୁଡ଼ା
i	ଆଇ	i, as in **ink** (ଇଙ୍କ୍) କାଳି
j	ଜେ	j, as **jar** (ଜାର୍) ଘଡ଼ି
k	କେ	k, as in **kid** (କିଡ୍) ଛେଳିଛୁଆ
l	ଏଲ୍	l, as in **leg** (ଲେଗ୍) ଗୋଡ଼

m	ଏମ୍	m, as in **man** (ମ୍ୟାନ୍) ମଣିଷ
n	ଏନ୍	n, as in **net** (ନେଟ୍) ଜାଲ
o	ଓ	o, as in **owl** (ଓଲ୍) ପେଚା
p	ପି	p, as in **pig** (ପିଗ୍) ଘୁଷୁରି
q	କ୍ୟୁ	q, as in **queen** (କ୍ୱୀନ୍) ରାଣୀ
r	ଆର୍	r, as in **rat** (ର୍ୟାଟ୍) ମୂଷା
s	ଏସ୍	s, as in **sun** (ସନ୍) ସୂର୍ଯ୍ୟ
t	ଟି	t, as in **toy** (ଟୟ) ଖେଳନା
u	ୟୁ	u, as in **umbrella** (ଅମ୍ବ୍ରେଲା) ଛତା
v	ଭି	v, as a **van** (ଭ୍ୟାନ୍) ଗାଡ଼ି
w	ଡବ୍ଲ୍ୟୁ	w, as in **watch** (ୱାଚ୍) ହାତଘଣ୍ଟା
x	ଏକ୍ସ୍	x, as in **x-mas** (ଏକ୍ସମାସ୍) ବଡ଼ଦିନ ପର୍ବ
y	ୱାଇ	y, as in **yak** (ୟାକ୍) ଚମରିଗାଈ
z	ଜେଡ୍	z, as in **zoo** (ଜୁ) ଚିଡ଼ିଆଖାନା

'ୟା' ଉଚ୍ଚାରଣ ଅନୁଯାୟୀ 'A' ର ବ୍ୟବହାର:

Mat ମ୍ୟାଟ୍- ମଶିଣା	Hat ହ୍ୟାଟ୍- ଟୋପି	Bat ବ୍ୟାଟ୍- ବ୍ୟାଟ୍
Cap କ୍ୟାପ୍- ଟୋପି	Map ମ୍ୟାପ୍- ମାନଚିତ୍ର	Tap ଟ୍ୟାପ୍- ପାଣିକଳ
Can କ୍ୟାନ୍- ବାଲଟି	Man ମ୍ୟାନ୍- ମଣିଷ	Ran ର୍ୟାନ୍- ଦଉଡ଼ିଲା
Fat ଫ୍ୟାଟ୍- ମୋଟା	Bad ବ୍ୟାଡ୍- ଖରାପ	Cat କ୍ୟାଟ- ବିରାଡ଼ି
Rat ର୍ୟାଟ୍- ମୂଷା	Fan ଫ୍ୟାନ୍- ପଙ୍ଖା	Back ବ୍ୟାକ୍- ପଛ
Sand ସ୍ୟାଣ୍ଡ୍- ବାଲି	Bag ବ୍ୟାଗ୍- ଥଳୀ	Band ବ୍ୟାଣ୍ଡ୍- ଦଳ

'ଏ' ଉଚ୍ଚାରଣ ଅନୁଯାୟୀ 'E' ର ବ୍ୟବହାର:

Pen ପେନ୍- କଲମ	Hen ହେନ୍-ମାଈକୁକୁଡ଼ା	Ten ଟେନ୍-ଦଶ(୧୦)
Net ନେଟ୍- ଜାଲ	Pet ପେଟ୍- ପୋଷା	Get ଗେଟ୍- ଆଣିବା
Bed ବେଡ୍- ବିଛଣା	Red ରେଡ୍ - ଲାଲ	Shed ସେଡ୍- ଘର
Peg ପେଗ୍- କିଳା	Tell ଟେଲ୍- କହିବା	Bell ବେଲ୍- ଘଣ୍ଟି

କିଛି ପ୍ରମୁଖ ଉକ୍ତି ମନେରଖନ୍ତୁ

1. **ପ୍ରତ୍ୟେକ ବାକ୍ୟର ପ୍ରଥମ ଅକ୍ଷର ବଡ଼ ଅକ୍ଷରରେ (Capital letter) ଲେଖାଯାଏ।**
   ଯେପରିକି- A cat ran ଇତ୍ୟାଦି।
2. **କୌଣସି ଶବ୍ଦର ପ୍ରଥମ ଅକ୍ଷର a, e, i, o, u ହୋଇଥିଲେ, ତାହା ପୂର୍ବରୁ an ବସେ, ନଚେତ୍ a ବସେ।**
   ଯେପରିକି- an ass, an egg, a man, a pen ଇତ୍ୟାଦି।

୪ର୍ଥ ସୋପାନ 4TH STEP

ବର୍ଣ୍ଣମାଳା କେମିତି ଲେଖିବା
HOW TO WRITE ALPHABET

1. ଇଂରାଜୀକୁ ପଶ୍ଚିମ ଜର୍ମାନୀୟ ଲିପିରେ ଲେଖାଯାଏ। ଏହି ଲିପିକୁ ରୋମାନ୍ ଲିପି ଭଳି ବାମରୁ ଡାହାଣକୁ ଲେଖାଯାଏ। କିନ୍ତୁ ଏହି ଲିପି ଉପରେ ହିନ୍ଦୀ ପରି ଗାର ଟଣାଯାଏ ନାହିଁ।
2. କେମିତି ଲେଖିବା ଆରମ୍ଭ କରିବେ ତାହା ସ୍ପଷ୍ଟ ଭାବରେ 1, 2, 3, 4, 5 ସଂଖ୍ୟା ସାହାଯ୍ୟରେ ଚିହ୍ନଟ କରାଯାଇଛି। ସେହି ଅନୁସାରେ ଲେଖିବା ଆରମ୍ଭ କରନ୍ତୁ, ଆପଣ ନିଶ୍ଚୟ ଠିକ୍ ବାଟରେ ଯାଉଥିବା ଅନୁଭବ କରିପାରିବେ।

ଆସନ୍ତୁ ସ୍ୱରବର୍ଣ୍ଣ ଏବଂ ବ୍ୟଞ୍ଜନବର୍ଣ୍ଣ ଲେଖିବା ଆରମ୍ଭ କରିବା।

ସ୍ୱରବର୍ଣ୍ଣ VOWELS

	ଏ	ଇ	ଆଇ	ଓ	ୟୁ
ବଡ଼ ଅକ୍ଷର-	A	E	I	O	U
ଛୋଟ ଅକ୍ଷର-	a	e	i	o	u

ବ୍ୟଞ୍ଜନ CONSONANTS

ବଡ଼ ଅକ୍ଷର Capital Letters:

B-ବି **C-ସି** **D-ଡି** **F-ଏଫ୍** **G-ଜି**

H-ଏଚ୍ **J-ଜେ** **K-କେ** **L-ଏଲ୍** **M-ଏମ୍**

N-ଏନ୍ **P-ପି** **Q-କ୍ୟୁ** **R-ଆର୍** **S-ଏସ୍**

T-ଟି **V-ଭି** **W-ଡବ୍ଲ୍ୟୁ** **X-ଏକ୍ସ** **Y-ୱାଇ** **Z-ଜେଡ୍**

ଛୋଟ ଅକ୍ଷର Small Letters:

b-ବି	c-ସି	d-ଡି	f-ଏଫ୍	g-ଜି	
h-ଏଚ୍	j-ଜେ	k-କେ	l-ଏଲ୍	m-ଏମ୍	
n-ଏନ୍	p-ପି	q-କ୍ୟୁ	r-ଆର୍	s-ଏସ୍	
t-ଟି	v-ଭି	w-ଡବ୍ଲ୍ୟୁ	x-ଏକ୍ସ	y-ଓ୍ୱାଇ	z-ଜେଡ୍

ଟିପ୍ପଣୀ REMARKS

1. ଇଂରାଜୀ ଭାଷାରେ ମୋଟ୍ ଛବିଶଟି ଅକ୍ଷର ବା ବର୍ଣ୍ଣ ଅଛି। ପ୍ରତ୍ୟେକ ବର୍ଣ୍ଣକୁ Capital Letter (ବଡ଼ ଅକ୍ଷର) କିମ୍ବା Small Letter (ସାନ ଅକ୍ଷର) ରେ ଲେଖାଯାଏ। ଉପରେ ଦିଆଯାଇଥିବା ଦୁଇ ପ୍ରକାର ଅକ୍ଷର ବହିରେ ବ୍ୟବହାର କରାଯାଏ।
2. କୌଣସି ଶବ୍ଦର ମଝିରେ କିମ୍ବା ଶେଷରେ 'w' କିମ୍ବା 'y' ରହିଲେ ତାହା ସ୍ୱରବର୍ଣ୍ଣ ପରି ଉଚ୍ଚାରଣ କରାଯାଏ।

   Example: Cow - କାଓ, Cycle - ସାଇକଲ୍

୫ମ ସୋପାନ 5TH STEP

VOWELS & THEIR ABBREVIATED FORMS

ସ୍ୱର ଏବଂ ସେଗୁଡ଼ିକର ମାତ୍ରା

'ଇ' ଉଚ୍ଚାରଣ ଅନୁଯାୟୀ 'I' ର ବ୍ୟବହାର:

Pig ପିଗ୍- ଘୁଷୁରି	Big ବିଗ୍ - ବଡ଼	Fig ଫିଗ୍- ଡିମିରି ଫଳ
Pin ପିନ୍- କଣ୍ଟା	Tin ଟିନ୍- ଟିଣ	Sit ସିଟ୍- ବସିବା
Lid ଲିଡ୍- ଘୋଡ଼ଣୀ	Fish ଫିସ୍ - ମାଛ	Dish ଡିସ୍- ଥାଳିଆ
Ship ସିପ୍- ଜାହାଜ	Tip ଟିପ୍- ଅଗ	Kill କିଲ୍- ମାରିଦେବା

'ଓ' ଉଚ୍ଚାରଣ ଅନୁଯାୟୀ 'O' ର ବ୍ୟବହାର:

Pot ପଟ୍- ପାତ୍ର	Cot କଟ୍ - ଖଟିଆ	Hot ହଟ୍- ଗରମ
Box ବକ୍ସ- ବାକ୍ସ	Fox ଫକ୍ସ- କୋକିଶିଆଳ	Hog ହଗ୍- ଘୁଷୁରି
God ଗଡ୍- ପରମେଶ୍ୱର	Rod ରଡ୍ - ଛଡ଼	Log ଲଗ୍- କାଠ ଗଣ୍ଡି
Dog ଡଗ୍- କୁକୁର	Got ଗଟ୍- ପାଇଲା	Doll ଡଲ୍- ଖେଳନା

'ଅ' ଉଚ୍ଚାରଣ ଅନୁଯାୟୀ 'U' ର ବ୍ୟବହାର:

Sun ସନ୍- ସୂର୍ଯ୍ୟ	Gun ଗନ୍ - ବନ୍ଧୁକ	Run ରନ୍- ଦଉଡ଼ିବା
Jug ଜଗ୍- ପାଣିପାତ୍ର	Mug ମଗ୍- ମଗ	Bug ବଗ୍- ଓଡ଼ଶ
Hut ହଟ୍- କୁଡ଼ିଆ	Cup କପ୍ - କପ୍	Tub ଟବ୍- ପାଣିକୁଣ୍ଡ
Pup ପପ୍- କୁକୁର ଛୁଆ	Cut କଟ୍- କାଟିବା	Burn ବର୍ଣ୍ଣ- ପୋଡ଼ିବା
Bus ବସ୍- ମୋଟର ବସ୍	Lunch ଲଞ୍ଚ- ଭୋଜନ	Jump ଜମ୍ପ- ଡେଇଁବା

ଆସନ୍ତୁ ଶିଖିବା:

You ୟୁ- ତୁମେ, ତୁମ୍ଭେମାନେ	Am ଆମ୍ - ଅଟେ, ଅଛି
Are ଆର୍- ଅଟେ, ଅଛନ୍ତି	Is ଇଜ୍- ଅଟେ, ଅଛି

Boy ବୟ- ବାଳକ

She ସି- ସେ (ସ୍ତ୍ରୀଲୋକ)

Was ୱାଜ୍ - ଥିଲା, ଥିଲେ

Were ୱଏର୍.- ଥିଲେ

Here ହିଅର୍- ଏଠାରେ

Girl ଗାର୍ଲ- ବାଳିକା

They ଦେ- ସେମାନେ

Shall be ସାଲ୍ ବି - ଥିବି, ଥିବୁ

Will be ଉଇଲ୍ ବି- ଥିବ, ଥିବେ

There ଦେୟାର୍- ସେଠାରେ

ନିମ୍ନରେ ସ୍ୱରବର୍ଣ୍ଣର ସାଙ୍କେତିକ ରୂପ ଦିଆଯାଇଛି, ଯାହାକୁ ମାତ୍ରା କୁହାଯାଏ।
ବ୍ୟଞ୍ଜନ ବର୍ଣ୍ଣ ସହିତ ସ୍ୱରବର୍ଣ୍ଣର ସାଙ୍କେତିକ ରୂପ (ମାତ୍ରା) ସଂଯୋଗୀକରଣ-

1. ଆସନ୍ତୁ ସମସ୍ତ ସ୍ୱରବର୍ଣ୍ଣର ସାଙ୍କେତିକ ରୂପକୁ ବ୍ୟଞ୍ଜନବର୍ଣ୍ଣ ସହିତ ସଂଯୋଗ କରିବା.

କ	କା	କି	କୀ	କୁ	କୂ	କୃ	କେ	କୈ	କୋ	କୌ	କଂ	କଃ
ka	kā	ki	kī	ku	kū	kr̥	ke	kai	ko	kau	kaṁ	kaḥ

ଏହିପରି 'ମାତ୍ରା' ସମସ୍ତ ବ୍ୟଞ୍ଜନବର୍ଣ୍ଣ ସହିତ ସଂଯୋଗ ହୋଇପାରିବ। ଏବେ ବ୍ୟଞ୍ଜନବର୍ଣ୍ଣ ସହିତ ସ୍ୱରବର୍ଣ୍ଣର ସଂଯୋଗୀକରଣକୁ ବିସ୍ତୃତ କରିବା।

ଖ	ଖା	ଖି	ଖୀ	ଖୁ	ଖୂ	ଖୃ	ଖେ	ଖୈ	ଖୋ	ଖୌ	ଖଂ	ଖଃ
kha	khā	khi	khī	khu	khū	khr̥	khe	khai	kho	khau	khṁ	khaḥ
ଗ	ଗା	ଗି	ଗୀ	ଗୁ	ଗୂ	ଗୃ	ଗେ	ଗୈ	ଗୋ	ଗୌ	ଗଂ	ଗଃ
ga	gā	gi	gī	gu	gū	gr̥	ge	gai	go	gau	gaṁ	gaḥ
ଘ	ଘା	ଘି	ଘୀ	ଘୁ	ଘୂ	ଘୃ	ଘେ	ଘୈ	ଘୋ	ଘୌ	ଘଂ	ଘଃ
gha	ghā	ghi	ghī	ghu	ghū	ghr̥	ghe	ghai	gho	ghau	ghaṁ	ghaḥ
ଚ	ଚା	ଚି	ଚୀ	ଚୁ	ଚୂ	ଚୃ	ଚେ	ଚୈ	ଚୋ	ଚୌ	ଚଂ	ଚଃ
cha	chā	chi	chī	chu	chū	chr̥	che	chai	cho	chau	chaṁ	chaḥ
ଟ	ଟା	ଟି	ଟୀ	ଟୁ	ଟୂ	ଟୃ	ଟେ	ଟୈ	ଟୋ	ଟୌ	ଟଂ	ଟଃ
ta	tā	ti	tī	tu	tū	tr̥	te	·tai	to	tau	taṁ	taḥ
ତ	ତା	ତି	ତୀ	ତୁ	ତୂ	ତୃ	ତେ	ତୈ	ତୋ	ତୌ	ତଂ	ତଃ
ta	tā	ti	tī	tu	tū	tr̥	te	tai	to	tau	taṁ	taḥ
ପ	ପା	ପି	ପୀ	ପୁ	ପୂ	ପୃ	ପେ	ପୈ	ପୋ	ପୌ	ପଂ	ପଃ
pa	pā	pi	pī	pu	pū	pr̥	pe	pai	po	pau	paṁ	paḥ

ଯ	ଯା	ଯି	ଯୀ	ଯୁ	ଯୂ	ଯୃ	ଯେ	ଯୈ	ଯୋ	ଯୌ	ଯଂ	ଯଃ
ya	yā	yi	yī	yu	yū	yr̥	ye	yai	yo	yau	yaṁ	yaḥ
ର	ରା	ରି	ରୀ	ରୁ	ରୂ	–	ରେ	ରୈ	ରୋ	ରୌ	ରଂ	ରଃ
ra	rā	ri	rī	ru	rū	–	re	rai	ro	rau	raṁ	raḥ
ଲ	ଲା	ଲି	ଲୀ	ଲୁ	ଲୂ	ଲୃ	ଲେ	ଲୈ	ଲୋ	ଲୌ	ଲଂ	ଲଃ
la	lā	li	lī	lu	lū	lr̥	le	lai	lo	lau	laṁ	laḥ
ବ	ବା	ବି	ବୀ	ବୁ	ବୂ	ବୃ	ବେ	ବୈ	ବୋ	ବୌ	ବଂ	ବଃ
ba	bā	bi	bī	bu	bū	br̥	be	bai	bo	bau	baṁ	baḥ
ଶ	ଶା	ଶି	ଶୀ	ଶୁ	ଶୂ	ଶୃ	ଶେ	ଶୈ	ଶୋ	ଶୌ	ଶଂ	ଶଃ
śa	śā	śi	śī	śu	śū	śr̥	śe	śai	śo	śau	śaṁ	śaḥ
ସ	ସା	ସି	ସୀ	ସୁ	ସୂ	ସୃ	ସେ	ସୈ	ସୋ	ସୌ	ସଂ	ସଃ
sa	sā	si	sī	su	sū	sr̥	se	sai	so	sau	saṁ	saḥ
ହ	ହା	ହି	ହୀ	ହୁ	ହୂ	ହୃ	ହେ	ହୈ	ହୋ	ହୌ	ହଂ	ହଃ
ha	hā	hi	hī	hu	hū	hr̥	he	hai	ho	hau	haṁ	haḥ

etc. ଇତ୍ୟାଦି-ଇତ୍ୟାଦି

2. ସମାନ ପ୍ରଣାଳୀରେ ସମସ୍ତ ବ୍ୟଞ୍ଜନବର୍ଣ୍ଣ ସହିତ ସ୍ୱରବର୍ଣ୍ଣର ସାଙ୍କେତିକ ରୂପ (ମାତ୍ରା) ବ୍ୟବହାର ହୋଇପାରିବ, କେବଳ ଉ ଏବଂ ଊ ସହିତ ର ସଂଯୋଗ ବ୍ୟତୀତ-

ର୍ + ଉ = ର   ର୍ + ଊ = ର

ସ୍ୱରବର୍ଣ୍ଣ ସହିତ ବ୍ୟଞ୍ଜନବର୍ଣ୍ଣ ସଂଯୋଗ ଦ୍ୱାରା ଶବ୍ଦ ଗଠନ

Making words by combining vowels with consonants

ଆସନ୍ତୁ ବ୍ୟଞ୍ଜନବର୍ଣ୍ଣ ସହିତ ସ୍ୱରବର୍ଣ୍ଣ ସଂଯୋଗ କରି ଶବ୍ଦ ତିଆରି କରିବା। ଏହିପରି ଆମେ ଇଂରାଜୀ ଭାଷାର ବିଭିନ୍ନ ଧ୍ୱନୀ ବିଷୟରେ ଜ୍ଞାନ ଆହରଣ କରିବା ଏବଂ ବିଭିନ୍ନ ଶବ୍ଦର ଅର୍ଥ ଜାଣିବା।

(i) ବ୍ୟଞ୍ଜନ ସହ ସ୍ୱର ବର୍ଣ୍ଣର ସଂଯୋଗ

Combining the vowel with consonants

opening ଓପନିଙ୍ଗ, ଖୋଲୁଅଛି

throwing ଥ୍ରୋଇଙ୍ଗ, ଫିଙ୍ଗୁଅଛି

showing ଶୋଇଙ୍ଗ, ଦେଖାଉଅଛି

sitting ସିଟିଙ୍ଗ, ବସିଅଛି

dancing ଡାନ୍‌ସିଙ୍ଗ, ନାଚୁଅଛି

eating ଇଟିଙ୍ଗ, ଖାଉଅଛି

washing ଓ୍ୟାସିଙ୍ଗ, ଧୋଉଅଛି

hearing ହିଅରିଙ୍ଗ, ଶୁଣୁଅଛି

skipping ସ୍କିପିଙ୍ଗ, ଡେଉଁଅଛି

digging ଡିଗିଙ୍ଗ, ଖୋଳୁଅଛି

laughing ଲାଫିଙ୍ଗ, ହସୁଅଛି

playing ପ୍ଲେଇଙ୍ଗ, ଖେଳୁଅଛି

carrying କ୍ୟାରିଙ୍ଗ, ବହନକରୁଛି

sweeping ସୁଇପିଙ୍ଗ, ଝାଡୁ ଦେଉଛି

catching କ୍ୟାଚିଙ୍ଗ, ଧରୁଅଛି

swimming ସୁଇମିଙ୍ଗ, ପହଁରୁଅଛି

drinking ଡ୍ରିଙ୍କିଙ୍ଗ, ପିଉଅଛି

writing ରାଇଟିଙ୍ଗ, ଲେଖୁଅଛି

breaking ବ୍ରେକିଙ୍ଗ, ଭାଙ୍ଗୁଅଛି

driving ଡ୍ରାଇଭିଙ୍ଗ, ଚଳାଉଅଛି

counting କାଉଣ୍ଟିଙ୍ଗ, ଗଣୁଅଛି

crying କ୍ରାଇଙ୍ଗ, କାନ୍ଦୁଅଛି

smelling ସ୍ମେଲିଙ୍ଗ, ଶୁଙ୍ଘୁଅଛି

watering ଓ୍ୱାଟରିଙ୍ଗ, ପାଣି ଦେଉଛି

closing କ୍ଲୋଜିଙ୍ଗ, ବନ୍ଦ କରୁଅଛି

flying ଫ୍ଲାଇଙ୍ଗ, ଉଡ଼ାଉଅଛି

plucking ପ୍ଲକିଙ୍ଗ, ତୋଳୁଅଛି

ploughing ପ୍ଲୋଇଙ୍ଗ, ଚାଷକରୁଛି

(ii) ବ୍ୟଞ୍ଜନବର୍ଣ୍ଣ ସହିତ *a, ae, ai (ଅ, ଆ, ଏ)* ମାତ୍ରା ସଂଯୋଗ

Combining the vowel a, ae, ai (ଅ, ଆ, ଏ) with consonants

class କ୍ଲାସ୍, ଶ୍ରେଣୀ

grass ଗ୍ରାସ୍, ଘାସ

fall ଫଲ୍, ପଡ଼ିବା

able ଏବଲ୍, ସକ୍ଷମ

table ଟେବଲ୍, ଟେବୁଲ

make ମେକ୍, କରିବା

mail ମେଲ୍, ଡାକ

train ଟ୍ରେନ୍, ରେଳଗାଡ଼ି

fair ଫେୟାର୍, ମେଳା

glass ଗ୍ଲାସ୍, ଗିଲାସ

ball ବଲ୍, ପେଣ୍ଡୁ

tall ଟଲ୍, ଡେଙ୍ଗା

cable କେବଲ୍, କେବୁଲ୍

face ଫେସ୍, ମୁହଁ

take ଟେକ୍, ନେବା

tail ଟେଲ୍, ଲାଞ୍ଜ

chair ଚେୟାର୍, ଚୌକି

pair ପେୟାର୍, ଯୋଡ଼ି

(iii) ବ୍ୟଞ୍ଜନବର୍ଣ୍ଣ ସହିତ e, ea, ee *(ଇ, ଈ)* ମାତ୍ରା ସଂଯୋଗ

Combining the vowel e, ea, ee *(ଇ, ଈ) with consonants*

he ହି, ସେ (ପୁରୁଷ)

we ୱି, ଆମ୍ଭେ

she ସି, ସେ (ସ୍ତ୍ରୀ)

beat ବୀଟ୍, ବାଡ଼େଇବା

feat ଫୀଟ୍, କୌଶଳ

dear ଡିଅର୍, ପ୍ରିୟ

near ନିଅର୍, ନିକଟ

seed ସୀଡ୍, ମଞ୍ଜି

seat ସୀଟ୍, ଆସନ

fear ଫିଅର୍, ଭୟ

cheese ଚୀଜ୍, ଛେନା

geese ଗୀଜ୍, ରାଜହଂସୀ

(iv) ବ୍ୟଞ୍ଜନବର୍ଣ୍ଣ ସହିତ *i, ie* (ଇ, ଈ, ଆ, ଆଇ) ମାତ୍ରା ସଂଯୋଗ

Combining the vowel i, ie (ଇ, ଈ, ଆ, ଆଇ) *with consonants*

milk ମିଲ୍କ୍, ଦୁଧ

stick ଷ୍ଟିକ୍, ବାଡ଼ି

dirt ଡାର୍ଟ୍, ମଇଳା

kind କାଇଣ୍ଡ୍, ଦୟା

rice ରାଇସ୍, ଚାଉଳ

pie ପାଇ, ପାହୁଲା

friend ଫ୍ରେଣ୍ଡ୍, ବନ୍ଧୁ

trick ଟ୍ରିକ୍, କୌଶଳ

bird ବାର୍ଡ୍, ପକ୍ଷୀ

girl ଗାର୍ଲ୍, ବାଳିକା

price ପ୍ରାଇସ୍, ମୂଲ୍ୟ

die ଡାଇ, ମରିବା

tie ଟାଇ, ବାନ୍ଧିବା

field ଫୀଲ୍ଡ୍, ପଡ଼ିଆ

(v) ବ୍ୟଞ୍ଜନବର୍ଣ୍ଣ ସହିତ *o, oa, oo, ou* (ଅ, ଆ, ଉ, ଓ) ମାତ୍ରା ସଂଯୋଗ

Combining the vowel o, oa, oo, ou (ଅ, ଆ, ଉ, ଓ) *with consonants*

frock ଫ୍ରକ୍, ଜାମା

frog ଫ୍ରଗ୍, ବେଙ୍ଗ

goat ଗୋଟ୍, ଛେଳି

look ଲୁକ୍, ଦେଖ

wood ଉଡ୍, କାଠ

door ଡୋର୍, କବାଟ

cloud କ୍ଲାଉଡ୍, ମେଘ

gold ଗୋଲ୍ଡ୍, ସୁନା

coat କୋଟ୍, କୋଟ୍

road ରୋଡ୍, ରାସ୍ତା

food ଫୁଡ୍, ଖାଦ୍ୟ

blood ବ୍ଲଡ୍, ରକ୍ତ

floor ଫ୍ଲୋର୍, ଚଟାଣ

house ହାଉସ୍, ଘର

(vi) ବ୍ୟଞ୍ଜନବର୍ଣ୍ଣ ସହିତ *u, ue* (ଉ, ଅ, ଇଉ) ମାତ୍ରା ସଂଯୋଗ

pull ପୁଲ୍, ଟାଣିବା

rule ରୁଲ୍, ନିୟମ

run ରନ୍, ଦୌଡ଼ିବା

mule ମିଉଲ୍, ଖଚର

tube ଟିଉବ୍, ନଳ

clue କ୍ଲୁ, ସୂତ୍ର

push ପୁସ୍, ଠେଲିବା

burn ବର୍ଣ୍ଣ, ପୋଡ଼ିବା

dust ଡଷ୍ଟ, ଧୂଳି

pure ପିଓର୍, ପବିତ୍ର

blue ବ୍ଲୁ, ନୀଳବର୍ଣ୍ଣ

true ଟ୍ରୁ, ସତ

(vii) ବ୍ୟଞ୍ଜନବର୍ଣ୍ଣ ସହିତ *y, ay, ey, oy (ଆଇ, ଏ, ଅଇ)* ମାତ୍ରା ସଂଯୋଗ

fly ଫ୍ଲାଇ, ଉଡ଼ିବା

try ଟ୍ରାଇ, ଚେଷ୍ଟା କରିବା

ray ରେ, କିରଣ

grey ଗ୍ରେ, ଧୂସର

they ଦେ, ସେମାନେ

joy ଜୟ, ଆନନ୍ଦ

sky ସ୍କାଇ, ଆକାଶ

day ଡେ, ଦିନ

tray ଟ୍ରେ, ପାତ୍ର

prey ପ୍ରେ, ଶିକାର

boy ବୟ, ବାଳକ

toy ଟୟ, ଖେଳନା

ଟିପ୍ପଣୀ REMARKS

1. **କୌଣସି ଶବ୍ଦ (ବିଶେଷ୍ୟ ପଦ) ପୂର୍ବରୁ a କିମ୍ବା an ବସିଲେ ତାହାର ଅର୍ଥ ଏକ (୧) ହୁଏ, ଯେପରିକି:- a lid (ଏକ ଘୋଡ଼ଣୀ) an ape (ଏକ ପାତିମାଙ୍କଡ଼) ଇତ୍ୟାଦି।**
2. **The (ଦି) ର ଅର୍ଥ 'ଟି'। ଯେପରିକି- The book-ବହିଟି, The gun-ବନ୍ଧୁକଟି, The dog-କୁକୁରଟି ଇତ୍ୟାଦି।**
3. **ଇଂରାଜୀରେ a, an, the ପ୍ରତ୍ୟେକଙ୍କୁ Article (ଆର୍ଟିକିଲ୍) କୁହାଯାଏ।**
4. **ପୁରୁଷଙ୍କ ପାଇଁ he, ସ୍ତ୍ରୀଙ୍କ ପାଇଁ she, ପ୍ରାଣୀ ଓ ବସ୍ତୁ ପାଇଁ it ବସେ।**
5. **ଏକ (୧)ରୁ ଅଧିକ (ବହୁବଚନ) ହେଲେ am, is ବଦଳରେ are ଏବଂ was ବଦଳରେ were ବ୍ୟବହୃତ ହୁଏ।**
6. **I, we, you, they ଏବଂ ବହୁବଚନ ଶବ୍ଦ ପାଇଁ have ବସେ। He, she, it ଏବଂ ଯେକୌଣସି ଏକବଚନ ଶବ୍ଦ ପାଇଁ has ବସେ।**
7. **ରାମର, ସୀତାର ଇତ୍ୟାଦି ପାଇଁ ପ୍ରତ୍ୟେକ ନାମ ସହିତ 's ଯୋଗ ହୁଏ। ଯେପରିକି:- Rama's, Sita's ଇତ୍ୟାଦି।**

୬ଷ୍ଠ ସୋପାନ 6TH STEP

ସଂଯୁକ୍ତ ବର୍ଣ୍ଣ
CONJUNCTS

ସଂଯୁକ୍ତ ବର୍ଣ୍ଣ ହେଉଛି ଏକ ଶବ୍ଦ ଯେପରି-and, but, although, because। ସଂଯୁକ୍ତ ବର୍ଣ୍ଣର ଏକ ଗୁରୁତ୍ୱପୂର୍ଣ୍ଣ କାର୍ଯ୍ୟ ହେଉଛି ଏହା ଅନ୍ୟ ଶବ୍ଦ ଏବଂ ପଦଗୁଡ଼ିକୁ ଏକତ୍ର କରିଥାଏ। ସଂଯୁକ୍ତ ବର୍ଣ୍ଣ ବିନା ଆମେ କେବଳ very, very simple ଭଳି ବାକ୍ୟ ଗଠନ କରିପାରିଥାନ୍ତେ।

ସଂଯୁକ୍ତ ବର୍ଣ୍ଣର ଦୁଇଟି ମୌଳିକ କାର୍ଯ୍ୟ ରହିଛି:-

ସମନ୍ୱୟକାରୀ ସଂଯୁକ୍ତ ବର୍ଣ୍ଣ (Coordinating Conjuctions)- ବ୍ୟାକରଣ ଦୃଷ୍ଟିରୁ ସମାନ ଅର୍ଥ ବ୍ୟକ୍ତ କରୁଥିବା ବାକ୍ୟର ଦୁଇଟି ଭାଗକୁ ଯୋଡ଼ିଥାଏ। ସେହି ଦୁଇଭାଗ ଗୋଟିଏ ଶବ୍ଦ କିମ୍ବା ପଦ ହୋଇପାରନ୍ତି, ଉଦାହରଣ: and, but, for, or, nor, so, yet.

- Jack and Jill went up the hill.
  ଜାକ୍ ଆଣ୍ଡ ଜିଲ୍ ୱେଣ୍ଟ ଅପ୍ ଦ ହିଲ୍।

- The water was warm, but I didn't go swimming.
  ଦ ୱାଟର ୱାଜ୍ ୱାର୍ମ, ବଟ୍ ଆଇ ଡିଡ୍‌ନଟ୍ ଗୋ ସ୍ୱିମିଙ୍ଗ୍।

ଗୌଣ ସଂଯୁକ୍ତ ବର୍ଣ୍ଣ (Subordinating Conjuctions)- ମୁଖ୍ୟ ପଦ ଉପରେ ନିର୍ଭର କରୁଥିବା ଏକ ଗୌଣ ପଦକୁ ଯୋଡ଼ିବା ପାଇଁ ଗୌଣ ସଂଯୁକ୍ତ ବର୍ଣ୍ଣ ବ୍ୟବହାର କରାଯାଏ, ଉଦାହରଣ:

ଆଫ୍ଟର୍ after, ଅଲ୍‌ଦୋ although, ଆଜ୍ as, ବିକଜ୍ because, ବିଫୋର୍ before, ଇଭିନ୍ ଇଫ୍ even if, ଇଭିନ୍ ଦୋ even though, ଇଫ୍ if, ଇନ୍ ଅର୍ଡର୍ ଦାଟ୍ in order that, ୱନ୍ସ once, ପ୍ରୋଭାଇଡେଡ୍ ଦାଟ୍ provided that, ରାଦର୍ ଦ୍ୟାନ୍ rather than, ସିନ୍ସ since, ସୋ ଦାଟ୍ so that, ଦ୍ୟାନ୍ than, ଦାଟ୍ that, ଦୋ though, ଅନ୍‌ଲେସ୍ unless, ଅନ୍‌ଟିଲ୍ until, ହ୍ୱେନ୍ when, ହ୍ୱେନ୍‌ଏଭର୍ whenever, ହ୍ୱେର୍ where, ହ୍ୱେରଆଜ୍ whereas, ହ୍ୱେର୍‌ଏଭର wherever, ହ୍ୱେଦର୍ whether, ହ୍ୱାଇଲ୍ while, ହ୍ୱାଏ why

- I went swimming although it was cold.

ସଂଯୁକ୍ତ ବର୍ଣ୍ଣର ତିନୋଟି ମୌଳିକ ଫର୍ମାଟ୍ ଥାଏ:-

(i) ଏକକ ଶବ୍ଦ single word

ଉଦାହରଣସ୍ୱରୂପ: ଆଣ୍ଡ୍ and, ବଟ୍ but, ବିକଜ୍ because, ଅଲ୍‌ଦୋ although

(ii) ଯୌଗିକ compound (ଅଧିକାଂଶ ସମୟରେ as କିମ୍ବା that ସହିତ ସମାପ୍ତ ହୁଏ)

ଉଦାହରଣସ୍ୱରୂପ: ପ୍ରୋଭାଇଡେଡ୍ ଦାଟ୍ provided that, ଆଜ୍ ଲଙ୍ଗ୍ ଆଜ୍ as long as, ଇନ୍ ଅର୍ଡର୍ ଦାଟ୍ in order that

(iii) ସହସମ୍ବନ୍ଧୀ correlative (ଏକ କ୍ରିୟା ବିଶେଷଣ କିମ୍ବା ବିଶେଷଣ ରୂପରେ ପାଖାପାଖି)

ଉଦାହରଣସ୍ୱରୂପ: ସୋ...ଦାଟ୍ so...that

ଇଂରାଜୀରେ ବ୍ୟବହୃତ ଚିହ୍ନ (terms):

. full stop **ଫୁଲ୍ ଷ୍ଟପ୍**

, comma **କମା**

? question mark **କୋଶ୍ଚିନ୍ ମାର୍କ**

! exclamation mark **ଏକ୍ସ୍‌କ୍ଲାମେସନ୍ ମାର୍କ**

: colon **କୋଲନ୍**

; semi-colon **ସେମି-କୋଲନ୍**

- hyphen (dash) **ହାଇପେନ୍**

& ampersand **ଆମ୍ପରସେଣ୍ଡ୍**

/ virgule (forward slash) **ଫରୱାର୍ଡ ସ୍ଲାସ୍**

\ reversed virgule (backward slash) **ବେକ୍‌ୱାର୍ଡ ସ୍ଲାସ୍**

@ at **ଆଟ୍**

hash **ହାସ୍**

$ dollar symbol **ଡଲାର୍ ସିମ୍ବଲ୍**

' apostrophe **ଆପୋଷ୍ଟ୍ରଫି**

~ tilde **ଟାଇଲଡ୍**

* asterisk **ଆଷ୍ଟରିସ୍କ**

" quotation mark **କ୍ୱଟେସନ୍ ମାର୍କ**

() left / right parentheses **ଲେଫ୍ଟ/ରାଇଟ୍ ପାରେନ୍‌ଥେସିସ୍**

[] left / right square bracket ଲେଫ୍ଟ/ରାଇଟ୍ ସ୍କୋୟାର୍ ବ୍ରାକେଟ୍

{} left / right brace ଲେଫ୍ଟ/ରାଇଟ୍ ବ୍ରାସ୍

<> left / right angle bracket ଲେଫ୍ଟ/ରାଇଟ୍ ଆଙ୍ଗେଲ୍ ବ୍ରାକେଟ୍

ଇଂରାଜୀ କ୍ରିୟାର ତିନି ରୂପ:

	Present	**Past**	**Past Participle**
	ବର୍ତ୍ତମାନ	ଅତୀତ	ଆସନ୍ନ ଅତୀତ
କରିବା	do-ଡୁ	did-ଡିଡ୍	done-ଡନ୍
ଯିବା	go-ଗୋ	went-ଓ୍ୱେଣ୍ଟ	gone-ଗନ୍
ଦେଖିବା	see-ସି	saw-ସ	seen-ସୀନ୍
ପାଇବା	get-ଗେଟ୍	got-ଗଟ୍	got-ଗଟ୍
କାନ୍ଦିବା	cry-କ୍ରାଇ	cried-କ୍ରାଏଡ୍	cried-କ୍ରାଏଡ୍
ଚେଷ୍ଟା କରିବା	try-ଟ୍ରାଇ	tried-ଟ୍ରାଏଡ୍	tried-ଟ୍ରାଏଡ୍
କହିବା	say-ସେ	said-ସେଡ୍	said-ସେଡ୍
ଉଡ଼ିବା	fly-ଫ୍ଲାଇ	flew-ଫ୍ଲିଉ	flown-ଫ୍ଲୋନ୍
ଆସିବା	come-କମ୍	came-କେମ୍	come-କମ୍
ଅନୁଭବ କରିବା	feel-ଫିଲ୍	felt-ଫେଲ୍ଟ	felt-ଫେଲ୍ଟ
ରଖିବା	keep-କିପ୍	kept-କେପ୍ଟ୍	kept-କେପ୍ଟ୍
ଜାଣିବା	know-ନୋ	knew-ନିଉ	known-ନୋନ୍
କହିବା	tell-ଟେଲ୍	told-ଟୋଲ୍ଡ୍	told-ଟୋଲ୍ଡ୍
ନେବା	take-ଟେକ୍	took-ଟୁକ୍	taken-ଟେକେନ୍
ବିକିବା	sell-ସେଲ୍	sold-ସୋଲ୍ଡ୍	sold-ସୋଲ୍ଡ୍
ପଠାଇବା	send-ସେଣ୍ଡ	sent-ସେଣ୍ଟ	sent-ସେଣ୍ଟ
ତିଆରି କରିବା	make-ମେକ୍	made-ମେଡ୍	made-ମେଡ୍
ଶୁଣିବା	hear-ହିୟର	heard-ହର୍ଡ	heard-ହର୍ଡ୍
ପୂର୍ଣ୍ଣ କରିବା	fill-ଫିଲ୍	filled-ଫିଲ୍ଡ୍	filled-ଫିଲ୍ଡ୍
ସଫା କରିବା	wash-ୱାସ୍	washed-ୱାସ୍ଡ୍	washed-ୱାସ୍ଡ୍
ତ୍ୟାଗକରିବା	leave-ଲିଭ୍	left-ଲେଫ୍ଟ୍	left-ଲେଫ୍ଟ୍

କିଛି ଅନୁଚ୍ଚାରିତ ଶବ୍ଦ:-

light ଲାଇଟ୍, ଆଲୋକ

right ରାଇଟ୍, ଠିକ୍

half ହାଫ୍, ଅଧା

knee ନୀ, ଆଣ୍ଠୁ

know ନୋ, ଜାଣିବା

wrong ରଙ୍ଗ୍, ଭୁଲ୍

night ନାଇଟ୍, ରାତି

chalk ଚକ୍, ଚକ୍‌ଖଡ଼ି

talk ଟକ୍, କହିବା

knife ନାଇଫ୍, ଛୁରୀ

write ରାଇଟ୍, ଲେଖିବା

writ ରିଟ୍, ଦରଖାସ୍ତ

ଟିପ୍ପଣୀ REMARKS

1. ଯାଉଛି, ଯାଉଥିଲି, ଯାଉଥିବି ଅର୍ଥରେ କ୍ରିୟାରେ ing ଯୋଗ ହୁଏ।
   ଯଥା- am going, was going, shall be going.
2. ଭବିଷ୍ୟତ ଅର୍ଥରେ I, we ପାଇଁ shall ଏବଂ ଅନ୍ୟାନ୍ୟ ପାଇଁ will ବ୍ୟବହୃତ ହୁଏ।
3. ସମନ୍ୱୟକାରୀ ସଂଯୁକ୍ତ ବର୍ଣ୍ଣ (Coordinating conjunctions) ସର୍ବଦା ଯୋଡ଼ି ହେଉଥିବା ଶବ୍ଦ କିମ୍ବା ପଦ ମଧ୍ୟରେ ରହିଥାଏ।
4. ଗୌଣ ସଂଯୁକ୍ତ ବର୍ଣ୍ଣ (Subordinating conjunctions) ସାଧାରଣତଃ ଗୌଣ ପଦର ଆରମ୍ଭରେ ରହିଥାଏ।
5. ସାତଟି ସମନ୍ୱୟକାରୀ ସଂଯୁକ୍ତ ବର୍ଣ୍ଣ ଶବ୍ଦ ହେଉଛନ୍ତି ଛୋଟ ଏବଂ ସରଳ। ସେଗୁଡ଼ିକ ଦୁଇ କିମ୍ବା ତିନୋଟି ଅକ୍ଷରରେ ତିଆରି। ସେଗୁଡ଼ିକୁ ମନେ ରଖିବା ପାଇଁ ଅତି ସହଜ ଉପାୟ ହେଉଛି- ସେମାନଙ୍କ ପ୍ରଥମ ଅକ୍ଷରର ଉଚ୍ଚାରଣ "FANBOYS"
   ଯେପରି: for, and, nor, but, or, yet, so.

୭ମ ସୋପାନ 7TH STEP

ଶବ୍ଦର ଭେଦ
THE PARTS OF SPEECH

1. ଗୋଟିଏ ବାକ୍ୟକୁ ଦୁଇ ଭାଗରେ ବିଭକ୍ତ କରାଯାଇଛି- ଉଦ୍ଦେଶ୍ୟ (Subject) ଏବଂ ବିଧେୟ (Predicate). ଉଦ୍ଦେଶ୍ୟ ହେଉଛି ବାକ୍ୟର ସେହି ଅଂଶ ଯେଉଁଥିରେ କୌଣସି ବିଷୟରେ କେହି କହିଥାଏ ବିଧେୟ ହେଉଛି ସେହି ବିଷୟରେ ଯାହା କୁହାଯାଇଥାଏ। ଉଭୟ ଉଦ୍ଦେଶ୍ୟ ଏବଂ ବିଧେୟ ଏକାଧିକ ଶବ୍ଦ ହୋଇପାରନ୍ତି। ଏହିପରି ଗୋଟିଏ ବାକ୍ୟରେ ଥିବା ପ୍ରତ୍ୟେକ ଶବ୍ଦର ଗୁରୁତ୍ୱପୂର୍ଣ୍ଣ ଭୂମିକା ରହିଛି।
2. ସେହି ଶବ୍ଦଗୁଡ଼ିକୁ ଆଠଟି ବିଭାଗରେ ବିଭକ୍ତ କରାଯାଇଛି ଯାହାକୁ ଶବ୍ଦର ଭେଦ 'Parts of Speech' କୁହାଯାଏ। ସେଗୁଡ଼ିକ ହେଲା-

1. ସଂଜ୍ଞା (Noun)
2. ସର୍ବନାମ (Pronoun)
3. ବିଶେଷଣ (Adjective)
4. କ୍ରିୟା (Verb)
5. କ୍ରିୟା-ବିଶେଷଣ (Adverb)
6. ସମ୍ବନ୍ଧ-ବୋଧକ (Post-position)
7. ସଂଯୋଗୀକରଣ (Conjunction)
8. ବିସ୍ମୟସୂଚକ (Exclamation)

ପ୍ରଥମ ଚାରୋଟି ହେଉଛି ବିକାରୀ (Declinable), ଏବଂ ଶେଷ ଚାରୋଟି ହେଉଛି ଅବିକାରୀ (Indeclinable).

ଏବେ ନିମ୍ନ ପ୍ରଦତ୍ତ ବାକ୍ୟଟିକୁ ଧ୍ୟାନର ସହ ପଢ଼ନ୍ତୁ—

ଓଃ ! ମୋ ଛୋଟ ଭାଇ ଏବଂ ଭଉଣୀ କୋଠରୀ ଭିତରେ ମୋତେ ଧୀରେ-ଧୀରେ କହିଲେ ।

Oh! Younger brother and sister told me quietly in the room.

ଓଃ ! ୟଙ୍ଗର୍ ବ୍ରଦର୍ ଏଣ୍ଡ ସିଷ୍ଟର୍ ଟୋଲ୍ଡ ମି କ୍ୱାଇଟ୍‌ଲୀ ଇନ୍ ଦି ରୁମ୍।

ଉପରୋକ୍ତ ବାକ୍ୟଟିରେ—

'Oh! Younger brother and sister' ହେଉଛି ଉଦ୍ଦେଶ୍ୟ (subject)

ଏବଂ

'told me quietly in the room' ହେଉଛି ବିଧେୟ (predicate).

ଆସନ୍ତୁ ଏହି ବାକ୍ୟର ପ୍ରତ୍ୟେକ ଶବ୍ଦକୁ ବ୍ୟାକରଣ ଦୃଷ୍ଟିରୁ ବିସ୍ତୃତ ଭାବେ ବ୍ୟାଖ୍ୟା କରିବା ଏବଂ ସେଥିରେ କେଉଁ ଶବ୍ଦ କେଉଁ ଶବ୍ଦଭେଦ 'Part of Speech' ଅନ୍ତର୍ଗତ ତାହା ଜାଣିବା।

(1) ଓଃ (oh) — Exclamation[8]

(2) ଛୋଟ (younger) —Adjective[3]

(3) ଭାଇ (brother) — Noun[1]

(4) ଏବଂ (and) — Conjuction[7]

(5) ଭଉଣୀ (sister) — Noun[1]

(6) ମୋତେ (to me) — Pronoun[2]

(7) କୋଠରୀ ଭିତରେ (inside the room) — Post-position[6]

(8) ଧିରେ-ଧିରେ (quietly) — Adverb[5]

(9) କହିଲେ (told) — Verb[4]

ଏହିପରି ଆମେ ପ୍ରତ୍ୟେକ ଶବ୍ଦଭେଦର 'Parts of Speech' ଭୂମିକା ବିଷୟରେ ଶିଖିବା। ନିମ୍ନଲିଖିତ ଅଧ୍ୟାୟରେ ଆମେ ବାକ୍ୟର ଗଠନ ପ୍ରଣାଳୀ ବାବଦରେ ପୁଙ୍ଖାନୁପୁଙ୍ଖ ଆଲୋଚନା କରିବା।

THE PARTS OF SPEECH
ଶବ୍ଦର ଭେଦ

- DECLINATION
  ବିକାରୀ
  - Noun ସଂଜ୍ଞା (ଭାଇ/ଭଉଣୀ) (କୋଠରୀ)
  - Pronoun ସର୍ବନାମ (ମୋତେ)
  - Adjective ବିଶେଷଣ (ଛୋଟ)
  - Verb କ୍ରିୟା (କହିଲେ)
- INDECLINATION
  ଅବିକାରୀ
  - Abverb କ୍ରିୟା ବିଶେଷଣ (ଧିରେ-ଧିରେ)
  - Post position ସମ୍ବନ୍ଧ ବୋଧକ (ଭିତରେ)
  - Conju-nction ସଂଯୋଜକ (ଏବଂ)
  - Excla-mation ବିସ୍ମୟ ସୂଚକ (ଓଃ !)

ସଂଜ୍ଞା Noun

ସଂଜ୍ଞା ବା **'noun'** ହେଉଛି ଯେକୌଣସି ବ୍ୟକ୍ତି, ସ୍ଥାନ, ଜିନିଷ କିମ୍ବା ଚିନ୍ତନର ନାମ। ଇଂରାଜୀରେ ଅନେକ ପ୍ରକାରର ସଂଜ୍ଞା ରହିଛି। ଯେମିତିକି-

(i) ବ୍ୟକ୍ତିବାଚକ Proper noun (ପ୍ରପର୍ ନାଉନ୍)

ଉଦାହରଣ: Walt Disney, Mount Kilimanjaro, Minnesota, Atlantic Ocean, Australia, Empire State Building, Sun.

(ii) ଜାତିବାଚକ Common noun (କମନ୍ ନାଉନ୍)

ଉଦାହରଣ: man, mountain, state, ocean, country, building, cat.

(iii) ଭାବବାଚକ Abstract noun (ଆବ୍‌ଷ୍ଟ୍ରାକ୍ଟ ନାଉନ୍)

ଉଦାହରଣ: love, wealth, happiness, pride, fear, religion, belief, history, communication.

(iv) ବସ୍ତୁବାଚକ Concrete Noun (କଂକ୍ରିଟ୍ ନାଉନ୍)

ଉଦାହରଣ: house, ocean, bird, photograph, banana, eyes, light, dog, suitcase, flowers.

(v) ଗଣନାତ୍ମକ Countable Noun (କାଉଣ୍ଟେବଲ୍ ନାଉନ୍)

ଉଦାହରଣ: bed, cat, movie, train, country, book, phone, match, speaker, clock, pen, violin.

(vi) ଅଗଣନାତ୍ମକ Uncountable Noun (ଅନ୍‌କାଉଣ୍ଟେବଲ୍ ନାଉନ୍)

ଉଦାହରଣ: milk, rice, snow, rain, water, food, music.

(vii) ଯୌଗିକ Compound Noun (କମ୍ପାଉଣ୍ଡ ନାଉନ୍)

ଉଦାହରଣ: tablecloth, eyeglasses, photograph, daughter-in-law, pigtails, sunlight, snowflake.

(viii) ସମଷ୍ଟିକୃତ Collective Noun (କଲେକ୍ଟିଭ୍ ନାଉନ୍)

ଉଦାହରଣ: bunch, audience, team, group, family, band, village.

(viii) ଅଧିକାର ସୂଚକ Possessive Noun (ପୋଜେସିଭ୍ ନାଉନ୍)

ଉଦାହରଣ: Mom's car, Beth's cat, the student's book.

ନିମ୍ନ ଲିଖିତ ବାକ୍ୟଗୁଡ଼ିକୁ ପଢ଼ନ୍ତୁ-

ଗୋପାଳ ଜଣେ ପୁରୁଷ ଅଟେ ।	Gopal is a man.
ମୁମ୍ବାଇ ଏକ ନଗର ଅଟେ ।	Mumbai is a city.
ବାଇବେଲ ଏକ ପୁସ୍ତକ ଅଟେ ।	Bible is a book.

(i) ଗୋପାଳ, ମୁମ୍ବାଇ ଏବଂ ବାଇବେଲ ହେଉଛନ୍ତି ଯଥାକ୍ରମେ ବ୍ୟକ୍ତି, ସ୍ଥାନ ଏବଂ ଜିନିଷର ନାମ । ତେଣୁ ଏଗୁଡ଼ିକ ବ୍ୟକ୍ତିବାଚକ ବିଶେଷ୍ୟ **proper nouns** ।

(ii) ପୁରୁଷ, ନଗର ଏବଂ ପୁସ୍ତକ ହେଉଛନ୍ତି ସେହି ସମାନ ଶ୍ରେଣୀର ଯଥାକ୍ରମେ ବ୍ୟକ୍ତି, ସ୍ଥାନ ଏବଂ ଜିନିଷର ନାମ । ତେଣୁ ଏଗୁଡ଼ିକ ଜାତିବାଚକ ବିଶେଷ୍ୟ **common nouns** ।

(iii) ଭାବବାଚକ ବିଶେଷ୍ୟ **'Abstract noun'** ହେଉଛି ତୃତୀୟ ପ୍ରକାରର ବିଶେଷ୍ୟ । ଏହା ଏକ ଗୁଣ, ଦେଶ କିମ୍ବା କ୍ରିୟାର ନାମ ହୋଇପାରେ, ଉଦାହରଣ: ପୁରୁଷତ୍ୱ, ନାଗରିକତା, ଜ୍ଞାନ ଇତ୍ୟାଦି ।

ନିମ୍ନ ଲିଖିତ ବାକ୍ୟଗୁଡ଼ିକୁ ପଢ଼ନ୍ତୁ -

(a)	ସତ୍ୟତା ମନୁଷ୍ୟର ସର୍ବୋତ୍ତମ ଗୁଣ ଅଟେ ।	Truth is the best quality of man.
(b)	ମୋ ପିଲାଦିନ କଥା ମୋର ମନେଅଛି ।	I remember my childhood.
(c)	ହାସ୍ୟରେ ଜୀବନ ରହିଛି ।	The life lies in a smile.

ଉପରୋକ୍ତ ବାକ୍ୟରେ ସତ୍ୟତା, ପିଲାଦିନ ଏବଂ ହାସ୍ୟ ହେଉଛନ୍ତି ଭାବବାଚକ ସଂଜ୍ଞା କାରଣ ସେଗୁଡ଼ିକ ଯଥାକ୍ରମେ ଗୁଣ, ରାଜ୍ୟ ଏବଂ କ୍ରିୟାର ନାମ ।

ଭାବବାଚକ ସଂଜ୍ଞାଗୁଡ଼ିକୁ ଉତ୍ପତ୍ତି ଅନୁସାରେ ତିନୋଟି ଶ୍ରେଣୀରେ ରଖାଯାଇପାରିବ:

(1) ଜାତିବାଚକ ସଂଜ୍ଞାରୁ (from common nouns)

(2) ବିଶେଷଣରୁ (from adjectives)

(3) କ୍ରିୟାରୁ (from verbs)

ଜାତିବାଚକ ସଂଜ୍ଞାରୁ From Common Noun

ବ୍ୟକ୍ତିବାଚକ ସଂଜ୍ଞା Common nouns		ଭାବବାଚକ ସଂଜ୍ଞା Abstract nouns	ବ୍ୟକ୍ତିବାଚକ ସଂଜ୍ଞା Common nouns		ଭାବବାଚକ ସଂଜ୍ଞା Abstract nouns
ଶତ୍ରୁ	–	ଶତ୍ରୁତା (enmity)	ପୁରୁଷ	–	ପୁରୁଷତ୍ୱ (manhood)
ମାନବ	–	ମାନବିକତା (humanity)	ଗୁରୁ	–	ଗୁରୁତ୍ୱ (eminence)

ମିତ୍ର	–	ମିତ୍ରତା (friendship)	ଦେବ	–	ଦେବତ୍ୱ (godliness)
ପିଲା	–	ପିଲାଳିଆମୀ (boyhood)	ଶିଶୁ	–	ଶୈଶବ (childhood)
ଚୋର	–	ଚୋରୀ (theft)			

ବିଶେଷଣରୁ From Adjectives

ବିଶେଷଣ Adjectives		ଭାବବାଚକ ସଂଜ୍ଞା Abstract nouns	ବିଶେଷଣ Adjectives		ଭାବବାଚକ ସଂଜ୍ଞା Abstract nouns
ଚତୁର	–	ଚତୁରତା (cleverness)	ଚତୁର	–	ଚାତୁର୍ଯ୍ୟ (cleverness)
ସୁନ୍ଦର	–	ସୁନ୍ଦରତା (beauty)	ସୁନ୍ଦର	–	ସୌନ୍ଦର୍ଯ୍ୟ (beauty)
ମଧୁର	–	ମଧୁରତା (sweetness)	ମଧୁର	–	ମାଧୁର୍ଯ୍ୟ (sweetness)
ଲଘୁ	–	ଲଘୁତା (smallness)	ଲଘୁ	–	ଲଘୁତ୍ୱ (smallness)
ଖଳ	–	ଖଳତା (evil)	ମଙ୍ଗଳ	–	ମାଙ୍ଗଳିକ (welfare)
ଉଚ୍ଚ	–	ଉଚ୍ଚତା (highness)	ଉତ୍କୃଷ୍ଟ	–	ଉତ୍କୃଷ୍ଟତା (goodness)
ଶୀତ	–	ଶୀତୁଆ (coldness)	ବୃଦ୍ଧ	–	ବାର୍ଦ୍ଧକ୍ୟ (old age)
ମୋଟା	–	ମୋଟାପଣ (fatness)			

କ୍ରିୟାରୁ From Verbs

କ୍ରିୟା Verbs		ଭାବବାଚକ ସଂଜ୍ଞା Abstract nouns	କ୍ରିୟା Verbs		ଭାବବାଚକ ସଂଜ୍ଞା Abstract nouns
ଜାଣିବା	–	ଜ୍ଞାନ (knowledge)	ପରଖିବା	–	ପରଖ (investigation)
ଝଗଡ଼ା କରିବା	–	ଝଗଡ଼ା (dispute)	ଛାପିବା	–	ଛାପା (printing)
ଯୁଦ୍ଧ କରିବା	–	ଯୁଦ୍ଧ (battle)	ଲେଖିବା	–	ଲିପି (writing)
ଲେଖିବା	–	ଲେଖା (writing)	ସଜାଇବା	–	ସାଜସଜ୍ଜା (decoration)
ସଞ୍ଚୟ କରିବା	–	ସଞ୍ଚୟ (saving)	ଖର୍ଚ୍ଚ କରିବା	–	ଖର୍ଚ୍ଚ (consumption)

୮ମ ସୋପାନ 8TH STEP

ଲିଙ୍ଗ
GENDER

ଇଂରାଜୀ ଭାଷାରେ ଲିଙ୍ଗ (Gender) ର ଅବଧାରଣା ଅତ୍ୟନ୍ତ ସହଜ। ଏହା Noun କିମ୍ବା Pronoun ର ପୁରୁଷତ୍ୱ ବା ସ୍ତ୍ରୀତ୍ୱ ଗୁଣକୁ ଦର୍ଶାଇଥାଏ।

ଲିଙ୍ଗ ଭେଦ ଅନୁସାରେ ଇଂରାଜୀ ଭାଷାରେ Noun କିମ୍ବା Pronoun କୁ ମୁଖ୍ୟତଃ ଚାରି ଭାଗରେ ବିଭକ୍ତ କରାଯାଇଥାଏ।

1. Masculine (ପୁଲିଙ୍ଗ):

ସମସ୍ତ ପୁରୁଷ ବାଚକ ବିଶେଷ୍ୟ ବା ସର୍ବନାମ ଏହି ବର୍ଗର ଅନ୍ତର୍ଭୁକ୍ତ। ଉଦାହରଣ - boy, man, god, landlord, tiger, horse, rooster, stag, he etc.

2. Feminine (ସ୍ତ୍ରୀଲିଙ୍ଗ):

ସମସ୍ତ ନାରୀ ବାଚକ ବିଶେଷ୍ୟ ବା ସର୍ବନାମ ଏହି ବର୍ଗର ଅନ୍ତର୍ଭୁକ୍ତ। ଉଦାହରଣ - girl, woman, goddess, landlady, tigress, mare, hen, doe, she, etc.

3. Common (ସାଧାରଣ ଲିଙ୍ଗ / ଉଭୟ ଲିଙ୍ଗ):

ଇଂରାଜୀ ଭାଷାରେ ଏମିତି କେତେକ ବିଶେଷ୍ୟ ଶବ୍ଦ ରହିଛି ଯାହା ଉଭୟ ପୁରୁଷ ଏବଂ ନାରୀ ପାଇଁ ବ୍ୟବହୃତ ହୋଇପାରେ। ଏଗୁଡ଼ିକୁ ସାଧାରଣ ବା ଉଭୟ ଲିଙ୍ଗ ବିଶିଷ୍ଟ ଶବ୍ଦ କୁହାଯାଏ। ଉଦାହରଣ - teacher, child, worker, baby, infant, human being, person, etc.

4. Neuter (କ୍ଲୀବଲିଙ୍ଗ):

ଏସବୁ ବ୍ୟତୀତ ଯେଉଁ ଇଂରାଜୀ ବିଶେଷ୍ୟ ବା ସର୍ବନାମ ଗୁଡ଼ିକର କୌଣସି ଲିଙ୍ଗ ନଥାଏ, ତାହାକୁ କ୍ଲୀବଲିଙ୍ଗ କୁହାଯାଏ। ସାଧାରଣତଃ ନିର୍ଜୀବ ବସ୍ତୁଗୁଡ଼ିକ ଏହି ଶ୍ରେଣୀର ଅନ୍ତର୍ଗତ। ଯଥା - stone, table, gold, book etc. ଏହା ଛଡ଼ା ଭାବବାଚକ ବିଶେଷ୍ୟଗୁଡ଼ିକ ମଧ୍ୟ ଏହି କ୍ଲୀବଲିଙ୍ଗର ଅନ୍ତର୍ଗତ। ଯଥା - childhood, independence, intelligence, chairmanship, etc.

ନିମ୍ନରେ କେତେକ ବିଶେଷ୍ୟର Masculine ଏବଂ Feminine ରୂପ ଦିଆଯାଇଛି।

ପୁଲିଙ୍ଗ (Masculine)	ସ୍ତ୍ରୀଲିଙ୍ଗ (Feminine)
ପୁରୁଷ (male)	ସ୍ତ୍ରୀ (female)
କୁକୁର (dog)	ମାଈ କୁକୁର (bitch)
ବୃଷଭ (bull)	ଗାଈ (cow)
ସିଂହ (lion)	ସିଂହୀ (lioness)
ଓଟ (camel)	ମାଈଓଟ (she-camel)
ଘୋଡ଼ା (horse)	ଘୋଡ଼ି (mare)
ବାଳକ (boy)	ବାଳିକା (girl)
ଚାକର (servant)	ଚାକରାଣୀ (maid-servant)
ଧୋବା (washerman)	ଧୋବଣୀ (washerwoman)
ବୁଢ଼ା (old man)	ବୁଢ଼ୀ (old woman)
ପିତା (father)	ମାତା (mother)
ପୁଅ (son)	ଝିଅ (daughter)
ଭାଇ (brother)	ଭଉଣୀ (sister)
ଦାଦା (uncle)	ଖୁଡ଼ୀ (aunt)
ବଡ଼ବାପା (great uncle)	ବଡ଼ମା (great aunt)
ମାମୁଁ (maternal uncle)	ମାଇଁ (maternal aunt)
ଭଣଜା (nephew)	ଭାଣିଜୀ (niece)
ଅଭିନେତା (actor)	ଅଭିନେତ୍ରୀ (actress)
ଲେଖକ (author)	ଲେଖିକା (authoress)
କବି (poet)	କବୟିତ୍ରୀ (poetess)
ପୁରୁଷ (man)	ନାରୀ (woman)
ସମ୍ରାଟ (emperor)	ସାମ୍ରାଜ୍ଞୀ (empress)
ଦେବତା (god)	ଦେବୀ (goddess)
ନାୟକ (hero)	ନାୟିକା (heroine)
ରାଜକୁମାର (prince)	ରାଜକୁମାରୀ (princess)

ବିଶେଷ ସୂଚନା: କେତେକ ଇଂରାଜୀ ଶବ୍ଦର ଉଭୟ ପୁଲିଙ୍ଗ ଏବଂ ସ୍ତ୍ରୀଲିଙ୍ଗ ରୂପ ରହିଥିବା ସତ୍ତ୍ୱେ ବର୍ତ୍ତମାନ ସମୟରେ ଉଭୟ କ୍ଷେତ୍ରରେ ଗୋଟିଏ ଶବ୍ଦ ବ୍ୟବହାର ହେଉଛି । ଯଥା- poet ଶବ୍ଦ । ଏହାର ସ୍ତ୍ରୀଲିଙ୍ଗ ରୂପ poetess ରହିଥିଲେ ମଧ୍ୟ poet ଶବ୍ଦଟି ଉଭୟ ପୁରୁଷ ଏବଂ ସ୍ତ୍ରୀ ବାଚକ ଶବ୍ଦ ଭାବରେ ବ୍ୟବହାର କରାଯାଉଛି । ଏହିଭଳି ଅନ୍ୟ କେତେକ ଶବ୍ଦ ହେଲା - actor, author, governer, priest etc.

୯ମ ସୋପାନ 9TH STEP

ବଚନ
NUMBER

ଅନ୍ୟ ଭାରତୀୟ ଆଞ୍ଚଳିକ ଭାଷା ପରି ଇଂରାଜୀରେ ମଧ୍ୟ ଦୁଇଟି ବଚନ ଅଛି- (i) ଏକବଚନ (Singular) ଏବଂ (ii) ବହୁବଚନ (Plural)। ଇଂରାଜୀରେ ସଂସ୍କୃତ ଭଳି ଦ୍ୱିବଚନ (dual number) ନାହିଁ। ସମସ୍ତ ବିଶେଷ୍ୟ, ବିଶେଷଣ ଏବଂ କ୍ରିୟା ଏହି ଦୁଇଟି ବଚନ ଅଧୀନରେ ଅବସ୍ଥାପିତ।

ଅଧିକାଂଶ ବିଶେଷ୍ୟର ବହୁବଚନ ରୂପରେ 's' ଯୋଗ କରାଯାଏ।

The plural form of most nouns, add s.

Singular ଏକବଚନ	*Plural* ବହୁବଚନ	*Singular* ଏକବଚନ	*Plural* ବହୁବଚନ
bottle (ବଟଲ୍)	bottles (ବଟଲ୍ସ)	cup (କପ୍)	cups (କପ୍ସ)
pencil (ପେନ୍‌ସିଲ)	pencils (ପେନ୍‌ସିଲ୍ସ)	desk (ଡେସ୍କ)	desks (ଡେସ୍କସ୍)
sticker (ଷ୍ଟିକର୍)	stickers (ଷ୍ଟିକର୍ସ)	window (ୱିଣ୍ଡୋ)	windows (ୱିଣ୍ଡୋଜ୍)

ବିଶେଷ୍ୟ ଶବ୍ଦର ଶେଷ ଅକ୍ଷର ch, x, s ଥିଲେ କିମ୍ବା s ଉଚ୍ଚାରିତ ହେଉଥିଲେ ବହୁବଚନରେ es ଯୋଗ ହୁଏ।

Singular ଏକବଚନ	*Plural* ବହୁବଚନ	*Singular* ଏକବଚନ	*Plural* ବହୁବଚନ
box (ବକ୍ସ)	boxes (ବକ୍ସେସ୍)	watch (ୱାଚ୍)	watches (ୱାଚେସ୍)
moss (ମୋସ୍)	mosses (ମୋଜେସ୍)	bus (ବସ୍)	buses (ବସେସ୍)

ବିଶେଷ୍ୟର ଶେଷରେ f କିମ୍ବା fe ଥିଲେ ବହୁବଚନରେ f କୁ v କରନ୍ତୁ ଏବଂ es ଯୋଗ କରନ୍ତୁ।

wolf (ଉଲ୍‌ଫ୍)	wolves (ଉଲ୍‌ଭ୍‌ସ)	wife (ୱାଇଫ୍)	wives (ୱାଇଭ୍‌ସ୍)
leaf (ଲିଫ୍)	leaves (ଲିଭ୍‌ସ୍)	life (ଲାଇଫ୍)	lives (ଲାଇଭ୍‌ସ୍)

କିଛି ବିଶେଷ୍ୟ ପଦର ବହୁବଚନ ଭିନ୍ନ ହୋଇଥାଏ।

child (ଚାଇଲ୍ଡ)	children (ଚିଲ୍‌ଡ୍ରେନ)	woman (ଓମେନ)	women (ଓମେନ)
man (ମ୍ୟାନ୍)	men (ମେନ)	mouse (ମାଉସ୍)	mice (ମାଇସ୍)
goose (ଗୁଜ୍)	geese (ଗୀଜ୍)		

ବିଶେଷ୍ୟ ପଦର ଶେଷ ଅକ୍ଷର ସ୍ୱରବର୍ଣ୍ଣ ଯଥା y କିମ୍ବା o ଥିଲେ ତା'ର କୌଣସି ନିୟମ ନାହିଁ।

baby (ବେବି) babies (ବେବିଜ୍) toy (ଟୟ) toys (ଟଏଜ୍)
kidney (କିଡ୍ନୀ) kidneys (କିଡ୍ନିଜ୍) potato (ପଟାଟୋ) potatoes (ପଟାଟୋଜ୍)
memo (ମେମୋ) memos (ମେମୋଜ୍) stereo (ଷ୍ଟେରିଓ) stereos (ଷ୍ଟେରିଓଜ୍)

କିଛି ବିଶେଷ୍ୟର ବହୁବଚନ ଅପରିବର୍ତ୍ତିତ ରୁହେ।

sheep (ସୀପ୍) sheep (ସୀପ୍) deer (ଡିଅର୍) deer (ଡିଅର୍)
series (ସିରିଜ୍) series (ସିରିଜ୍) species (ସ୍ପାଇସିଜ୍) species (ସ୍ପାଇସିଜ୍)

ନିମ୍ନରେ କେତେକ ବିଶେଷ୍ୟର ଏକବଚନ ଏବଂ ବହୁବଚନ ରୂପ ଦିଆଗଲା:

Singular ଏକବଚନ	*Plural* ବହୁବଚନ	*Singular* ଏକବଚନ	*Plural* ବହୁବଚନ
ଦିନ (day)	ଦିନ (days)	ରାତି (night)	ରାତି (nights)
ନଡ଼ିଆ (coconut)	ନଡ଼ିଆ (coconuts)	ତରୁଆଲ (sword)	ତରୁଆଲ (swords)
କାଗଜ (paper)	କାଗଜ (papers)	ବହି (book)	ବହିଗୁଡ଼ିକ (books)
କାମ (work)	କାମ (works)	ଭଉଣୀ (sister)	ଭଉଣୀମାନେ(sisters)
ଆମ୍ବ (mango)	ଆମ୍ବ (mangoes)	ଭୁଲ୍ (error)	ଭୁଲ୍‌ଗୁଡ଼ିକ (errors)
ଘର (house)	ଘର (houses)	କଥା (matter)	କଥାଗୁଡ଼ିକ (matters)
ଶିଶୁ (child)	ଶିଶୁମାନେ (children)	କକ୍ଷ (class)	କକ୍ଷଗୁଡ଼ିକ (classes)
ପତ୍ର (leaf)	ପତ୍ରଗୁଡ଼ିକ (leaves)	ଆଦେଶ (order)	ଆଦେଶଗୁଡ଼ିକ(orders)
କପଡ଼ା (cloth)	କପଡ଼ା (clothes)	ସାଧୁ (saint)	ସାଧୁମାନେ(saints)
କୋଠରୀ (room)	କୋଠରୀ (rooms)	ସଂଖ୍ୟା (number)	ସଂଖ୍ୟାଗୁଡ଼ିକ(numbers)
କାଉ (crow)	କାଉ (crows)	ଚଢ଼େଇ (bird)	ଚଢ଼େଇଗୁଡ଼ିକ(birds)
ଦାଦା (uncle)	ଦାଦାମାନେ(uncles)	ଖୁଡ଼ୀ (aunt)	ଖୁଡ଼ୀମାନେ (aunts)
ପତି (husband)	ପତି (husbands)	ପଂକ୍ତି (row)	ପଂକ୍ତିଗୁଡ଼ିକ (rows)
ପୁରୁଷ (man)	ପୁରୁଷ (men)	ପତ୍ନୀ (wife)	ପତ୍ନୀମାନେ(wives)
ହାତୀ (elephant)	ହାତୀ (elephants)	ବାଳିକା (girl)	ବାଳିକାମାନେ (girls)
ସାଥୀ (fellow)	ସାଥୀମାନେ(fellows)	ଭାଇ (brother)	ଭାଇମାନେ(brothers)
କାଠ (wood)	କାଠଗୁଡ଼ିକ(woods)	ଖଣ୍ଟ (dacoit)	ଖଣ୍ଟମାନେ(dacoits)
ଝରକା (window)	ଝରକାଗୁଡ଼ିକ (windows)	ଚିଠି (letter)	ଚିଠିଗୁଡ଼ିକ (letters)

୧୦ମ ସୋପାନ 10TH STEP

କାରକ ଏବଂ ସଂଜ୍ଞା-ଶବ୍ଦର ରୂପ
CASE & DECLENTION OF NOUNS

କାରକ Case

ଇଂରାଜୀରେ ବିଭକ୍ତି କିମ୍ବା ଶେଷ ଅକ୍ଷର ଦ୍ୱାରା ଭାବ ବ୍ୟକ୍ତ କରିବାର ଆଠଟି କାରକ ରହିଛି। ଅଧିକାଂଶ ବିଭକ୍ତି ଶବ୍ଦ 'post-positions' ଇଂରାଜୀ ସମ୍ବନ୍ଧବୋଧକ 'prepositions' ର ଅନୁରୂପ। ସମସ୍ତ କାରକର ବିଭକ୍ତିଗୁଡ଼ିକ ନିମ୍ନରେ ଦିଆଗଲା:

	Case କାରକ	Post-positions ବିଭକ୍ତି	Usage ଉପଯୋଗ
1.	କର୍ତ୍ତା Nominative (ନୋମିନେଟିଭ୍)		ରାମ
2.	କର୍ମ Objective (ଅବ୍‌ଜେକ୍ଟିଭ୍)	କୁ, ଙ୍କୁ	ରାମ କୁ
3.	କରଣ Instrumental (ଇନ୍‌ଷ୍ଟ୍ରୁମେଣ୍ଟାଲ୍) by (ବାଏ)	ଦ୍ୱାରା, ସହିତ	ରାମ ଦ୍ୱାରା
4.	ସମ୍ପ୍ରଦାନ Dative (ଡେଟିଭ୍)	ଦ୍ୱାରା, କୁ, ପାଇଁ	ରାମ କୁ, ରାମ ପାଇଁ
5.	ଉପାଦାନ Ablative (ଅବ୍‌ଲାଟିଭ୍) from, for, since, than	ଠାରୁ, ରୁ (ବିଦାୟ-departure)	ରାମ ଠାରୁ
6.	ସମ୍ବନ୍ଧ Possessive (ପୋଜେସିଭ୍)	ର, ରେ, ଙ୍କ, ମାନଙ୍କ	ରାମର, ରାମଙ୍କ, ରାମ ପାଖରେ
7.	ଅଧିକରଣ Locative (ଲୋକେଟିଭ୍)	ରେ, ଠାରେ, ଉପରେ in, at, on, above, upon	ରାମ ଠାରେ, ରାମ ଉପରେ, ରାମ ଠାରୁ ଉପରେ

8. ସମ୍ବୋଧନ   ଆରେ, ଏ, ହେ, କିରେ   ହେ ରାମ ! ଆରେ ରାମ !

Vocative (ଭୋକେଟିଭ୍)

ନିମ୍ନଲିଖିତ ପଦ କିମ୍ବା ବାକ୍ୟଗୁଡ଼ିକରୁ କାରକଗୁଡ଼ିକର ଉପଯୋଗୀତା ଶିଖନ୍ତୁ । ସମସ୍ତ କାରକଗୁଡ଼ିକୁ କ୍ରମାଗତ ଭାବେ ଦିଆଯାଇଛି ।

1. କର୍ତ୍ତା କାରକ

(i) Ram came. (ରାମ କେମ୍)   ରାମ ଆସିଲା ।

(ii) Ram said. (ରାମ ସେଡ୍)   ରାମ କହିଲା ।

ମନେରଖିବା ଆବଶ୍ୟକ ରହିଛି ଯେ, ସକର୍ମକ କ୍ରିୟାର କର୍ତ୍ତୃପଦଗୁଡ଼ିକ ପରେ କ୍ରିୟାର ଅତୀତ କାଳ ରୂପରେ ଶେଷ ଅକ୍ଷର କିମ୍ବା ବିଭକ୍ତି ଲା, ଲି, ଲେ ବ୍ୟବହାର କରାଯାଏ ।

2. କର୍ମ କାରକ

(i) Take this book   ଏହି ପୁସ୍ତକକୁ ନେଇଯାଅ ।

(ii) Ram should work hard.   ରାମକୁ କଠିନ ପରିଶ୍ରମ କରିବା ଉଚିତ୍ ।

3. କରଣ କାରକ

(i) Please sign here with your hand.   ନିଜ ହାତରେ ଏଠାରେ ଦସ୍ତଖତ କରନ୍ତୁ ।

(ii) It is written by Amit.   ଏହା ଅମିତ ଦ୍ୱାରା ଲେଖାଯାଇଛି ।

4. ସମ୍ପ୍ରଦାନ କାରକ

(i) Give this book to Abha   ଏହି ପୁସ୍ତକ ଆଭାକୁ ଦିଅ ।

(ii) Bring a cup of milk for mother. ମା'ଙ୍କ ପାଇଁ ଗୋଟିଏ କପ୍ କ୍ଷୀର ଆଣ ।

5. କର୍ତ୍ତା କାରକ

(i) The leaf is falling from the tree. ଗଛରୁ ପତ୍ର ପଡ଼େ ।

(ii) I am coming from the Ashram. ମୁଁ ଆଶ୍ରମରୁ ଆସୁଛି ।

6. ଉପାଦାନ କାରକ

(i) Vikas is the brother of Rakhi. ବିକାସ ରାକ୍ଷୀର ଭାଇ ଅଟେ ।

(ii) I went to the fort at Agra.   ମୁଁ ଆଗ୍ରାର ଦୁର୍ଗକୁ ଗଲି ।

(iii) Luxmi Bai was the queen of Jhansi.   ଲକ୍ଷ୍ମୀ ବାଈ ଝାନ୍ସୀର ରାଣୀ ଥିଲେ ।

7. ଅଧିକରଣ କାରକ

(i) We are sitting in the room. ଆମେ କୋଠରୀରେ ବସିଛୁ ।

(ii) The book is on the table. ଟେବୁଲ୍ ଉପରେ ପୁସ୍ତକଟି ଅଛି ।

8. ସମ୍ବୋଧନ କାରକ

(i) O God! Save me. ହେ ଭଗବାନ ! ମୋତେ ରକ୍ଷା କର ।

(ii) O children! Run away. ଆରେ ପିଲାମାନେ ! ଦୌଡ଼ି ପଳାଅ ।

(iii) O girl! Come here. ଏ ଝିଅ ! ଏଠାକୁ ଆସ୍ ।

Declension of Noun ବିଶେଷ୍ୟର ରୂପାବଳୀ

ନିମ୍ନରେ ଏକ ବିଶେଷ୍ୟ 'ବାଳକ' ର ଶବ୍ଦରୂପ ଦିଆଗଲା:

'ବାଳକ' Boy ର ଶବ୍ଦରୂପ

Case	*Singular* **ଏକବଚନ**	*Plural* **ବହୁବଚନ**
1. Nom.	Boy	Boys
2. Obj.	to Boy	to Boys
3. Ins.	by Boy	by Boys
4. Dat.	for Boy	for Boys
5. Abl.	from Boy	from Boys
6. Poss.	of Boy	of Boys
7. Loc.	with/at Boy	with/at Boys
8. Voc.	O Boy!	O Boys!

ଭାଗ ୨ - ଶବ୍ଦମାଳା
PART 2–WORDS

୧୧ତମ ସୋପାନ 11TH STEP

ସର୍ବନାମ
PRONOUN

ସର୍ବନାମ (Pronoun) ହେଉଛି ଏମିତି ଏକ ଶବ୍ଦ ଯାହାକି ବିଶେଷ୍ୟ ସ୍ଥାନରେ ବ୍ୟବହୃତ ହୁଏ। ପ୍ରକୃତରେ ଏହା ବିଶେଷ୍ୟକୁ ପ୍ରତିନିଧିତ୍ୱ କରେ। ଇଂରାଜୀରେ ଛଅ ପ୍ରକାରର ସର୍ବନାମ ରହିଛି-

(1) Personal ପୁରୁଷବାଚକ : ମୁଁ (I), ତୁ/ତୁମେ(you), ସେ (he/she/it), ଆପଣ(you ଆଦରସୂଚକ honorific)

(2) Definite ନିଶ୍ଚୟବାଚକ : ଏହା (this), ତାହା (that)

(3) Indefinite ଅନିଶ୍ଚିତବାଚକ : କେହି (somebody), କିଛି (some)

(4) Interrogative ପ୍ରଶ୍ନବାଚକ : କିଏ (who), କ'ଣ (what)

(5) Relative ସମ୍ବନ୍ଧବାଚକ : ଯିଏ, ଯାହା, ଯେଉଁ (who, which)

(6) Reflexive ଆତ୍ମବାଚକ : ସ୍ୱୟଂ (self) for all persons

ଇଂରାଜୀ ବ୍ୟାକରଣରେ ତିନୋଟି ପୁରୁଷ (person) ରହିଛି:

(i) First person ପ୍ରଥମ ପୁରୁଷ —I, We ମୁଁ, ଆମେ

(ii) Second person ଦ୍ୱିତୀୟ ପୁରୁଷ —You ତୁ, ତୁମେ, ଆପଣ (ଆଦରସୂଚକ)

(iii) Third person ତୃତୀୟ ପୁରୁଷ —He, She, They ସେ, ସେମାନେ

ସର୍ବନାମ ଶବ୍ଦଗୁଡ଼ିକର ରୂପାବଳୀ Declension of Pronouns

(i) Personal Pronouns (ବ୍ୟକ୍ତିଗତ ସର୍ବନାମ):I, me, you, he, him, she...

(ii) Demonstrative (ପ୍ରଦର୍ଶନାତ୍ମକ ସର୍ବନାମ): this, that, these, those

(iii) Possessive Pronouns (ସ୍ୱତ୍ୱାତ୍ମକ ସର୍ବନାମ): mine, yours, his...

(iv) Interrogative Pronouns (ପ୍ରଶ୍ନବାଚକ ସର୍ବନାମ): who, what, which...

(v) Reflexive Pro. (ଆତ୍ମବାଚକ ସର୍ବନାମ): myself, yourself, himself...

(vi) Reciprocal Pronouns (ପାରସ୍ପରିକ ସର୍ବନାମ): each other, one another

(vii) Indefinite Pronouns (ଅନିଶ୍ଚିତକାଳୀନ ସର୍ବନାମ): another, much, nobody, few, such...

(viii) Relative Pronouns (ସାପେକ୍ଷ ସର୍ବନାମ): who, whom, which...

ମୁଁ *(I)* ପ୍ରଥମ ପୁରୁଷ *(First Person)*

(i)	I - We	(v)	from me - from us
(ii)	to me - to us	(vi)	mine - ours
(iii)	by me - by us	(vii)	at me/upon me
(iv)	for me - for us		at us / upon us

ତୁ *(You)* ଦ୍ୱିତୀୟ ପୁରୁଷ *(Second Person)*

(i)	You	(v)	from you
(ii)	to you	(vi)	your - yours
(iii)	at you/by you	(vii)	upon you
(iv)	for you		

ସେ *(He/She/It)* ତୃତୀୟ ପୁରୁଷ *(Third Person)*

(i)	He/she - They	(v)	from him/her - from them
(ii)	to him/her - to them	(vi)	his/her - there
(iii)	by him/her-by them	(vii)	at him/her-at/upon them
(iv)	for him/her-for there/them		

'ଆପଣ' ଆଦରସୂଚକ (You-honorific) Second Person

ଇଂରାଜୀ ଭାଷାରେ ଆଦରସୂଚକ ଶବ୍ଦ ବା ଶୀର୍ଷକ 'Title' ବ୍ୟକ୍ତି ବିଶେଷର ନାମ ପୂର୍ବରୁ ବ୍ୟବହାର କରାଯାଏ। ଉଦାହରଣ ସ୍ୱରୂପ: Miss, Ms, Mr, Sir, Mrs, Dr, Lady କିମ୍ବା Lord। ସେଗୁଡ଼ିକ କୌଣସି ଶୀର୍ଷକ କିମ୍ବା ପଦବୀ ନୁହେଁ, ବ୍ୟକ୍ତିର ନାମ ବ୍ୟକ୍ତ ନକରି ମଧ୍ୟ ସେଗୁଡ଼ିକ ରହିପାରିବ, ଯେମିତି-ରାଷ୍ଟ୍ରପତି (the President) କିମ୍ବା ଇଂଲଣ୍ଡର ସମ୍ଭ୍ରାନ୍ତ (the Earl)।

ଅନେକ ପ୍ରକାରର ଆଦରସୂଚକ ଶବ୍ଦ ରହିଛି, ଯାହାକୁ ଜଣେ ଅନ୍ୟଜଣଙ୍କୁ ସମ୍ମାନର ସହିତ ସମ୍ବୋଧନ କରିବା ପାଇଁ ବ୍ୟବହାର କରିଥାଏ। ରାଜତନ୍ତ୍ର ଶାସନ ଥିବା ଦେଶଗୁଡ଼ିକରେ ଶାସକ (ରାଜା) କିମ୍ବା ଉଚ୍ଚ ପଦାଧିକାରୀ ବ୍ୟକ୍ତିମାନଙ୍କୁ ଏହିଭଳି ସମ୍ବୋଧନ କରାଯାଏ-"Your Majesty",

"Your Royal Highness" କିମ୍ବା ସାଧାରଣତଃ "Your Highness"। ଜଣେ ସହକର୍ମୀଙ୍କୁ "My lord/lady" ସମ୍ବୋଧନ କରାଯାଏ, ଯିଏକି "Your Grace" ବୋଲି କହିଥାଏ।

ଆସନ୍ତୁ ନିମ୍ନ ବାକ୍ୟଗୁଡ଼ିକରେ କିଛି ସର୍ବନାମ ବ୍ୟବହାର କରିବା:

1. ମୁଁ ଏ ବାବଦରେ କିଛି ଜାଣିନାହିଁ।	I do not know anything about it.
2. ଆମେ ସେଠାକୁ ଯିବାକୁ ଚାହୁଁନାହୁଁ।	We do not want to go there.
3. ସେ ଏବେ କ'ଣ କରିବ ?	What will he do now?
4. ଏହା ଏକବାରେ ଠିକ୍ ଅଟେ।	It is quite right.
5. ଆପଣ ପୁନାରେ କେଉଁଠି ରହିବେ ?	Where will you stay at Pune?
6. ମୁଁ ନିଜେ ସେଠାରେ ଉପସ୍ଥିତ ଥିଲି।	I myself was present there.
7. କେହି ଆସିବାର ଅଛି।	Someone has to come.

୧୨ତମ ସୋପାନ 12TH STEP

ବିଶେଷଣ
ADJECTIVE

ବିଶେଷଣ (Adjective) ଶବ୍ଦର ବ୍ୟବହାର ଏକ ବିଶେଷ୍ୟ କିମ୍ବା ସର୍ବନାମକୁ ଯୋଗ୍ୟ ବିବେଚିତ କରିବା ପାଇଁ କରାଯାଇଥାଏ। ଇଂରାଜୀରେ ଛଅ ପ୍ରକାରର ବିଶେଷଣ ରହିଛି-

(1)	ଗୁଣବାଚକ	Qualitative
(2)	ଅବସ୍ଥାବାଚକ	Situational
(3)	ସଂଖ୍ୟାବାଚକ	Numeral
(4)	ପୂରଣବାଚକ	Perticular Numeral
(5)	ପରିମାଣବାଚକ	Quantitative
(6)	ସାର୍ବନାମିକ	Pronominal or Demonstrative

ଆସନ୍ତୁ ନିମ୍ନ ବାକ୍ୟଗୁଡ଼ିକରେ ବିଶେଷଣ ବ୍ୟବହାର କରିବା-

(i)	ଗୌରବ ଭଲ ପିଲା ଅଟେ।	Gaurav is a good boy.
(ii)	ବେଦ ହେଉଛି ଚାରି ପ୍ରକାର।	There are four Vedas.
(iii)	ପାଞ୍ଚ ଲିଟର କ୍ଷୀର ଆଣ।	Bring five litres of milk.

(iv) ଏହି ପୁସ୍ତକ ମୋର ଅଟେ । This book is mine.

'good boy', 'four Vedas', 'five litres of milk' ଏବଂ 'this book'– ଏହି ବାକ୍ୟଖଣ୍ଡ ଗୁଡ଼ିକରେ. good, four, five ଏବଂ this ହେଉଛନ୍ତି କ୍ରମାଗତ ଭାବେ ଗୁଣବାଚକ, ସଂଖ୍ୟାବାଚକ, ପରିମାଣବାଚକ ଏବଂ ସାର୍ବନାମିକ ବିଶେଷଣ ।

ଇଂରାଜୀ ବିଶେଷଣଗୁଡ଼ିକ ଦୁଇଟି ଶ୍ରେଣୀରେ ଅନ୍ତର୍ଭୁକ୍ତ- (i) Inflected ଏବଂ (ii) Uninflected।

ବିଶେଷଣର ରୂପ:

କିଛି ବିଶେଷଣ ଶବ୍ଦର ସମାପ୍ତି ସମାନ ହୋଇଥାଏ, ଉଦାହରଣ ସ୍ୱରୂପ:

-able/-ible: washable (ୱାସେବଲ୍), credible (କ୍ରେଡିବଲ୍)
-ish/-like: childish (ଚାଇଲ୍ଡିସ୍), childlike (ଚାଇଲ୍ଡଲାଇକ୍)
-ful/-less: careful (କେୟାର୍‌ଫୁଲ୍), careless (କେୟାର୍‌ଲେସ୍)
-ous: dangerous (ଡେଞ୍ଜରସ୍), harmonious (ହାର୍ମୋନିୟସ୍)
-y: dirty (ଡାର୍ଟି), pretty (ପ୍ରିଟି)

ଯେତେବେଳେକି ଅଧିକାଂଶ ବିଶେଷଣର କୌଣସି ନିଶ୍ଚିତ ରୂପ ନଥାଏ ।

ତୁଳନାତ୍ମକ (Comparative), ଅତିଶୟୋକ୍ତି (Superlative)

ଅଧିକାଂଶ ବିଶେଷଣ ତୁଳନାତ୍ମକ କିମ୍ବା ଅତିଶୟୋକ୍ତି ହୋଇପାରନ୍ତି, ଯେମିତି-

big (ବିଗ୍)	bigger (ବିଗର୍)	biggest (ବିଗେଷ୍ଟ)
good (ଗୁଡ୍)	better (ବେଟର୍)	best (ବେଷ୍ଟ)
beautiful (ବିଉଟିଫୁଲ୍)	more beautiful (ମୋର୍ ବିଉଟିଫୁଲ୍)	most beautiful (ମୋଷ୍ଟ ବିଉଟିଫୁଲ୍)

ବିଶେଷଣର ତୁଳନାବସ୍ଥା Comparison in Adjectives

1. Soniya is tall. ସୋନିୟା ଡେଙ୍ଗା ଅଟେ ।
2. Abha is taller than Soniya. ଆଭା ସୋନିୟା ଠାରୁ ଡେଙ୍ଗା ଅଟେ ।
3. Minakshi is tallest than others. ମିନାକ୍ଷୀ ସବୁଠାରୁ ଡେଙ୍ଗା ଅଟେ ।

ଆମେ ଉପରୋକ୍ତ ବାକ୍ୟଗୁଡ଼ିକରେ ବିଶେଷଣ ଶବ୍ଦ ଡେଙ୍ଗା (tall) ର ତିନୋଟି ରୂପ ଦେଖିଲେ ।

Positive **ସକାରାତ୍ମକ**	*Comparative* **ତୁଳନାତ୍ମକ**	*Superlative* **ଅତିଶୟୋକ୍ତି**
tall (ଟଲ୍)	taller (ଟଲର୍)	tallest (ଟଲେଷ୍ଟ)
big (ବିଗ୍)	bigger (ବିଗର୍)	biggest (ବିଗେଷ୍ଟ)
small (ସ୍ମଲ୍)	smaller (ସ୍ମଲର୍)	smallest (ସ୍ମଲେଷ୍ଟ)
high (ହାଇ)	higher (ହାଇଅର୍)	highest (ହାଇଏଷ୍ଟ)

great (ଗ୍ରେଟ୍)	greater (ଗ୍ରେଟର୍)	greatest (ଗ୍ରେଟେଷ୍ଟ)
near (ନିଅର୍)	nearer (ନିଅରର୍)	nearest (ନିଅରେଷ୍ଟ)
new (ନିଉ)	newer (ନିଉଅର୍)	newest (ନିଉଏଷ୍ଟ)
short (ସର୍ଟ)	shorter (ସର୍ଟର୍)	shortest (ସର୍ଟେଷ୍ଟ)
first (ଫାଷ୍ଟ)	firster (ଫାଷ୍ଟର୍)	firstest (ଫାଷ୍ଟେଷ୍ଟ)

ନିମ୍ନ ସ୍ତମ୍ଭଗୁଡ଼ିକରେ କିଛି ବିଶେଷଣ ଦେଖନ୍ତୁ-

Qualitative	*Numeral*	*Quantitative*	*Pronominal*
ଗୁଣାତ୍ମକ	**ସଂଖ୍ୟା**	**ମାତ୍ରାତ୍ମକ**	**ସର୍ବନାମ**
ନୂଆ	ଦଶ	ଦଶ (କିଲୋ)	ଏହି (କଲମ)
(New)	(Ten)	Ten (kilo)	This (Pen)
ଦୈନିକ	ଅଧା	ସାରା (ଧନ)	ସେହି (ଗାଈ)
(Daily)	(Half)	All (the Money)	That (Cow)
ସୁନ୍ଦର	ଚୌଥ	କିଛି (କ୍ଷୀର)	ଯେଉଁ (କୁକୁର)
(Beautiful)	(Fourth)	Some (Milk)	Which (Dog)
ସୁସ୍ଥ	ଦୁଇଗୁଣ	ଦୁଇ (ମିଟର)	ସେହି (ପୁସ୍ତକ)
(Healthy)	(Double)	Two (Metre)	That (Book)
କଳା	ଏକୁଟିଆ	ଆହୁରି (ଘିଅ)	କେଉଁ (ବାଳକ)
(Black)	(Alone)	More (Ghee)	Which (Boy)
ଭଲ	କିଛି	ସବୁ (ପାଣି)	ସେହି (ଘରେ)
(Good)	(Some)	All (the Water)	In that (House)

ବିଶେଷଣଗୁଡ଼ିକର ରଚନା Formation of Adjectives (From Nouns)

(i) ବିଶେଷଣ ଏମିତି ଏକ ଶବ୍ଦ ଯାହା ଆମକୁ ବିଶେଷ୍ୟ ବାବଦରେ ଅନେକ କିଛି କହିଥାଏ। ଏହା ବିଶେଷ୍ୟକୁ ବାଖ୍ୟା "describe" କିମ୍ବା ସଂଶୋଧିତ "modify" କରିଥାଏ। (The big dog was hungry) ଏହି ବାକ୍ୟରେ 'big' ହେଉଛି ବିଶେଷଣ ଏବଂ 'dog' ହେଉଛି ବିଶେଷ୍ୟ।

ବିଶେଷଣ ପ୍ରାୟତଃ ବିଶେଷ୍ୟ ପୂର୍ବରୁ ଆସିଥାଏ:

- a green car (ଏ ଗ୍ରୀନ୍ କାର୍)
- a dark sky (ଏ ଡାର୍କ ସ୍କାଏ)
- an interesting story (ଆନ୍ ଇଣ୍ଟେରେଷ୍ଟିଙ୍ଗ୍ ଷ୍ଟୋରି)

ଏବଂ କିଛି ବିଶେଷଣ ବେଳେବେଳେ କ୍ରିୟା ପରେ ଆସିଥାନ୍ତି:

- My car is green. (ମାଇଁ କାର୍ ଇଜ୍ ଗ୍ରୀନ୍।)

- The sky became dark. (ଦି ସ୍କାଏ ବିକେମ୍ ଡାର୍କ।)

- His story seemed interesting. (ହିଜ୍ ଷ୍ଟୋରି ସୀମ୍‌ଡ୍ ଇଣ୍ଟେରେଷ୍ଟିଙ୍ଗ୍।)

କିନ୍ତୁ ବିଶେଷଣ ମଧ୍ୟ ସର୍ବନାମକୁ ସଂଶୋଧିତ କରିପାରେ (She is beautiful)। ନିମ୍ନ ଉଦାହରଣଗୁଡ଼ିକୁ ଦେଖନ୍ତୁ:

- They were empty. (ଦେ ଉଏର୍ ଏମ୍ପ୍‌ଟି।)

- I thought it seemed strange. (ଆଇ ଥଟ୍ ଇଟ୍ ସୀମ୍‌ଡ୍ ଷ୍ଟ୍ରେଞ୍ଜ୍।)

- Those are not expensive. (ଦୋଜ୍ ଆର୍ ନଟ୍ ଏକ୍ସପେନ୍‌ସିଭ୍।)

(ii) ନିମ୍ନ ଲିଖିତ ବିଶେଷଣଗୁଡ଼ିକ ଅନିୟମିତ ରୂପରେ ଅଛନ୍ତି.

good (ଗୁଡ୍) - better (ବେଟର୍)

well (healthy) (ୱେଲ୍-(ସୁସ୍ଥ)) - better (ବେଟର୍)

bad (ବ୍ୟାଡ୍) - worse (ଓର୍ସ)

far (ଫାର୍) - farther/further (ଫାର୍‌ଦର/ଫର୍‌ଦର୍)

(iii) **ଅତିଶୟୋକ୍ତି ବିଶେଷଣର ଗଠନ** (Formation of Superlative Adjectives)

ତୁଳନାତ୍ମକ ବିଶେଷଣ ପରି ଅତିଶୟୋକ୍ତି ବିଶେଷଣ ଗଠନର ଦୁଇଟି ପଦ୍ଧତି ରହିଛି:

- short adjectives: add "-est" ("-est" ଯୋଗ କରି)

- long adjectives: use "most" ("most" ବ୍ୟବହାର କରି)

ଆମେ ସାଧାରଣ ଭାବେ ଆରମ୍ଭରେ 'the' ମଧ୍ୟ ଯୋଗ କରିପାରିବା।

ଟିପ୍ପଣୀ REMARKS

1. ଆମେ ପ୍ରାୟତଃ ଦୁଇଟି କିମ୍ବା ଅଧିକ ବିଶେଷଣ ଏକାଠି ବ୍ୟବହାର କରିପାରିବା। (a beautiful young French lady / it is black and white).

2. ଆମେ ଯେତେବେଳେ ଦୁଇଟି ବିଷୟରେ କଥା ହେଉ, ସେଗୁଡ଼ିକୁ ତୁଳନା କରିପାରିବା। ସେହି ଦୁଇଟି ଜିନିଷ ସମାନ କି ଅଲଗା ତାହା ଦେଖିପାରିବା। ବୋଧହୁଏ ସେଗୁଡ଼ିକ କେତେକ କ୍ଷେତ୍ରରେ ସମାନ ହୋଇଥାନ୍ତି ଏବଂ ଅନ୍ୟ କ୍ଷେତ୍ରରେ ଭିନ୍ନ ହୋଇଥାନ୍ତି। ଆମେ ପ୍ରଭେଦକୁ ବର୍ଣ୍ଣନା କରିବା ପାଇଁ ତୁଳନାତ୍ମକ ବିଶେଷଣ ବ୍ୟବହାର କରିପାରିବା।

3. ଏକ ଅତିଶୟୋକ୍ତି ବିଶେଷଣ, ଗୁଣବତ୍ତାର ସର୍ବୋତ୍ତମ ସ୍ତରକୁ ବ୍ୟକ୍ତ କରିଥାଏ। ଏକ ବସ୍ତୁ ସମୂହ ମଧ୍ୟରୁ ଗୋଟିଏ ବସ୍ତୁର ଚରମ ଗୁଣବତ୍ତା ବ୍ୟାଖ୍ୟା କରିବା ପାଇଁ ଆମେ ଅତିଶୟୋକ୍ତି ବିଶେଷଣ ବ୍ୟବହାର କରିଥାଉ।

୧୩ତମ ସୋପାନ 13TH STEP

କ୍ରିୟା

VERB

କ୍ରିୟା (Verb) ଗୋଟିଏ ଏମିତି ଶବ୍ଦ ଯାହା ଆମକୁ ଜଣେ ବ୍ୟକ୍ତି, ଗୋଟିଏ ସ୍ଥାନ କିମ୍ବା ଜିନିଷ ବିଷୟରେ କିଛି କହିଥାଏ।

କ୍ରିୟା (Verb) ସାଧାରଣତଃ ଦୁଇ ପ୍ରକାରର- ସକର୍ମକ କ୍ରିୟା (Transitive) ଏବଂ ଅକର୍ମକ କ୍ରିୟା (Intransitive)।

(i) ସକର୍ମକ କ୍ରିୟା 'Transitive Verb' (ସକର୍ମକ କ୍ରିୟା ପାଇଁ ଏକ ବସ୍ତୁ ଆବଶ୍ୟକ), ଯେମିତି- Minakshi do work। ଏଠାରେ 'do' ହେଉଛି ସକର୍ମକ କ୍ରିୟା, କାରଣ ଏହା ବାକ୍ୟର ଅର୍ଥ ସମ୍ପୂର୍ଣ୍ଣ କରିବା ପାଇଁ 'work' ନାମକ ବସ୍ତୁ ଦରକାର କରେ।
ସକର୍ମକ କ୍ରିୟାକୁ ଦୁଇ ଭାଗରେ ବିଭକ୍ତ କରାଯାଇଛି- (i) Ending Verb-ସମାପିକା କ୍ରିୟା, (ii) Running Verb-ଅସମାପିକା କ୍ରିୟା।

(ii) ଅକର୍ମକ କ୍ରିୟା Intransitive Verb (ଅକର୍ମକ କ୍ରିୟାର କୌଣସି ବସ୍ତୁ ନଥାଏ। ଏହା ନିଜେ ବାକ୍ୟର ଅର୍ଥ ସମ୍ପୂର୍ଣ୍ଣ କରେ।); ଯେମିତି- Vehicles run. ଏଠାରେ 'run' ହେଉଛି ଅକର୍ମକ କ୍ରିୟା, କାରଣ ଏହାର କୌଣସି ବସ୍ତୁ ନଥାଏ।

1. ସକର୍ମକ କ୍ରିୟା Transitive Verbs

କରିବା	to do	ଶୁଣିବା	to hear
ପଢ଼ିବା	to read	କହିବା	to tell
ଲେଖିବା	to write	ରଖିବା	to keep
ଦେଖିବା	to see	ନେବା	to take
ଜାଣିବା	to know	ଦେବା	to give

2. ଅକର୍ମକ କ୍ରିୟା Intransitive Verbs

ଚାଲିବା	to walk	ଆସିବା	to come
ରହିବା	to live	ଯିବା	to go
ଉଠିବା	to rise	ହେବା	to be
ଶୋଇବା	to sleep	ପଡ଼ିବା	to fall
ହସିବା	to laugh	ପହଞ୍ଚିବା	to reach

ଉଭୟ ସକର୍ମକ ଏବଂ ଅକର୍ମକ କ୍ରିୟାକୁ ଦୁଇ ଭାଗରେ ବିଭକ୍ତ କରାଯାଇଛି:

(i) ସାମାନ୍ୟ କ୍ରିୟା The Infinitive

(ii) ଧାତୁ The Root

(i) ସାମାନ୍ୟ କ୍ରିୟା ହେଉଛି କ୍ରିୟାର ପ୍ରକୃତ ରୂପ ଯାହା ପୂର୍ବରୁ 'to' ଯୋଗ ହୁଏ, ଯେମିତି- 'ପଢ଼ିବା' (to read), ରଖିବା (to put), ଚାଲିବା (to walk), ଇତ୍ୟାଦି ।

(ii) କ୍ରିୟାର ସାଧାରଣ ରୂପରୁ 'to' କଟାଯାଇ ଧାତୁ ଯୋଗ କରାଯାଏ, ଯେମିତି- ପଢ଼ (read), 'ରଖ' (put), 'ଚାଲ' (walk), etc.

ପ୍ରକୃତରେ ସମସ୍ତ କ୍ରିୟା ଧାତୁ 'the root' ଠାରୁ ନିଜ ରୂପ ଗ୍ରହଣ କରିଥାନ୍ତି । ଅନ୍ୟ କ୍ଷେତ୍ରରେ ଧାତୁ ହେଉଛି ମୌଳିକ କ୍ରିୟା ଏବଂ 'to' ଯୋଗ କରିବା ଦ୍ୱାରା କ୍ରିୟା ତାହାର ସାମାନ୍ୟ ରୂପ 'infinitive form' ପାଇଥାଏ ।

ଆସନ୍ତୁ କିଛି ସାଧାରଣ କ୍ରିୟା ବିଷୟରେ ଶିଖିବା (transitive ଏବଂ intransitive verbs) ଏବଂ ସେଗୁଡ଼ିକର ଧାତୁଗୁଡ଼ିକୁ 'roots' ମନେ ରଖିବା ।

Transitive Verbs ସକର୍ମକ କ୍ରିୟା

Infinitives ସାମାନ୍ୟ କ୍ରିୟା		*Roots* ଧାତୁ	*Infinitives* ସାମାନ୍ୟ କ୍ରିୟା		*Roots* ଧାତୁ
କିଣିବା	to buy	buy	ଖାଇବା	to eat	eat
ବିକିବା	to sell	sell	ପିଇବା	to drink	drink
ବୁଝିବା	to understand	understand	କହିବା	to speak	speak
ଧୋଇବା	to wash	wash	ଧରିବା	to catch	catch
ଗାଇବା	to sing	sing	ଭାଙ୍ଗିବା	to break	break

Intransitive Verbs ଅକର୍ମକ କ୍ରିୟା

Infinitives ସାମାନ୍ୟ କ୍ରିୟା		**Roots** ଧାତୁ	**Infinitives** ସାମାନ୍ୟ କ୍ରିୟା		**Roots** ଧାତୁ
ରହିବା	to stay	stay	ଦେଖାଯିବା	to appear	appear
ଡରିବା	to fear	fear	ହସିବା	to laugh	laugh
କାନ୍ଦିବା	to weep	weep	ଖେଳିବା	to play	play
ମରିବା	to die	die	କଳିକରିବା	to quarrel	quarrel
ବାହାରିବା	to come out	come	ହେବା	to be	be

ବିଧି ରୂପ Imperative Mood

ଆମେ ଯେତେବେଳେ କୌଣସି ବ୍ୟକ୍ତିକୁ କିଛି କରିବା ପାଇଁ ନିର୍ଦ୍ଦେଶ ଦେଉ, ଉପଦେଶ ଦେଉ କିମ୍ବା ଅନୁରୋଧ କରୁ ସେତେବେଳେ ବିଧି ରୂପ 'imperative mood' ବ୍ୟବହାର କରାଯାଏ ।

ନିମ୍ନ ଲିଖିତ ବାକ୍ୟଗୁଡ଼ିକୁ ଧ୍ୟାନ ସହକାରେ ଦେଖନ୍ତୁ-

(1)	ନିବନ୍ଧ ଲେଖ ।	Write an essay.
	ଏଠାରେ ବସ ।	Sit here.
	ଚା ଆଣ ।	Bring the tea.
	ତାକୁ ଡାକ ।	Call him.
	ପୁସ୍ତକ ପଢ଼ ।	Read the book.

(2)	କ୍ଷୀର ଆଣ ।	Bring the milk.
	ଶାନ୍ତ ରୁହ ।	Keep quiet.
	ଗୀତ ଗାଅ ।	Sing a song.
	ଝରକା ଖୋଲ ।	Open the window.
	କାମ କର ।	Do the work.
(3)	ଦୟାକରି ଆସନ୍ତୁ ।	Please come.
	ଦୟାକରି ଘରେ ରୁହନ୍ତୁ ।	Stay at home please.
	ଦୟାକରି ବାହାରକୁ ଯାଆନ୍ତୁ ।	Please go out.

ସାଧାରଣତଃ ସମସ୍ତ ପ୍ରକାର ବ୍ୟକ୍ତିଙ୍କୁ ସମ୍ବୋଧନରେ 'you' ବ୍ୟବହାର କରାଯାଏ ।

Examples:

ରାମୁ (ତୁ) ଦୁଇ କପ୍ ଚାହା ଆଣ୍ ।	Ramu, bring two cups of tea.
ଭାଇ, ତୁମେ ଆଜି ବିଦ୍ୟାଳୟ କାହିଁକି ଗଲନାହିଁ ?	Brother, why did you not go to the school today?
ଦେବେନ୍ଦ୍ର, ମୋ ଘରକୁ ନିଶ୍ଚୟ ଆସିବ ।	Devendra, do come to my house.
ମାମୁ, ଆପଣ ମୋ ସହିତ ଆସନ୍ତୁ ।	Uncle, come with me, please.
ମହାଶୟ, ଦୟାକରି ଆପଣ ମୋ କଥା ଶୁଣନ୍ତୁ ।	Sir, you listen to me, please.

ନକାରାତ୍ମକ ଶବ୍ଦର ଅର୍ଥ ବ୍ୟକ୍ତ କରିବା ପାଇଁ Don't ବ୍ୟବହାର କରାଯାଇପାରେ । ଏହା କ୍ରିୟା ପରେ ବ୍ୟବହୃତ ହୋଇପାରେ । ଉଦାହରଣ:

ହସନା ।	Don't laugh.
କାନ୍ଦନା ।	Don't weep.
ପାଟିତୁଣ୍ଡ କରନା ।	Don't make a noise.
ସେଠାରେ ବସନା ।	Don't sit there, please.

ଟିପ୍ପଣୀ REMARKS

1. **କ୍ରିୟାର ସାଧାରଣ ରୂପରୁ 'ing' ହଟାଇ କ୍ରିୟାର ଧାତୁ (Root) ନିର୍ଦ୍ଧାରିତ କରାଯାଏ । ସାଧାରଣ କ୍ରିୟା 'eating' ର ଧାତୁରୂପ ହେଉଛି 'eat' ।**
2. **ଇଂରାଜୀରେ ଅନିବାର୍ଯ୍ୟ ବାକ୍ୟଗୁଡ଼ିକୁ ଦୁଇ ଭାଗରେ ବିଭକ୍ତ କରାଯାଏ-**
   (a) ସାଧାରଣ ପ୍ରକ୍ରିୟାରେ, ଏବଂ
   (b) ଆଦରସୂଚକ ପ୍ରକ୍ରିୟାରେ
   (a) ପୁନଃ ସାଧାରଣ ପ୍ରକ୍ରିୟାରେ, ଅନିବାର୍ଯ୍ୟ ବାକ୍ୟଗୁଡ଼ିକର ଗଠନ
   (i) କ୍ରିୟାର ଧାତୁ (root)- eat, read, write ଇତ୍ୟାଦି ବ୍ୟବହାର କରି ଏବଂ
   (ii) କ୍ରିୟାର ଧାତୁରେ ସ୍ୱରବର୍ଣ୍ଣ କିମ୍ୱା ଏହାର ଚିହ୍ନ 'ing' ବ୍ୟବହାର କରି- eating, reading, writing ଇତ୍ୟାଦି ।
   (b) କ୍ରିୟାରେ Mr., Mrs., Your honour, Madam, Sir ବ୍ୟବହାର କରି ଆଦରସୂଚକ ଅନିବାର୍ଯ୍ୟ ଗଠନ କରାଯାଏ, ଯେମିତି- Mr. Sarat, Mrs. Rita ଇତ୍ୟାଦି ।

୧୪ତମ ସୋପାନ 14TH STEP

କାଳ (1)

TENSE (1)

କ୍ରିୟାର କାଳ (Tense) ଏକ କାର୍ଯ୍ୟର ସମୟ ଦର୍ଶାଇଥାଏ। ଇଂରାଜୀରେ ତିନୋଟି ମୁଖ୍ୟ କାଳ ରହିଛି:

(i) ବର୍ତ୍ତମାନ କାଳ — Present Tense
(ii) ଭବିଷ୍ୟତ କାଳ — Future Tense
(iii) ଅତୀତ କାଳ — Past Tense

We shall study all the three tenses turn by turn.

ବର୍ତ୍ତମାନ କାଳ Present Tense

ବର୍ତ୍ତମାନ କାଳକୁ ଚାରି ଭାଗରେ ବିଭକ୍ତ କରାଯାଇପାରେ:

(1) Simple Present (ସାମାନ୍ୟ ବର୍ତ୍ତମାନ)

ଉଦାହରଣ: I do, I do do. ଆଇ ଡୁ, ଆଇ ଡୁ ଡୁ।

(2) Present Progressive (ନିତ୍ୟପ୍ରବୃତ ବର୍ତ୍ତମାନ)

ଉଦାହରଣ: I am doing. ଆଇ ଆମ୍ ଡୁଇଙ୍ଗ୍।

(3) Present Perfect (ପୂର୍ଣ୍ଣ ବର୍ତ୍ତମାନ)

ଉଦାହରଣ: I have done. ଆଇ ହାଭ୍ ଡନ୍।

(4) Present Perfect Progressive (ପୂର୍ଣ୍ଣ ନିତ୍ୟପ୍ରବୃତ ବର୍ତ୍ତମାନ)

ଉଦାହରଣ: I have been doing. ଆଇ ହାଭ୍ ବିନ୍ ଡୁଇଙ୍ଗ୍।

1. ସାମାନ୍ୟ ବର୍ତ୍ତମାନ Present Indefinite

ବର୍ତ୍ତମାନ କାଳରେ ଏଠାରେ be (ହେବା) ର conjugation (ବିକାର) ଦିଆଗଲା।

	Masculine ପୁଲିଙ୍ଗ	*Translation* ଅନୁବାଦ	*Feminine* ସ୍ତ୍ରୀଲିଙ୍ଗ
1st Person:	ମୁଁ ଅଟେ। ତୁ ଅଟୁ।	I am	ମୁଁ ଅଟେ। ଆମେ ଅଟୁ।
2nd Person:	ତୁମେ ଅଟ।	You are	ଆପଣ ଅଟନ୍ତି।(as a form of respect)
3rd Person:	ସେ ଅଟେ। ସେମାନେ ଅଟନ୍ତି।	He is, She is They are	ସେ ଅଟେ। ସେମାନେ ଅଟନ୍ତି।

be ହେଉଛି ଏକ ସାହାଯ୍ୟକାରୀ କ୍ରିୟା। ଏହା ମୁଖ୍ୟ କ୍ରିୟାକୁ ସାହାଯ୍ୟ କରେ।

ନିମ୍ନ ଲିଖିତ ବାକ୍ୟ ହେଉଛି ସାମାନ୍ୟ ବର୍ତ୍ତମାନରେ ମୁଖ୍ୟ କ୍ରିୟା ପଢ଼ (read) ର ବିକାର (conjugation)।

1st Person:	ମୁଁ ପଢ଼େ।	I read	ଆଇ ରିଡ୍
	ଆମେ ପଢୁ।	We read	ଓ୍ୱି ରିଡ୍
2nd Person:	ତୁ ପଢୁ।	You read	ୟୁ ରିଡ୍
	ତୁମେ ପଢ଼।	You read	ୟୁ ରିଡ୍
3rd Person:	ସେ ପଢ଼େ।	He/She reads	ହି/ଶି ରିଡ୍ସ
	ସେମାନେ ପଢ଼ନ୍ତି।	They read	ଦେ ରିଡ୍

ଅନ୍ୟ କ୍ରିୟାଗୁଡ଼ିକ ମଧ୍ୟ ସେହି ପ୍ରକାରେ ବିକାର ଶବ୍ଦ ହୋଇପାରିବ।

ଆମେ ଯେତେବେଳେ ସାମାନ୍ୟ ବର୍ତ୍ତମାନରେ ନକାରାତ୍ମକ ବାକ୍ୟ ଗଠନ କରିବାକୁ ଇଚ୍ଛା କରିବା, ମୁଖ୍ୟ କ୍ରିୟା ପରେ do not ଲଗାଇବାକୁ ପଡ଼ିବ। ଉଦାହରଣ:

ଆମେ ପଢୁ ନାହୁଁ।	We do not read.
ତୁ ପଢୁ ନାହୁଁ।	You do not read
ସେମାନେ ପଢ଼ନ୍ତି ନାହିଁ।	They do not read.

2. ନିତ୍ୟପ୍ରବୃତ ବର୍ତ୍ତମାନ Present Progressive—

(ସେହିପରି ଧାତୁ 'ing' form ଅନୁସରଣ କରୁଛି।)

1st Person:	ମୁଁ ଖାଉଅଛି।	I am eating.	ଆଇ ଆମ୍ ଇଟିଙ୍ଗ୍।
	ଆମେ ଖାଉଅଛୁ।	We are eating.	ଓ୍ୱି ଆର୍ ଇଟିଙ୍ଗ୍।
2nd Person:	ତୁ ଖାଉଅଛୁ।	You are eating.	ୟୁ ଆର୍ ଇଟିଙ୍ଗ୍।
	ତୁମେ ଖାଉଅଛ।	You are eating.	ୟୁ ଆର୍ ଇଟିଙ୍ଗ୍।
3rd Person:	ସେ ଖାଉଅଛି।	He/She is eating.	ହି/ଶି ଇଜ୍ ଇଟିଙ୍ଗ୍।
	ସେମାନେ ଖାଉଛନ୍ତି।	They are eating.	ଦେ ଆର୍ ଇଟିଙ୍ଗ୍।

3. ପୂର୍ଣ୍ଣ ବର୍ତ୍ତମାନ Present Perfect—

	Masculine	***English***	***Feminine***
1st Person—	**ପୁଲିଙ୍ଗ**	**ଇଂରାଜୀ**	**ସ୍ତ୍ରୀଲିଙ୍ଗ**
Singular:	ମୁଁ କରିଛି।	I have done.	ମୁଁ କରିଛି।
Plural:	ଆମେ କରିଛୁ।	We have done.	ଆମେ କରିଛୁ।
2nd Person—			
Singular:	ତୁ କରିଛୁ।	You have done.	ତୁ କରିଛୁ।
Plural:	ତୁମେ କରିଛ।	You have done.	ତୁମେ କରିଛ।
3rd Person—			
Singular:	ସେ କରିଛି।	He has done.	
		She has done.	ସେ କରିଛି।

Plural: ସେମାନେ କରିଛନ୍ତି। They have done. ସେମାନେ କରିଛନ୍ତି।

he, his ସ୍ତ୍ରୀଲିଙ୍ଗ ଶବ୍ଦରେ କ୍ରମାଗତ ଭାବେ she, her ହେବ।

ଭବିଷ୍ୟତ କାଳ Future Tense

ଭବିଷ୍ୟତ କାଳକୁ ଚାରି ଭାଗରେ ବିଭକ୍ତ କରାଯାଇପାରେ:

(1) Simple Future (ସାମାନ୍ୟ ଭବିଷ୍ୟତ)

ଉଦାହରଣ: ମୁଁ କରିବି। I will do. ଆଇ ଉଇଲ୍ ଡୁ।

(2) Future Progressive (ନିତ୍ୟପ୍ରବୃତ ଭବିଷ୍ୟତ)

ଉଦାହରଣ: ମୁଁ କରୁଥିବି। I will be doing. ଆଇ ଉଇଲ୍ ବି ଡୁଇଙ୍ଗ୍।

(3) Future Perfect (ପୂର୍ଣ୍ଣ ଭବିଷ୍ୟତ)

ଉଦାହରଣ: ମୁଁ କରି ସାରିଥିବି। I will have done. ଆଇ ଉଇଲ୍ ହାଭ୍ ଡନ୍।

(4) Future Perfect Progressive (ପୂର୍ଣ୍ଣ ନିତ୍ୟପ୍ରବୃତ ଭବିଷ୍ୟତ)

ଉଦାହରଣ: ମୁଁ କରି ଆସୁଥିବି। I will have been doing.
ଆଇ ଉଇଲ୍ ହାଭ୍ ବିନ୍ ଡୁଇଙ୍ଗ୍।

1. ସାମାନ୍ୟ ଭବିଷ୍ୟତ Future Indefinite—

ଏଠାରେ ସାମାନ୍ୟ ଭବିଷ୍ୟତ କାଳରେ 'see' ର ବିକାର ଶବ୍ଦ ଦିଆଗଲା।

1st Person –	ମୁଁ ଦେଖିବି।	I shall see.	ଆଇ ସାଲ୍ ସୀ।
	ଆମେ ଦେଖିବୁ।	We shall see.	ୱି ସାଲ୍ ସୀ।
2nd Person –	ତୁ ଦେଖିବୁ।	You will see.	ୟୁ ୱିଲ୍ ସୀ।
	ତୁମେ ଦେଖିବ।	You will see.	ୟୁ ୱିଲ୍ ସୀ।
3rd Person –	ସେ ଦେଖିବ।	He/She will see.	ହି/ସି ୱିଲ୍ ସୀ।
	ସେମାନେ ଦେଖିବେ।	They will see.	ଦେ ୱିଲ୍ ସୀ।

2. ସମ୍ଭାବ୍ୟ ଭବିଷ୍ୟତ Future Perfect—

[ବ୍ୟକ୍ତି ଏବଂ ସଂଖ୍ୟା ଅନୁସାରେ ମୂଳ ଧାତୁରେ may ଯୋଗ କରାଯାଇ ଏହି କାଳ ଗଠନ କରାଯାଏ।]

ନିମ୍ନରେ ଆକସ୍ମିକ ଭବିଷ୍ୟତରେ 'play' ର ବିକାର ଶବ୍ଦ 'conjugation' ଦିଆଗଲା-

Ist Person –	ମୁଁ ଖେଳିପାରେ।	I may play.	ଆଇ ମେ ପ୍ଲେ।
	ଆମେ ଖେଳିପାରୁ।	We may play.	ୱି ମେ ପ୍ଲେ।
2nd Person –	ତୁ ଖେଳିପାରୁ।	You may play.	ୟୁ ମେ ପ୍ଲେ।
	ତୁମେ ଖେଳିପାର।	You may play.	ୟୁ ମେ ପ୍ଲେ।
3rd Person –	ସେ ଖେଳିପାରେ।	He may play.	ହି ମେ ପ୍ଲେ।
	ସେମାନେ ଖେଳିପାରନ୍ତି।	They may play.	ଦେ ମେ ପ୍ଲେ।

ଆକସ୍ମିକ ଭବିଷ୍ୟତ (Contingent Future), ଭବିଷ୍ୟତରେ ସମ୍ଭାବନା (possibility in Future), ଇଚ୍ଛା (willingness), ପ୍ରସ୍ତାବ (suggestion), ଉଦ୍ଦେଶ୍ୟ (purpose) ସର୍ତ୍ତ (condition), ଇତ୍ୟାଦି ବ୍ୟକ୍ତ କରିଥାଏ। ଉଦାହରଣ:

(i)	ଭବିଷ୍ୟତରେ ସମ୍ଭାବନା, ଆଉ ନଥାଉ, କାଳେ ସେ ଆସିଯିବ ।	Lest he may come.
(ii)	ଭବିଷ୍ୟତରେ ଇଚ୍ଛା- ଅନୁକୁ କୁହ ଯେ ବହିଗୁଡ଼ିକ ଆଣିବ ।	Ask Anu to bring the books.
(iii)	ଭବିଷ୍ୟତରେ ପ୍ରସ୍ତାବ– ଏମିତି କାହିଁକି ନ କରିବା ?	Why not do this?
(iv)	ଭବିଷ୍ୟତରେ ଉଦ୍ଦେଶ୍ୟ– ତୁମେ ଜଣେ ବୈଜ୍ଞାନିକ ହୁଅ ।	You become a scientist.
(v)	ଭବିଷ୍ୟତରେ ସର୍ତ୍ତ– ଯଦି ସେମାନେ ଆସିବେ ତେବେ ତୁମେ ମଧ୍ୟ ଚାଲି ଆସିବ ।	If they come, you also come.

ଟିପ୍ପଣୀ REMARKS

I have just finished it ମୁଁ ଏହାକୁ ଏବେ ସମାପ୍ତ କରିଛି ।

ଇଂରାଜୀରେ ଉପରୋକ୍ତ ବାକ୍ୟଟି ପୂର୍ଣ୍ଣ ବର୍ତ୍ତମାନ କାଳରେ ଅଛି। କିନ୍ତୁ ଓଡ଼ିଆରେ ଏହି ବାକ୍ୟ ବର୍ତ୍ତମାନ କାଳରେ ନାହିଁ।

ଆପଣ ଜାଣିଥିବେ, ଏକବଚନରେ was ଏବଂ ବହୁବଚନରେ were ଯୋଗ କରାଯାଇ ଆସନ୍ନ ଅତୀତ ଗଠନ କରାଯାଇଥାଏ। ଅନିର୍ଣ୍ଣିତକାଳୀନ ଅତୀତ 'Indefinite Past' କ୍ଷେତ୍ରରେ କ୍ରିୟାରେ 'ed' ଯୋଗ କରାଯାଏ।

15TH STEP ୧୫ତମ ସୋପାନ

କାଳ (2)
TENSE (2)

ଅତୀତ କାଳ Past Tense

ଅତୀତ କାଳକୁ ଚାରି ଭାଗରେ ବିଭକ୍ତ କରାଯାଇପାରେ:

(1) Simple Past (ସାମାନ୍ୟ ଅତୀତ)

ଉଦାହରଣ: I did.

(2) Past Progressive (ନିତ୍ୟପ୍ରବୃତ ଅତୀତ)

ଉଦାହରଣ: I was doing.

(3) Past Perfect (ଆସନ୍ନ ଅତୀତ)

ଉଦାହରଣ: I had done.

(4) Past Perfect Progressive (ପୂର୍ଣ୍ଣ ନିତ୍ୟପ୍ରବୃତ ଅତୀତ)

ଉଦାହରଣ: I had been doing.

(1) ସାମାନ୍ୟ ଅତୀତ Past Indefinite—

ବିନା କୌଣସି ନିଶ୍ଚିତ ସମୟ କିମ୍ବା ଏହାର ସର୍ତ୍ତରେ ଅତୀତ କାଳ।

ମୂଳ ଧାତୁରେ did କ୍ରିୟା ରେ ଯୋଗ କରାଯାଇ ଗଠନ କରାଯାଏ।

ସକର୍ମକ କ୍ରିୟା 'କରିବା'

(ସକର୍ମକ କ୍ରିୟା Transitive Verb 'to do' ର ପୁଲିଙ୍ଗ ଏବଂ ସ୍ତ୍ରୀଲିଙ୍ଗ)

1st Person —	Singular	ମୁଁ କଲି	I did.	ଆଇ ଡିଡ୍।
	Plural	ଆମେ କଲୁ	We did.	ଉଇ ଡିଡ୍।
2nd Person —	Singular	ତୁ କଲୁ	You did.	ୟୁ ଡିଡ୍।
	Plural	ତୁମେ କଲ	You did.	ୟୁ ଡିଡ୍।
3rd Person —	Singular	ସେ କଲା	He/She did.	ହି/ସି ଡିଡ୍।
	Plural	ସେମାନେ କଲେ	They did.	ଦେ ଡିଡ୍।

ଅକର୍ମକ କ୍ରିୟା 'ହସିବା'

(ଅକର୍ମକ କ୍ରିୟା Intransitive Verb 'to laugh' ର ପୁଲିଙ୍ଗ ଏବଂ ସ୍ତ୍ରୀଲିଙ୍ଗ)

1st Person —	Singular	ମୁଁ ହସିଲି	I laughed.	ଆଇ ଲାଫଡ୍।
	Plural	ଆମେ ହସିଲୁ	We laughed.	ଉଇ ଲାଫଡ୍।
2nd Person —	Singular	ତୁ ହସିଲୁ	You laughed.	ୟୁ ଲାଫଡ୍।
	Plural	ତୁମେ ହସିଲ	You laughed.	ୟୁ ଲାଫଡ୍।
3rd Person —	Singular	ସେ ହସିଲା	He/She laughed.	ହି/ସି ଲାଫଡ୍।
	Plural	ସେମାନେ ହସିଲେ	They laughed.	ଦେ ଲାଫଡ୍।

(2) ଆସନ୍ନ ଅତୀତ Present Perfect—

ଆସନ୍ନ ଅତୀତ ସେହି କାଳ ଯାହା ଏକ କ୍ରିୟା ସମ୍ପାଦିତ ହୋଇଥିବା ଦର୍ଶାଏ-

Examples —	ମୁଁ କରିଛି –	I have done.	ଆଇ ହାଭ୍ ଡନ୍।
	ମୁଁ ହସିଛି –	I have laughed.	ଆଇ ହାଭ୍ ଲାଫଡ୍।

ସକର୍ମକ କ୍ରିୟା 'କରିବା'

(ସକର୍ମକ କ୍ରିୟା Transitive Verb 'to do' ର ପୁଲିଙ୍ଗ ଏବଂ ସ୍ତ୍ରୀଲିଙ୍ଗ)

Singular : ମୁଁ/ତୁ/ସେ କରିଛି।

Plural : ଆମେ/ତୁମେ/ସେମାନେ କରିଛନ୍ତି ।

ଅକର୍ମକ କ୍ରିୟା 'ହସିବା'

(ଅକର୍ମକ କ୍ରିୟା Intransitive Verb 'to laugh' ର ପୁଲିଙ୍ଗ ଏବଂ ସ୍ତ୍ରୀଲିଙ୍ଗ)

1st Person —	Singular	ମୁଁ ହସିଛି
	Plural	ଆମେ ହସିଛୁ
2nd Person —	Singular	ତୁ ହସିଛୁ
	Plural	ତୁମେ ହସିଛ
3rd Person —	Singular	ସେ ହସିଛି
	Plural	ସେମାନେ ହସିଛନ୍ତି

(3) ପୂର୍ଣ୍ଣ ଅତୀତ Past Perfect—

ପୂର୍ଣ୍ଣ ଅତୀତ, ଯାହାକି କ୍ରିୟାଟି ବହୁତ ପୂର୍ବରୁ ସମାପ୍ତ ହୋଇଥିବା ଦର୍ଶାଏ-

ଉଦାହରଣ— ମୁଁ କରିଥିଲି – I had done. ଆଇ ହାଡ୍ ଡନ୍ ।

ମୁଁ ହସିଥିଲି – I had laughed. ଆଇ ହାଡ୍ ଲାଫ୍‌ଡ୍ ।

ସକର୍ମକ କ୍ରିୟା 'କରିବା'

(ସକର୍ମକ କ୍ରିୟା Transitive Verb 'to do' ର ପୁଲିଙ୍ଗ ଏବଂ ସ୍ତ୍ରୀଲିଙ୍ଗ)

ଏକବଚନ : ମୁଁ କରିଥିଲି/ତୁ କରିଥିଲୁ/ସେ କରିଥିଲା ।

ବହୁବଚନ : ଆମେ କରିଥିଲୁ/ତୁମେ କରିଥିଲ/ସେମାନେ କରିଥିଲେ ।

ଅକର୍ମକ କ୍ରିୟା 'ହସିବା'

(ଅକର୍ମକ କ୍ରିୟା Intransitive Verb 'to laugh' ର ପୁଲିଙ୍ଗ ଏବଂ ସ୍ତ୍ରୀଲିଙ୍ଗ)

ଏକବଚନ : ମୁଁ ହସିଥିଲି/ତୁ ହସିଥିଲୁ/ସେ ହସିଥିଲା ।

I/You/He/She laughed.

ବହୁବଚନ : ଆମେ ହସିଥିଲୁ/ତୁମେ ହସିଥିଲ/ସେମାନେ ହସିଥିଲେ ।

We/You/They laughed.

(4) ସନ୍ଦିଗ୍ଧ ଅତୀତ Past Doubtful—

ଏକ କ୍ରିୟା ଯାହା ଅତୀତରେ ଘଟିଥାଇପାରେ ।

ଉଦାହରଣ — ମୁଁ କରିଥିବି – I might have done. ଆଇ ମାଇଟ୍ ହାଭ୍ ଡନ୍ ।

ମୁଁ ହସିଥିବି – I might have laughed ଆଇ ମାଇଟ୍ ହାଭ୍ ଲାଫ୍‌ଡ୍ ।

ଅକର୍ମକ କ୍ରିୟା 'ହସିବା'

(ଅକର୍ମକ କ୍ରିୟା Intransitive Verb 'to laugh' ର ପୁଲିଙ୍ଗ ଏବଂ ସ୍ତ୍ରୀଲିଙ୍ଗ)

1st Person —	Singular	ମୁଁ ହସିଥିବି । I might have laughed.
	Plural	ଆମେ ହସିଥିବୁ । We might have laughed.
2nd Person —	Singular	ତୁ ହସିଥିବୁ । You might have laughed.
	Plural	ତୁମେ ହସିଥିବ । You might have laughed.

3rd Person — Singular ସେ ହସିଥିବ । He/She might have laughed.
Plural ସେମାନେ ହସିଥିବେ । They might have laughed.

(5) ଅପୂର୍ଣ୍ଣ ଅତୀତ Past Continuous—

ଏହି କାଳ ଅତୀତରେ ଏକ କାର୍ଯ୍ୟ ଚାଲିଥିବା ଦର୍ଶାଇଥାଏ ।

ଉଦାହରଣ — ମୁଁ କରୁଥିଲି – I was doing. ଆଇ ୱାଜ୍ ଡୁଇଙ୍ଗ୍ ।
ମୁଁ କରି ଆସୁଥିଲି – I was doing. ଆଇ ୱାଜ୍ ଡୁଇଙ୍ଗ୍ ।
ମୁଁ ହସୁଥିଲି – I was laughing. ଆଇ ୱାଜ୍ ଲାଫିଙ୍ଗ୍ ।
ମୁଁ ହସି ଆସୁଥିଲି – I was laughing. ଆଇ ୱାଜ୍ ଲାଫିଙ୍ଗ୍ ।

ସକର୍ମକ କ୍ରିୟା 'କରିବା'

(ସକର୍ମକ କ୍ରିୟା Transitive Verb 'to do' ର ପୁଲିଙ୍ଗ ଏବଂ ସ୍ତ୍ରୀଲିଙ୍ଗ)

ଏକବଚନ :	ମୁଁ/ତୁ/ସେ	କରୁଥିଲି/କରୁଥିଲୁ/କରୁଥିଲା
	I/You/He/She	was doing.
ବହୁବଚନ :	ଆମେ/ତୁମେ/ସେମାନେ	କରୁଥିଲୁ/କରୁଥିଲ/କରୁଥିଲେ
	We/You/They	were doing.

ଅକର୍ମକ କ୍ରିୟା 'ହସିବା'

(ଅକର୍ମକ କ୍ରିୟା Intransitive Verb 'to laugh' ର ପୁଲିଙ୍ଗ ଏବଂ ସ୍ତ୍ରୀଲିଙ୍ଗ)

ଏକବଚନ :	ମୁଁ/ତୁ/ସେ	ହସୁଥିଲି/ହସୁଥିଲୁ/ହସୁଥିଲା
	I/You/He/She	was laughing.
ବହୁବଚନ :	ଆମେ/ତୁମେ/ସେମାନେ	ହସୁଥିଲୁ/ହସୁଥିଲ/ହସୁଥିଲେ
	We/You/They	were laughing.

(6) ସର୍ତ୍ତମୂଳକ ଅତୀତ Past Conditional—

ଏକ କ୍ରିୟା ଯାହା ଅତୀତରେ ପୂରଣ ହୋଇଥିବା ଏକ ସର୍ତ୍ତକୁ ବହନ କରି ଆସୁଅଛି । ଉଦାହରଣ:

(ଯଦି) ମୁଁ କରିଥାନ୍ତି..................(If) I had done....................

(ଯଦି) ମୁଁ ହସିଥାନ୍ତି..................(If) I had laughed..............

Present Perfect form ରେ go ର ଦୁଇଟି ରୂପ ଯଥା, gone, been ଭିନ୍ନ ଭିନ୍ନ ଅର୍ଥରେ ବ୍ୟବହୃତ ହୁଏ । ବ୍ୟକ୍ତି କୌଣସି ସ୍ଥାନକୁ ଯାଇଛି, ଫେରିନାହିଁ ପ୍ରକାଶ କରିବା ପାଇଁ gone ଏବଂ ବ୍ୟକ୍ତି କୌଣସି ସ୍ଥାନକୁ ଯାଇ ଫେରି ଆସିଲାଣି ପ୍ରକାଶ କରିବା ପାଇଁ been ବ୍ୟବହୃତ ହୁଏ । ତେଣୁ ନିମ୍ନ ବାକ୍ୟ ଦୁଇଟି ବ୍ୟାକରଣସମ୍ମତ ନୁହେଁ ।

I have gone to Cuttack.	ଆଇ ହାଭ୍ ଗନ୍ ଟୁ କଟକ ।	(incorrect)
I have been to Cuttack.	ଆଇ ହାଭ୍ ବିନ ଟୁ କଟକ ।	(correct)
Have you gone to Cuttack?	ହାଭ୍ ୟୁ ଗନ୍ ଟୁ କଟକ ?	(incorrect)
Have you been to Cuttack?	ହାଭ୍ ୟୁ ବିନ୍ ଟୁ କଟକ ?	(correct)

ଟିପ୍ପଣୀ REMARKS

ଅପୂର୍ଣ୍ଣ ଅତୀତ କାଳ ଦୁଇ ପ୍ରକାରର କାର୍ଯ୍ୟ ଦର୍ଶାଇଥାଏ-

(i) ସେହି କାର୍ଯ୍ୟ ଯାହା ଅତୀତରେ ଚାଲୁଅଛି; ଯେମିତି- Rakhi was doing it ରାକ୍ଷୀ ଏହାକୁ କରୁଥିଲା ।

(ii) ସେହି କାର୍ଯ୍ୟ ଯାହା ଅତୀତରେ ବାରମ୍ବାର ଘଟିଛି; ଯେମିତି- Rakhi was doing it. ରାକ୍ଷୀ ଏହାକୁ କରି ଆସୁଥିଲା ।

ଇଂରାଜୀ ବାକ୍ୟ 'A king was living in the thick forest', ଅପୂର୍ଣ୍ଣ ଅତୀତ କାଳରେ ଓଡ଼ିଆରେ ଭଲ ଅନୁବାଦିତ ହୋଇପାରିବ:

'A king was living in the thick forest' 'ଜଣେ ରାଜା ଘଞ୍ଚ ଜଙ୍ଗଲରେ ରହୁଥିଲେ ।' (ଅର୍ଥାତ୍, ରହି ଆସୁଥିଲେ)।

୧୬ତମ ସୋପାନ 16TH STEP

ବାଚ୍ୟ
VOICE

ବାଚ୍ୟ 'Voice' ହେଉଛି ଏକ ବ୍ୟାକରଣ ବର୍ଗ ଯାହା କ୍ରିୟାରେ ଲାଗୁ କରାଯାଏ । ଇଂରାଜୀରେ ବାଚ୍ୟ ବିଷୟ ସହିତ କାର୍ଯ୍ୟର ସମ୍ପର୍କକୁ ବ୍ୟକ୍ତ କରିଥାଏ । ବାଚ୍ୟକୁ ଦୁଇ ଭାଗରେ ମୂଲ୍ୟାଙ୍କନ କରାଯାଇଛି:

(i) କର୍ତ୍ତୃ ବାଚ୍ୟ (Active voice)- ବିଷୟ କାର୍ଯ୍ୟ କରିଥାଏ ।

(ii) କର୍ମ ବାଚ୍ୟ (Passive voice)- ବିଷୟ କାର୍ଯ୍ୟ ଗ୍ରହଣ କରେ ।

କର୍ତ୍ତୃ ବାଚ୍ୟ (Active voice) ହେଉଛି ସାଧାରଣ ବାଚ୍ୟ- ଯାହାକୁ ଆମେ ଅଧିକାଂଶ ସମୟରେ ବ୍ୟବହାର କରିଥାଉ । କର୍ତ୍ତୃବାଚ୍ୟରେ ବସ୍ତୁ, କ୍ରିୟାର କାର୍ଯ୍ୟକୁ ଗ୍ରହଣ କରିଥାଏ ।

କର୍ମ ବାଚ୍ୟ (Passive voice) କୁ ବହୁତ କମ୍ ବ୍ୟବହାର କରାଯାଏ । କର୍ମବାଚ୍ୟରେ ବିଷୟ, କ୍ରିୟାର କାର୍ଯ୍ୟକୁ ଗ୍ରହଣ କରିଥାଏ ।

କର୍ତ୍ତୃ ବାଚ୍ୟରେ (Active voice) ବିଷୟକୁ ଅଧିକ ଗୁରୁତ୍ୱ ଦିଆଯାଇଥାଏ । ଉଦାହରଣ:

ମୁଁ ପତ୍ର ଲେଖେ । I write a letter. ଆଇ ରାଇଟ୍ ଏ ଲେଟର୍ ।

ଏହି ବାକ୍ୟରେ ମୁଁ (subject) ହେଉଛି ଗୁରୁତ୍ୱପୂର୍ଣ୍ଣ, ତେଣୁ ତା' ଉପରେ ଚାପ ରହିଥାଏ । କିନ୍ତୁ ଯଦି ବସ୍ତୁ ପ୍ରାଧାନ୍ୟ ଦେଉଥିବ, ଅତୀତ କାଳରେ କ୍ରିୟା ଏକ ଅତିରିକ୍ତ 'ଯିବା' ପାଇବ ଏବଂ ବିଷୟ case-ending ଦ୍ୱାରା (by) ନେଇଥାଏ । ତା' ପରେ ଏହା କର୍ମ ବାଚ୍ୟ (Passive voice) ହୋଇଯାଏ ।

ମୋ ଦ୍ୱାରା ପତ୍ର ଲେଖାଯାଏ । The letter is written by me.

ବାଚ୍ୟ ପରିବର୍ତ୍ତନ Change of voice

ଆମେ ଯେତେବେଳେ ଗୋଟିଏ ବାକ୍ୟକୁ କର୍ତ୍ତୃ ବାଚ୍ୟରୁ କର୍ମ ବାଚ୍ୟକୁ ପରିବର୍ତ୍ତନ କରୁ, କର୍ତ୍ତୃ ବାଚ୍ୟର ବସ୍ତୁ କର୍ମ ବାଚ୍ୟର ବିଷୟ ହୋଇଯାଏ । ସେହିପରି କର୍ମ ବାଚ୍ୟକୁ କର୍ତ୍ତୃ ବାଚ୍ୟରେ ପରିବର୍ତ୍ତନ କଲାବେଳେ କର୍ମ ବାଚ୍ୟର ବସ୍ତୁ କର୍ତ୍ତୃ ବାଚ୍ୟର ବିଷୟ ହୋଇଯାଏ ।

ଉଦାହରଣ:

Active	: ମୁଁ ଫୁଲ ତୋଳିଲି ।	I pluck the flower.
Passive	: ମୋ ଦ୍ୱାରା ଫୁଲ ତୋଳାଗଲା ।	The flower was plucked by me.
Active	: ସେ ଗୀତ ଗାଇଲା ।	She is singing a song.
Passive	: ତା ଦ୍ୱାରା ଗୀତ ଗାଇବା ହେଲା ।	A song was sung by her.
Actice	: ରାମ ରାବଣଙ୍କୁ ହତ୍ୟା କଲେ ।	Rama killed Ravana.
Passive	: ରାବଣ ରାମଙ୍କ ଦ୍ୱାରା ହତ୍ୟା କରାଗଲା ।	Ravana was killed by Rama.
Active	: ଶାହଜାହାନ୍ ତାଜମହଲ ତିଆରି କରାଇଥିଲେ ।	Shah Jahan built the Taj Mahal.
Passive	: ତାଜମହଲ ଶାହଜାହାନ୍‌ଙ୍କ ଦ୍ୱାରା ତିଆରି କରାଯାଇଥିଲା ।	The Taj Mahal was built by Shah Jahan.

କର୍ତ୍ତୃ ବାଚ୍ୟ (Active voice) ଏବଂ କର୍ମ ବାଚ୍ୟ (Passive voice)ର ଉଦାହରଣ:

ସାମାନ୍ୟ ବର୍ତ୍ତମାନ (Present Simple)

Active: How does one pronounce his name? (ହାଓ ଡଜ୍ ଓ୍ୱନ୍ ପର୍ସନ୍ ପ୍ରନାଉନ୍ସ ହିଜ୍ ନେମ୍ ?)

Passive: How is his name pronounced?(ହାଓ ହିଜ୍ ନେମ୍ ପ୍ରନାଉନ୍ସଡ୍ ?)

ନିତ୍ୟପ୍ରବୃତ୍ତ ବର୍ତ୍ତମାନ (Present Continuous)

Active: Ati's helping Tara. (ଅତି'ସ୍ ହେଲ୍‌ପିଙ୍ଗ୍ ତାରା ।)

Passive: Tara's being helped by Ati. (ତାରାସ୍ ବିଙ୍ଗ୍ ହେଲ୍ପଡ୍ ବାଏ ଅତି ।)

ପୂର୍ଣ୍ଣ ବର୍ତ୍ତମାନ (Present Perfect)

Active: Kid has served dinner. (କିଡ୍ ହାଜ୍ ସର୍ଭଡ୍ ଡିନର୍ ।)

Passive: Dinner has been served. (ଡିନର୍ ହାଜ୍ ବିନ୍ ସର୍ଭଡ୍ ।)

ନିତ୍ୟପ୍ରବୃତ୍ତ ପୂର୍ଣ୍ଣ ବର୍ତ୍ତମାନ (Present Perfect Continuous)

Active: The police have been watching that house for weeks.
(ଦି ପୋଲିସ ହାଭ୍ ବିନ୍ ଓ୍ୱାଚିଙ୍ଗ୍ ଦ୍ୟାଟ୍ ହାଉସ୍ ଫର୍ ଓ୍ୱିକ୍ସ ।)

Passive: That house has been being watched for weeks.
(ଦ୍ୟାଟ୍ ହାଉସ୍ ହାଜ୍ ବିନ୍ ବିଙ୍ଗ୍ ଓ୍ୱାଚ୍‌ଡ୍ ଫର୍ ଓ୍ୱିକ୍ସ ।)

ସାମାନ୍ୟ ଅତୀତ (Past Simple)

Active: They didn't fix my phone yesterday.
(ଦେ ଡିଡ୍ ନଟ୍ ଫିକ୍ସ ମାଇଁ ଫୋନ୍ ୟଷ୍ଟରଡେ ।)

Passive: My phone wasn't fixed yesterday.
(ମାଇଁ ଫୋନ୍ ୱାଜ୍ ନଟ୍ ଫିକ୍ସଡ୍ ୟଷ୍ଟରଡେ ।)

ଟିପ୍ପଣୀ REMARKS

ଯଦିଓ କର୍ତ୍ତୃ ବାଚ୍ୟ ଅପେକ୍ଷା କର୍ମ ବାଚ୍ୟ କମ୍ ବ୍ୟବହୃତ ହୋଇଥାଏ, ତେଣୁ କ୍ୱଚିତ୍ ବ୍ୟବହାର ହେଉଥିବା କର୍ମ ବାଚ୍ୟର ବିଭିନ୍ନ କାରଣ ରହିଛି। କର୍ମ ବାଚ୍ୟ ବାକ୍ୟ କେମିତି ଗଠନ କରାଯାଏ ଏବଂ କେତେବେଳେ ଓ କାହିଁକି ବ୍ୟବହାର କରାଯାଏ ଏହି ସୋପାନରେ ଶିଖିଲେ।

ସହାୟକ କ୍ରିୟା 'be' ସମସ୍ତ କାଳରେ ସଂଯୁକ୍ତ କରାଯାଇଥାଏ। ମୁଖ୍ୟ କ୍ରିୟାଟି ସବୁବେଳେ ଅତୀତକାଳୀନ କୃଦନ୍ତ ବିଶେଷଣରେ ଥାଏ। ଏଜେଣ୍ଟ ହେଉଛି କାର୍ଯ୍ୟର ମୂଳ କର୍ତ୍ତା "doer"।

- ସହାୟକ କ୍ରିୟା 'be' କୁ ସମସ୍ତ ବ୍ୟକ୍ତି ବିଶେଷ ଏବଂ କାଳରେ ସଂଯୁକ୍ତ କରାଯାଇପାରିବ।
- ମୁଖ୍ୟ କ୍ରିୟା ହେଉଛି ଅଚଳ: ଅତୀତକାଳୀନ କୃଦନ୍ତ ବିଶେଷଣ।
- ଯଦି ସେଥିରେ ଗୋଟିଏ ଏଜେଣ୍ଟ (Apple, Head Office) ଥାଏ, ତେବେ ଏହା 'by' ଦ୍ୱାରା ପରିଚିତ ହୁଏ।

୧୭ତମ ସୋପାନ 17TH STEP

ଯୌଗିକ କ୍ରିୟା
SECONDARY VERBS

1. ପ୍ରେରଣାର୍ଥକ କ୍ରିୟା Causal Verb

ଅନ୍ୟମାନଙ୍କୁ କିଛି କରିବା ପାଇଁ ପ୍ରେରଣାର୍ଥକ କ୍ରିୟା (Causal verb) ଏକ ପ୍ରଭାବ ବ୍ୟକ୍ତ କରିଥାଏ। ଉଦାହରଣ:

(i)	ଏହି ପତ୍ର ମିନାକ୍ଷୀ ଦ୍ୱାରା ଲେଖାଅ।	Get Minakshi to write this letter.
(ii)	ମୁଁ ଧୋବା ଦ୍ୱାରା ପୋଷାକ ଇସ୍ତ୍ରୀ କରାଇଲି।	I got the clothes pressed by the washerman.

ଉପରୋକ୍ତ ବାକ୍ୟଗୁଡ଼ିକରେ ପ୍ରେରଣାର୍ଥକ କ୍ରିୟା (Causal verb) ହେଉଛି ଲେଖାଅ, କରାଇଲି (ଲେଖାଇବା ଏବଂ କରାଇବା କ୍ରିୟାର ରୂପ)।

ଇଂରାଜୀରେ ଅଧିକାଂଶ କ୍ରିୟାର ଦୁଇଟି ପ୍ରେରଣାର୍ଥକ କ୍ରିୟା (Causal verb) ରହିଛି। ପ୍ରଥମଟି ତତ୍କାଳ କରଣୀୟ ଏବଂ ଦ୍ୱିତୀୟଟି ପୃଥକତା ବ୍ୟକ୍ତ କରିଥାଏ। ଉଦାହରଣ: ପଢ଼ିବା (to read), ପଢ଼ାଇବା (to make read), ଦ୍ୱାରା ପଢ଼ାଇବା (to cause to read).

ପ୍ରେରଣାର୍ଥକ କ୍ରିୟା ଗଠନ କରିବାର କିଛି ନିୟମ ରହିଛି।

cut ର ତିନୋଟି ରୂପ: cut, cutting, cuts

work ର ଚାରୋଟି ରୂପ: work, worked, working, works

sing ର ପାଞ୍ଚଟି ରୂପ: sing, sang, sung, singing, sings

be ର ଆଠଟି ରୂପ: be, was, were, been, being, am, is, are

(a) **Base - Infinitive** (ସାଧାରଣ)

She helped him work on his homework.
We heard them sing their national anthem.
I want to have a drink.
To be, or not to be, that is the question.

(b) **Base - Imperative**

ଆଧାର - (ଅନିବାର୍ଯ୍ୟ)

Work well!
Make this.
Have a nice day.
Be quiet!

(c) **Base - Present simple**

ଆଧାର - ସାମାନ୍ୟ ବର୍ତ୍ତମାନ

(except 3rd person singular)

I work in London.
You sing well.
They have a lot of money.

(d) **Base - After modal auxiliary verbs** (ମୋଡାଲ ସହାୟକ କ୍ରିୟା ପରେ)

I can work tomorrow.
You must sing louder.
They might do it.
You could be right.

Past simple

(ସାମାନ୍ୟ ଅତୀତ)

I worked yesterday.
She cut his hair last week.
They had a good time.
They were surprised, but I was not.

Past participle

(ଅତୀତ କାଳୀକ କୃଦନ୍ତ ବିଶେଷଣ)

I have worked here for five years.
He needs a folder made of plastic.
It is done like this.
I have never been so happy.

Present participle

(ବର୍ତ୍ତମାନ କାଳୀକ ବିଶେଷଣ)

I am working.
Singing well is not easy.
Having finished, he went home.
You are being silly!

3rd person singular present simple

(ତୃତୀୟ ପୁରୁଷ ଏକବଚନ ସାଧାରଣ ବର୍ତ୍ତମାନ)

He works in London.
She sings well.
She has a lot of money.
It is Vietnamese.

2. ସହାୟକ କ୍ରିୟା Auxiliary verb

ଏକ କାଳ କିମ୍ୱା ମୁଖ୍ୟ କ୍ରିୟାର ମନୋଦଶା ଗଠନ କରିବାରେ ସହାୟକ କ୍ରିୟା (Auxiliary verb) ସାହାଯ୍ୟ କରେ। ବିକାର ଶବ୍ଦ ଗଠନ ବେଳେ ସହାୟକ କ୍ରିୟା ପରିବର୍ତ୍ତନ ହୁଏ ଏବଂ ମୁଖ୍ୟ କ୍ରିୟା ଅପରିବର୍ତ୍ତିତ ରହେ।

ପାରିବା ଏବଂ ପଢ଼ିବା ହେଉଛନ୍ତି ସ୍ୱତନ୍ତ୍ର କ୍ରିୟା, କିନ୍ତୁ ସେଗୁଡ଼ିକ ଓଡ଼ିଆରେ ସହାୟକ କ୍ରିୟା ଭାବେ ବ୍ୟବହାର କରାଯାଏ। ଅବ୍ୟୟ 'ଉଚିତ' ମଧ୍ୟ ସହାୟକ କ୍ରିୟା ଭାବେ ବ୍ୟବହାର କରାଯାଏ।

(a) **ପାରିବା** *(to express ability or permission):*

(i) ଆମେ ଏହାକୁ ନିଜେ-ନିଜେ ସମାଧାନ କରି ପାରିବୁ ।	We can solve it ourselves. (Ability)
(ii) ମୁଁ ହିନ୍ଦୀ ପଢ଼ି ଓ ଲେଖି ପାରିବି ।	I can read and write Hindi. (Ability)
(iii) ମୁଁ ଭିତରକୁ ଆସିପାରେ କି, ମହାଶୟ ?	May I come in, Sir? (Permission)
(iv) ଏବେ ଆପଣ ଯାଇପାରନ୍ତି ।	Now you can go. (Permission)

(b) **ସାରିବା** *(to express completion of an action):*

(i) ଆମେ ସବୁ ଖାଦ୍ୟ ଖାଇ ସାରିଛୁ ।	All of us have taken our meal.
(ii) ନେତାଜୀ ପୂର୍ବରୁ ହିଁ ଆସି ସାରିଥିଲେ ।	Nataji had already come.

(c) **ଉଚିତ** *(to denote duty, determination or moral obligation)–In the sense of* ଉଚିତ୍ *'should', 'must' or 'ought to' are used in English:*

(i) ପ୍ରତ୍ୟେକଙ୍କୁ ନିଜ କର୍ତ୍ତବ୍ୟ ନିର୍ବାହ କରିବା ଉଚିତ୍ ।	One must uphold one's duty.
(ii) ଆପଣଙ୍କର ଭଗବଦ୍‌ଗୀତା ପଢ଼ିବା ଉଚିତ୍ ।	You should read the Bhagwat Gita.
(iii) ତୁମକୁ ବଡ଼ମାନଙ୍କର ସମ୍ମାନ କରିବା ଉଚିତ୍ ଥିଲା ।	You ought to have respected your elders.

(d) **ପଢ଼ିବା** *(to express the sense of helplessness and necessity):*

(i) ଆମକୁ ମାଡ୍ରାସ୍ ଯିବାକୁ ପଡ଼ିଲା ।	We had to go to Madras.
(ii) ତାକୁ ପ୍ରତିଦିନ ଏଠାକୁ ଆସିବାକୁ ପଡ଼େ ।	He has to come here daily.

3. ସଂଯୁକ୍ତ କ୍ରିୟା Compound verb

ସଂଯୁକ୍ତ କ୍ରିୟା (Compound verb) ହେଉଛି ଅର୍ଥକୁ ତୀବ୍ର କରିବା ପାଇଁ ଦୁଇଟି ମୂଳ ଧାତୁର ସଂଯୋଗ ।

ଯୌଗିକ କ୍ରିୟାରେ ଗୋଟିଏ ମୂଳ ଧାତୁ ମୁଖ୍ୟ ହୋଇଥିବା ବେଳେ ଅନ୍ୟଟି ମାଧ୍ୟମିକ । ମୁଖ୍ୟ କ୍ରିୟାର ମୂଳ ଧାତୁ ପରିବର୍ତ୍ତନ ହୁଏ ନାହିଁ ଯେତେବେଳେକି ଅଧିନସ୍ଥ ଧାତୁ ସାଧାରଣ ପ୍ରକ୍ରିୟାରେ ସଂଯୁକ୍ତାତ୍ମକ ହୋଇଥାଏ ।

ଅଧିନସ୍ଥ କ୍ରିୟା ତାହାର ସମ୍ପୂର୍ଣ୍ଣ ଅର୍ଥ ପ୍ରକାଶ କରେନାହିଁ, କିନ୍ତୁ ମୁଖ୍ୟ କ୍ରିୟାର ଅର୍ଥକୁ ସଂଶୋଧିତ କରିଥାଏ ।

ଏଠାରେ କିଛି କ୍ରିୟା ଅଛି ଯାହା ଯୌଗିକ କ୍ରିୟାର ମାଧ୍ୟମିକ କ୍ରିୟା ଭାବେ ବ୍ୟବହାର କରାଯାଏ ।

ସେହି କ୍ରିୟାଗୁଡ଼ିକ ହେଲା- keep, take, give, go, through, can, sit, see ଇତ୍ୟାଦି।

(a) denotes the sense of continuation of an incomplete action; as—

ବାକ୍ୟ-ଆମେ ଚାଲିଥାଉ । We kept walking.

(b) expresses suddenness of action; as—

ବାକ୍ୟ-ସେ ବହୁତ ଚିନ୍ତିତ ହୋଇ ଉଠିଲା । He became very anxious.

(c) expresses completeness (of principal verb); as—

ବାକ୍ୟ-ସେ ଟେବୁଲ୍ ଉପରେ ଠିଆ ହେଲା । He stood up on the table.

(d) shows an element of an unaware action; as—

ବାକ୍ୟ-ମୁଁ ମୋର କଲମ ହଜାଇ ବସିଛି । I had lost my pen.

(e) shows ability to complete anything. Subjoined verb **ପାରିବା** *is oftenly used in negative sentences; as—*

ବାକ୍ୟ-ମୁଁ ଶୋଇ ପାରିଲି ନାହିଁ । I could not sleep.

REMARKS

'is wanted' କିମ୍ବା **'ought to be...'** ର ଅର୍ଥ ଭାବେ **want** ବ୍ୟବହାର କରାଯାଏ । ଏହା ଗୋଟିଏ ଅର୍ଥରେରେ ବିଶେଷ୍ୟ ସହିତ ଯୋଗ ହୋଇପାରେ ଏବଂ ଦ୍ୱିତୀୟ ଅର୍ଥରେ କ୍ରିୟାର ସାଧାରଣ ରୂପ ସହିତ ଯୋଗ ହୋଇପାରେ । ଯେମିତି:

(A) ଆମକୁ ମିଠେଇ ଦରକାର । We want sweetmeat (literally speaking, sweetmeat is wanted by us).

ଆମକୁ ମିଠେଇ ଦରକାର । We want sweetmeats.

ତାର କ'ଣ ଦରକାର ? What does she want? (literally speaking, what is wanted by her.)

ତାକୁ ପେନ୍‌ସିଲ ଦରକାର । She wants pencils (literally, Pencils are wanted by her.)

(B) ଆପଣଙ୍କୁ ଶୋଇବା ଦରକାର । You ought to sleep. (infinitive noun)

ଆମକୁ ପ୍ରତିଦିନ ଚାଲିବା ଦରକାର । We ought to walk daily.

୧୮ତମ ସୋପାନ 18TH STEP

ଅବ୍ୟୟ ଅଥବା ଅବିକାରୀ
INDECLINABLE

ଯେଉଁ ଶବ୍ଦ ସର୍ବଦା ଅପରିବର୍ତ୍ତିତ ରହିଥାଏ ତାକୁ ଅବ୍ୟୟ କିମ୍ବା ଅବିକାରୀ ଶବ୍ଦ (Indeclinable) କୁହାଯାଏ, ଯେମିତି— ଆଜି (today), କାଲି (tomorrow), ଶୀଘ୍ର (quickly), ଏଠାରେ (here), ସେଠାରେ (there), ଇତ୍ୟାଦି।

ଅବିକାରୀ ଶବ୍ଦକୁ ଚାରି ଭାଗରେ ବିଭକ୍ତ କରାଯାଇଛି—

1. କ୍ରିୟାବିଶେଷଣ	Adverb
2. ସମ୍ବନ୍ଧବୋଧକ	Post-position
3. ସମୁଚ୍ଚୟବୋଧକ	Conjunction
4. ବିସ୍ମୟସୂଚକ	Exclamation

ଆମେ ବର୍ତ୍ତମାନ ଏଗୁଡ଼ିକୁ ବିସ୍ତୃତ ଭାବେ ଆଲୋଚନା କରିବା।

1. **କ୍ରିୟାବିଶେଷଣ Adverb.** *(ଯେଉଁ ଶବ୍ଦ କ୍ରିୟାକୁ ପ୍ରତିପାଦିତ କରେ):*

(i) ଅମିତ ଆସିବ ନାହିଁ।	Amit will not come.
(ii) ତୁମ ପାଖରେ କେତେ ସମୟ ଅଛି ?	How much time have you?
(iii) ସେ କେମିତି ଲେଖେ ?	How does he write?
(iv) କେଉଁଠିକୁ ଯାଉଅଛ ?	Where are you going?
(v) ଏବେ ଗାଇବା ଆରମ୍ଭ କର।	Now start singing.

ଉପରୋକ୍ତ ବାକ୍ୟଗୁଡ଼ିକରେ not, how, where, now ହେଉଛନ୍ତି କ୍ରିୟାବିଶେଷଣ, କାରଣ ପ୍ରତ୍ୟେକେ ସେମାନଙ୍କ କ୍ରିୟାକୁ ପ୍ରତିପାଦିତ କରୁଛନ୍ତି। ଏ ସମସ୍ତ ହେଉଛନ୍ତି ଅବ୍ୟୟ:

ସ୍ଥାନସୂଚକ	- where, here, there
ରୀତିସୂଚକ	- slowly, how
ନିଷେଧସୂଚକ	- not
କାଳସୂଚକ	- now, when, then, quick
ପରିମାଣସୂଚକ	- that much, this much, how much

2. **ସମ୍ବନ୍ଧବୋଧକ Post-position** *(ଯେଉଁ ଶବ୍ଦ ବାକ୍ୟରେ ଥିବା ବିଶେଷ୍ୟ, ବିଶେଷଣ ଆଦିଙ୍କ ସହିତ ଅନ୍ୟ ଶବ୍ଦଗୁଡ଼ିକର ସମ୍ପର୍କ ପ୍ରଦର୍ଶନ କରେ):*

(i) ପୁସ୍ତକଟି ଟେବୁଲ୍ ଉପରେ ଅଛି।	The book is on the table.
(ii) ବିକାସ ପଛରେ ରହିଗଲା।	Vikas has trailed behind.
(iii) ଆପଣଙ୍କ ସମକକ୍ଷ ସାହସୀ କେହି ନାହିଁ।	There is no one brave like you.
(iv) ତୁମେ ମୋ ବିପକ୍ଷରେ ଯାଉଛ।	You are going against me.

(v) ଏହା କେବଳ ଆପଣଙ୍କ ପାଇଁ । It is only for you.

ଉପରୋକ୍ତ ବାକ୍ୟଗୁଡ଼ିକରେ on, behind, like, against, for ହେଉଛନ୍ତି ସମ୍ବନ୍ଧବୋଧକ ।

ନିମ୍ନ ପ୍ରଦତ୍ତ କେତେଗୁଡ଼ିଏ ସମ୍ବନ୍ଧବୋଧକ ଶବ୍ଦ ଦେଖନ୍ତୁ:

ସ୍ଥାନସୂଚକ - in, on, up, far, near, front, behind

କାଳସୂଚକ - before, after

ସମତାସୂଚକ - like

ବିରୋଧସୂଚକ - agsinst

କାରଣ ବୋଧକ - for, so

ଏହା ପ୍ରାୟତଃ ଦେଖାଯାଏ ଯେ, Post-position କୁ ସମ୍ବନ୍ଧସୂଚକ ଅବ୍ୟୟ ପଦ (ଇଂରାଜୀ Prepositions ର ବିପରୀତ) ଲୁହାଯାଏ କାରଣ ସେଗୁଡ଼ିକ ବାକ୍ୟକୁ ସମ୍ପୂର୍ଣ୍ଣ କରୁଥିବା ଶବ୍ଦ ପରେ ଆସିଥାନ୍ତି ।

3. **ସମୁଚ୍ଚୟବୋଧକ Conjunction** *(ଯେଉଁ ଶବ୍ଦ ବାକ୍ୟ, ପଦ କିମ୍ବା ଉକ୍ତିକୁ ଯୋଡ଼ିବା ପାଇଁ ବ୍ୟବହାର କରାଯାଏ):*

(i) ରୁଟି ଏବଂ ଲହୁଣି ପର୍ଯ୍ୟାପ୍ତ ଆହାର ଅଟେ । Bread and butter is a sufficient food.

(ii) ମତେ ଜ୍ୱର ହୋଇଛି, ସେଇଥି ପାଇଁ ମୁଁ ଉପସ୍ଥିତ ରହିପାରିବି ନାହିଁ । I am suffering from fever so I cannot attend.

(iii) ତୁମେ ଏଠାକୁ ଆସିବ କି ନାହିଁ ? Will you come here or not?

ଉପରୋକ୍ତ ବାକ୍ୟଗୁଡ଼ିକରେ, ଏବଂ (and) ଏଇଥି ପାଇଁ (so), କିମ୍ବା (or) ହେଉଛନ୍ତି ସମୁଚ୍ଚୟବୋଧକ ଶବ୍ଦ, ଯାହା ଶବ୍ଦ ଏବଂ ବାକ୍ୟଗୁଡ଼ିକୁ ଯୋଡ଼ିଥାନ୍ତି ।

ନିମ୍ନରେ କେତେକ ସମୁଚ୍ଚୟବୋଧକ ଶବ୍ଦ ଦିଆଗଲା—

ସମନ୍ୱୟ ସଂଯୁକ୍ତ Coordinating Conjunctions

for, and, nor, but, or, yet, so

ଗୌଣ ସଂଯୁକ୍ତ Subordinating Conjunctions

after, although, as, as if, as long as, as much as,
as soon as, as though, because, before, by the time,
even if, even though, if, in order that, in case,
lest, once, only if, provided that, since, so that,
than, that, though, till, unless, until,
when, whenever, where, wherever, while

4. **ବିସ୍ମୟସୂଚକ Exclamation** *(ଯେଉଁ ଶବ୍ଦ ବକ୍ତାର ଆଶ୍ଚର୍ଯ୍ୟବୋଧକ ଭାବନା କିମ୍ବା ଉଦାସୀନତାକୁ ପ୍ରକାଶ କରିଥାଏ):*

(i) ବାଃ-ବାଃ, ମୁଁ ପ୍ରଥମ ପୁରସ୍କାର ଜିତିଲି । Hurrah! I have won the first prize.

(ii) ଆଃ ! ଏହି ବଗିଚା କେତେ ସୁନ୍ଦର ! Oh! what a beautiful garden it is!

(iii) ଆରେ ! ସେ ମରିଗଲା । Ah, he has died.

(iv) ହାଏ ! ମୁଁ ଏବେ କ'ଣ କରିବି । Alas, what shall I do now!

ଉପରୋକ୍ତ ବାକ୍ୟଗୁଡ଼ିକରେ, ବାଃ–ବାଃ, ଆଃ, ଆରେ, ହାଏ (Oh, waoo) ହେଉଛନ୍ତି ଆନନ୍ଦ, ଆଶ୍ଚର୍ଯିତ ଏବଂ ଦୁଃଖ ଅନୁଭୂତିକୁ ବ୍ୟକ୍ତ କରୁଥିବା ଶବ୍ଦ । ଏ ସମସ୍ତ ଶବ୍ଦକୁ ବିସ୍ମୟସୂଚକ ଶବ୍ଦ କୁହାଯାଏ ।

ବିସ୍ମୟସୂଚକ ଶବ୍ଦଗୁଡ଼ିକର ତାଲିକା—

ବିସ୍ମୟ - Ah, Alas!, Wow!
ସମ୍ବୋଧନ - O, Hello!, Mr., Miss!
ଉତ୍ସାହ - How wonderful!, Ow!, Thanks!
ଆନନ୍ଦ - Hurrah! ଦୁଃଖ - Oh!
ଅଭିନନ୍ଦନ - Cheers!, Congratulations!

ଟିପ୍ପଣୀ REMARKS

ଏକ ବିସ୍ମୟସୂଚକ 'exclamation' ଶବ୍ଦ କିମ୍ବା ପଦ ବ୍ୟକ୍ତିର ମୁଖମଣ୍ଡଳ ପରିଭାଷା, ଯେମିତିକି ଆଶ୍ଚର୍ଯ୍ୟ, ଖୁସୀ କିମ୍ବା କ୍ରୋଧକୁ ବ୍ୟକ୍ତ କରିଥାଏ ।

ବିସ୍ମୟସୂଚକ ଶବ୍ଦ ପ୍ରାୟତଃ ଏକାକୀ ଭାବ ବ୍ୟକ୍ତ କରିଥାଏ, ଏବଂ ଲେଖିବା ବେଳେ ସେହି ଶବ୍ଦ ପରେ ପୂର୍ଣ୍ଣଛେଦ '.' ବଦଳରେ ଏକ ବିସ୍ମୟସୂଚକ '!' ଚିହ୍ନ ଲେଖାଯାଇଥାଏ ।

ଶୁଭେଚ୍ଛା ଜଣାଇବା କିମ୍ବା ଅଭିନନ୍ଦନ ଜଣାଇବା ପାଇଁ ମଧ୍ୟ ବିସ୍ମୟସୂଚକ ଚିହ୍ନ ବ୍ୟବହାର କରାଯାଇଥାଏ ।

୧୯ତମ ସୋପାନ 19TH STEP

ଗଣନା

CARDINAL NUMERALS (GINTI)

1. ୱାନ୍	8. ଏଇଟ୍	15. ଫିଫ୍ଟିନ୍	22. ଟୁଏଣ୍ଟିଟୁ
2. ଟୁ	9. ନାଇନ୍	16. ସିକ୍ସଟିନ୍	23. ଟୁଏଣ୍ଟିଥ୍ରୀ
3. ଥ୍ରୀ	10. ଟେନ୍	17. ସେଭେନ୍‌ଟିନ୍	24. ଟୁଏଣ୍ଟିଫୋର୍
4. ଫୋର୍	11. ଇଲେଭେନ୍	18. ଏଇଟିନ୍	25. ଟୁଏଣ୍ଟିଫାଇଭ୍
5. ଫାଇଭ୍	12. ଟୁଏଲ୍‌ଭ	19. ନାଇନ୍‌ଟିନ୍	26. ଟୁଏଣ୍ଟିସିକ୍ସ
6. ସିକ୍ସ	13. ଥାର୍ଟିନ୍	20. ଟୁଏଣ୍ଟି	27. ଟୁଏଣ୍ଟିସେଭେନ୍
7. ସେଭେନ୍	14. ଫୋର୍ଟିନ୍	21. ଟୁଏଣ୍ଟିୱାନ୍	28. ଟୁଏଣ୍ଟିଏଇଟ୍

29. ଟୁଏଣ୍ଟିନାଇନ୍	47. ଫୋର୍ଟିସେଭେନ୍	65. ସିକ୍ସଟିଫାଇଭ୍	83. ଏଇଟ୍‌ଟିଥ୍ରୀ
30. ଥାର୍ଟି	48. ଫୋର୍ଟିଏଇଟ୍	66. ସିକ୍ସଟିସିକ୍ସ	84. ଏଇଟ୍‌ଟିଫୋର୍
31. ଥାର୍ଟିୱାନ୍	49. ଫୋର୍ଟିନାଇନ୍	67. ସିକ୍ସଟିସେଭେନ୍	85. ଏଇଟ୍‌ଟିଫାଇଭ୍
32. ଥାର୍ଟିଟୁ	50. ଫିପ୍‌ଟି	68. ସିକ୍ସଟିଏଇଟ୍	86. ଏଇଟ୍‌ଟିସିକ୍ସ
33. ଥାର୍ଟିଥ୍ରୀ	51. ଫିପ୍‌ଟିୱାନ୍	69. ସିକ୍ସଟିନାଇନ୍	87. ଏଇଟ୍‌ଟିସେଭେନ୍
34. ଥାର୍ଟିଫୋର୍	52. ଫିପ୍‌ଟିଟୁ	70. ସେଭେନ୍‌ଟି	88. ଏଇଟ୍‌ଟିଏଇଟ୍
35. ଥାର୍ଟିଫାଇଭ୍	53. ଫିପ୍‌ଟିଥ୍ରୀ	71. ସେଭେନ୍‌ଟିୱାନ୍	89. ଏଇଟ୍‌ଟିନାଇନ୍
36. ଥାର୍ଟିସିକ୍ସ	54. ଫିପ୍‌ଟିଫୋର୍	72. ସେଭେନ୍‌ଟିଟୁ	90. ନାଇନ୍‌ଟି
37. ଥାର୍ଟିସେଭେନ୍	55. ଫିପ୍‌ଟିଫାଇଭ୍	73. ସେଭେନ୍‌ଟିଥ୍ରୀ	91. ନାଇନ୍‌ଟିୱାନ୍
38. ଥାର୍ଟିଏଇଟ୍	56. ଫିପ୍‌ଟିସିକ୍ସ	74. ସେଭେନ୍‌ଟିଫୋର୍	92. ନାଇନ୍‌ଟିଟୁ
39. ଥାର୍ଟିନାଇନ୍	57. ଫିପ୍‌ଟିସେଭେନ୍	75. ସେଭେନ୍‌ଟିଫାଇଭ୍	93. ନାଇନ୍‌ଟିଥ୍ରୀ
40. ଫୋର୍ଟି	58. ଫିପ୍‌ଟିଏଇଟ୍	76. ସେଭେନ୍‌ଟିସିକ୍ସ	94. ନାଇନ୍‌ଟିଫୋର୍
41. ଫୋର୍ଟିୱାନ୍	59. ଫିପ୍‌ଟିନାଇନ୍	77. ସେଭେନ୍‌ଟିସେଭେନ୍	95. ନାଇନ୍‌ଟିଫାଇଭ୍
42. ଫୋର୍ଟିଟୁ	60. ସିକ୍ସଟି	78. ସେଭେନ୍‌ଟିଏଇଟ୍	96. ନାଇନ୍‌ଟିସିକ୍ସ
43. ଫୋର୍ଟିଥ୍ରୀ	61. ସିକ୍ସଟିୱାନ୍	79. ସେଭେନ୍‌ଟିନାଇନ୍	97. ନାଇନ୍‌ଟିସେଭେନ୍
44. ଫୋର୍ଟିଫୋର୍	62. ସିକ୍ସଟିଟୁ	80. ଏଇଟ୍‌ଟି	98. ନାଇନ୍‌ଟିଏଇଟ୍
45. ଫୋର୍ଟିଫାଇଭ୍	63. ସିକ୍ସଟିଥ୍ରୀ	81. ଏଇଟ୍‌ଟିୱାନ୍	99. ନାଇନ୍‌ଟିନାଇନ୍
46. ଫୋର୍ଟିସିକ୍ସ	64. ସିକ୍ସଟିଫୋର୍	82. ଏଇଟ୍‌ଟିଟୁ	100. ହଣ୍ଡ୍ରେଡ୍

1,000 ଥାଉଜେଣ୍ଡ୍   1,00,000 ଲାଖ୍

1,00,00,000 କ୍ରୋର୍

କ୍ରମାଙ୍କ Ordinals

1st	ଫାଷ୍ଟ	6th	ସିକ୍ସଥ୍
2nd	ସେକେଣ୍ଡ୍	7th	ସେଭେନ୍‌ଥ୍
3rd	ଥାର୍ଡ	8th	ଏଇଟ୍‌ଥ୍
4th	ଫୋର୍ଥ	9th	ନାଇନ୍‌ଥ୍
5th	ଫିପ୍‌ଥ	10th	ଟେନ୍‌ଥ୍

ଗୁଣନାଙ୍କ Multiplicative numerals

Twofold	ଟୁଫୋଲ୍ଡ	Sevenfold	ସେଭେନ୍‌ଫୋଲ୍ଡ
Threefold	ଥ୍ରୀଫୋଲ୍ଡ	Eightfold	ଏଇଟ୍‌ଫୋଲ୍ଡ
Fourfold	ଫୋର୍‌ଫୋଲ୍ଡ	Ninefold	ନାଇନ୍‌ଫୋଲ୍ଡ
Fivefold	ଫାଇଭ୍‌ଫୋଲ୍ଡ	Tenfold	ଟେନ୍‌ଫୋଲ୍ଡ
Sixfold	ସିକ୍ସଫୋଲ୍ଡ		

ପୁନରାବୃତ୍ତିସୂଚକ ସଂଖ୍ୟା Frequentative numerals

Once	ୱାନ୍ସ	Four times	ଫୋର୍ ଟାଇମ୍ସ

Twice	ଟ୍ୱାଇସ୍	Five times	ଫାଇଭ୍ ଟାଇମ୍ସ
Thrice	ଥ୍ରାଇସ୍		

ପୂର୍ଣ୍ଣଯୌଗାଙ୍କ
Aggregative numerals

Both	ବୋଥ୍	All twenty	ଅଲ୍ ଟୁଏଣ୍ଟି
All three	ଅଲ୍ ଥ୍ରୀ	Scores of	ସ୍କୋର୍ସ ଅଫ୍
All four	ଅଲ୍ ଫୋର୍	Hundreds of	ହଣ୍ଡ୍ରେଡ୍ସ ଅଫ୍
All ten	ଅଲ୍ ଟେନ୍	Thousands of	ଥାଉଜେଣ୍ଡ୍ସ ଅଫ୍

ଟିପ୍ପଣୀ REMARKS

1. **୧୩ ରୁ ୧୯ ପର୍ଯ୍ୟନ୍ତ ସଂଖ୍ୟାର ଶେଷ ଉଚ୍ଚାରଣ teen (ଟିନ୍) ସାଧାରଣ ହୋଇଥାଏ । ସେହିପରି ଶହ ଉଚ୍ଚାରଣ ହେଉଥିବା ସଂଖ୍ୟା ହେଉଛି- ଏକଶହ (One hundred), ଦୁଇଶହ (Two hundred) etc.**
2. **ସେହିପରି ସଂଖ୍ୟାର ଶେଷ କିମ୍ବା ଆରମ୍ଭ ଉଚ୍ଚାରଣ ସମାନ ଥିବା ସଂଖ୍ୟା ହେଉଛନ୍ତି- ତେର (13) to ଉଣେଇଶ (19), କୋଡ଼ିଏ (20) to ତିରିଶ (30), ଚାଳିଶ (40) to ପଚାଶ (50) and so on.**

୨୦ତମ ସୋପାନ 20TH STEP

ବନାନ ର ଭୁଲ୍
ERRORS IN SPELLINGS

ନିମ୍ନରେ ଶବ୍ଦଗୁଡ଼ିକର କିଛି ଠିକ୍ ଏବଂ ଭୁଲ୍ ରୂପ ଦିଆଯାଇଛି, ଯେଉଁଗୁଡ଼ିକ ସାଧାରଣତଃ ଲୋକମାନଙ୍କ ଦ୍ୱାରା ଭୁଲ୍ ହୋଇଥାଏ । ଶବ୍ଦଗୁଡ଼ିକର ଠିକ୍ ରୂପକୁ ଅନୁସରଣ କରିବାକୁ ଚେଷ୍ଟା କରନ୍ତୁ ।

Incorrect	*Correct*	*Pronounciation*	*Meaning*
aple	apple	ଆପଲ୍	ସେଓ
aap	ape	ଏପ୍	ମାଙ୍କଡ଼
acsident	accident	ଆକ୍ସିଡେଣ୍ଟ	ଦୁର୍ଘଟଣା
wach	watch	ୱାଚ୍	ହାତ ଘଡ଼ି

ambrella	umbrella	ଅମ୍ବ୍ରେଲା	ଛତା
quin	queen	କ୍ୱୀନ୍	ରାଣୀ
keed	kid	କିଡ୍	ଛୁଆ
peeg	pig	ପିଗ୍	ଘୁଷୁରି
henn	hen	ହେନ୍	କୁକୁଡ଼ା
gan	gun	ଗନ୍	ବନ୍ଧୁକ
faan	fan	ଫ୍ୟାନ୍	ପଙ୍ଖା
cen	can	କ୍ୟାନ୍	ବାଲଟି
tapp	tap	ଟ୍ୟାପ୍	ପାଣିକଳ
haat	hat	ହ୍ୟାଟ୍	ଟୋପି
pett	pet	ପେଟ୍	ପୋଷା
penn	pen	ପେନ୍	କଲମ
nat	net	ନେଟ୍	ଜାଲ
bedd	bed	ବେଡ୍	ବିଛଣା
raid	red	ରେଡ୍	ଲାଲ
eg	egg	ଏଗ୍	ଅଣ୍ଡା
sed	shed	ସେଡ୍	ଘର
peen	pin	ପିନ୍	କଣ୍ଟା
beeg	big	ବିଗ୍	ବଡ଼
figg	fig	ଫିଗ୍	ଡିମିରି ଫଳ
teen	tin	ଟିନ୍	ଟିଣ
set	sit	ସିଟ୍	ବସିବା
leed	lid	ଲିଡ୍	ଘୋଡ଼ଣୀ
fis	fish	ଫିସ୍	ମାଛ
dis	dish	ଡିସ୍	ଥାଳିଆ
foks	fox	ଫକ୍ସ	କୋକିଶିଆଳ
rad	rod	ରଡ୍	ଛଡ଼
mag	mug	ମଗ୍	ମଗ (ପାତ୍ର)
ran	run	ରନ୍	ଦଉଡ଼ିବା
cao	cow	କାଓ	ଗାଈ
garl	girl	ଗାର୍ଲ	ବାଳିକା
habe	have	ହାଭ୍	ଅଛି
buk	book	ବୁକ୍	ବହି
tis	this	ଦିସ୍	ଏହା
thet	that	ଦ୍ୟାଟ୍	ତାହା
nachural	natural	ନେଚୁରାଲ୍	ପ୍ରାକୃତିକ

farst	first	ଫାଷ୍ଟ	ପ୍ରଥମ
secend	second	ସେକେଣ୍ଡ୍	ଦ୍ୱିତୀୟ
thard	third	ଥାର୍ଡ	ତୃତୀୟ
forth	fourth	ଫୋର୍ଥ	ଚତୁର୍ଥ
wack	walk	ୱାକ୍	ଚାଲିବା
reed	read	ରିଡ୍	ପଢ଼ିବା
tak	talk	ଟକ୍	କହିବା
se	see	ସି	ଦେଖିବା
rite	write	ରାଇଟ୍	ଲେଖିବା
danse	dance	ଡ୍ୟାନ୍ସ୍	ନାଚିବା
slip	sleep	ସ୍ଲୀପ୍	ଶୋଇବା
drinc	drink	ଡ୍ରିଙ୍କ୍	ପିଇବା
pley	play	ପ୍ଲେ	ଖେଳିବା
dol	doll	ଡଲ୍	କଣ୍ଢେଇ
pikture	picture	ପିକ୍ଚର୍	ଛବି
cri	cry	କ୍ରାଇ	କାନ୍ଦିବା
sow	show	ସୋ	ଦେଖାଇବା
eet	eat	ଇଟ୍	ଖାଇବା
caunt	count	କାଉଣ୍ଟ୍	ଗଣିବା
digg	dig	ଡିଗ୍	ଖୋଳିବା
was	wash	ୱାସ୍	ଧୋଇବା
seet	sit	ସିଟ୍	ବସିବା
suim	swim	ସୁଇମ୍	ପହଁରିବା

ଟିପ୍ପଣୀ REMARKS

1. ଆମେ ଉଚ୍ଚାରଣ କରୁଥିବା ଶବ୍ଦକୁ **"Pronunciation"** ପଥ ପ୍ରଦର୍ଶନ କରିଥାଏ। ଶବ୍ଦ ଉଚ୍ଚାରଣ କରିବା ପାଇଁ ଆମେ ଜିଭ ଦ୍ୱାରା ବାୟୁର ବ୍ୟବହାର କରିଥାଉ। କେତେବେଳେ ଓଠ ଲଗାଇ ତ କେତେବେଳେ ଗଳା ବନ୍ଦ କରି ଆଉ କେତେବେଳେ ଜିଭ କିମ୍ବା ଦାନ୍ତକୁ ନିୟନ୍ତ୍ରଣ କରି ବାୟୁ ସାହାଯ୍ୟରେ ଶବ୍ଦକୁ ଉଚ୍ଚାରଣ କରିଥାଉ।
2. ଶବ୍ଦ ଚାପ- ଗୋଟିଏ ଶବ୍ଦରେ କିଛି ଅକ୍ଷର ଉପରେ ଗୁରୁତ୍ୱ ଦେଇଥାଏ।
   ବାକ୍ୟ ଚାପ- ଗୋଟିଏ ବାକ୍ୟରେ କିଛି ଶବ୍ଦ ଉପରେ ଗୁରୁତ୍ୱ ଦେଇଥାଏ।
   ସଂଯୋଗୀକରଣ- ବିଭିନ୍ନ ଶବ୍ଦକୁ ଏକାଠି କରିଥାଏ।
   ଧ୍ୱନୀର ଉତ୍ଥାନ-ପତନ- ଆମେ କଥା କହୁଥିବା ବେଳେ ଆମ ଧ୍ୱନୀର ଉତ୍ଥାନ-ପତନ।

ଭାଗ ୩ - ଶ୍ରେଣୀଗତ ବାକ୍ୟ
PART-3–CLASSIFIED SENTENCES

୨୧ତମ ସୋପାନ 21ST STEP

ଉପଯୋଗୀ ଲଘୁ ବାକ୍ୟ
USEFUL EXPRESSIONS

ଆମେ ଆମ ଚିନ୍ତନ ଏବଂ ଅନୁଭବକୁ ବାକ୍ୟଖଣ୍ଡ ଏବଂ କିଛି ଛୋଟ ବାକ୍ୟ ମାଧ୍ୟମରେ ବ୍ୟକ୍ତ କରିପାରିବା। ଆସନ୍ତୁ ସେ ବିଷୟରେ କିଛି ଶିଖିବା।

ଏଠାରେ କେତେକ ଉଦ୍ଧୃତାଂଶ ଓ କ୍ଷୁଦ୍ର ବାକ୍ୟ ଦିଆଗଲା :

1. ହଇହୋ!	Hello!	ହାଲୋ!
2. ନୂତନ ବର୍ଷର ଶୁଭେଚ୍ଛା!	Happy New Year!	ହାପୀ ନିୟୁ ଇୟର୍!
3. ଆପଣଙ୍କୁ ମଧ୍ୟ!	Same to you!	ସେମ୍ ଟୁ ୟୁ!
4. ଜନ୍ମଦିନର ଅଭିନନ୍ଦନ!	Happy birthday to you!	ହାପୀ ବର୍ଥ୍‌ଡେ ଟୁ ୟୁ!
5. ଆପଣମାନଙ୍କୁ ସ୍ୱାଗତ!	Welcome you all!	ୱେଲ୍‌କମ ୟୁ ଅଲ୍!
6. ଅଭିନନ୍ଦନ!	Congratulations!	କଂଗ୍ରାଚୁଲେସନ୍ସ!
7. ଆପଣ ଆସିଥିବାରୁ ଧନ୍ୟବାଦ!	Thanks for your kind visit.	ଥ୍ୟାଙ୍କ୍‌ସ ଫର୍ ୟୋର୍ କାଇଣ୍ଡ୍ ଭିଜିଟ୍।
8. ଭଗବାନଙ୍କୁ ଧନ୍ୟବାଦ!	Thank God!	ଥ୍ୟାଙ୍କ୍ ଗଡ୍!
9. ଓଃ ମୋର ପ୍ରିୟ!	Oh my darling!	ଓଃ ମାଇଁ ଡାର୍ଲିଙ୍ଗ୍!
10. ହେ ଭଗବାନ!	O.God!	ଓ ଗଡ୍!
11. ଆରେ!	Oh!	ଓଃ!
12. ବହୁତ ଭଲ!	Bravo!	ବ୍ରାଭୋ!
13. ହାଏ!	Woe!	ଓଏ!
14. ଅତି ଉତ୍ତମ!	Excellent!	ଏକ୍ସିଲେଣ୍ଟ!
15. କେତେ ଭୟଙ୍କର!	How terrible!	ହାଓ ଟେରିବଲ୍!
16. କେତେ ଅଯୌକ୍ତିକ!	How absurd!	ହାଓ ଆବ୍‌ଜର୍ଡ!
17. କେତେ ସୁନ୍ଦର!	How beautiful!	ହାଓ ବିଉଟିଫୁଲ୍!

18. କେତେ ଲଜ୍ଜାଜନକ !	How disgraceful!	ହାଓ ଡିସ୍‌ଗ୍ରେସ୍‌ଫୁଲ୍ !
19. ସତରେ !	Really!	ରିଏଲୀ !
20. ଆଚ୍ଛା !	O.K.	ଓ.କେ.
21. ଅଦ୍ଭୁତ !	Wonderful!	ୱାଣ୍ଡରଫୁଲ୍ !
22. ଆପଣଙ୍କୁ ଧନ୍ୟବାଦ !	Thank you!	ଥ୍ୟାଙ୍କ୍ ୟୁ !
23. ନିଃସନ୍ଦେହ !	Certainly!	ସର୍ଟନ୍‌ଲୀ !
24. କିଭଳି ମହାନ୍ ବିଜୟ !	What a great victory!	ହ୍ୱାଟ୍ ଏ ଗ୍ରେଟ୍ ଭିକ୍ଟୋରୀ !
25. ଅଭିନନ୍ଦନ ସହିତ !	With best compliments!	ଉଇଥ୍ ବେଷ୍ଟ କମ୍ପ୍ଲିମେଣ୍ଟ୍ସ !

Some useful clauses and short sentences:

1. ଗୋଟେ ମିନିଟ୍ ।	Just a minute.	ଜଷ୍ଟ ଏ ମିନିଟ୍ ।
2. ସଙ୍ଗେ-ସଙ୍ଗେ ଆସୁଛି ।	Just coming.	ଜଷ୍ଟ କମିଙ୍ଗ୍ ।
3. ଅନ୍ୟ କିଛି ?	Any more?	ଏନି ମୋର୍ ?
4. ପର୍ଯ୍ୟାପ୍ତ ଅଟେ ।	Enough.	ଏନଫ୍ ।
5. ଆଉ କିଛି ?	Anything else?	ଏନିଥିଙ୍ଗ୍ ଏଲ୍ସ ?
6. କିଛି ଚିନ୍ତା ନାହିଁ ।	Nothing to worry.	ନଥିଙ୍ଗ୍ ଟୁ ୱରି ।
7. ଯେମିତି ଆପଣଙ୍କ ଇଚ୍ଛା ।	As you like.	ଆଜ୍ ୟୁ ଲାଇକ୍ ।
8. କୌଣସି କଥା ନାହିଁ ।	Mention not.	ମେନ୍‌ସନ୍ ନଟ୍ ।
9. ଆଉ କିଛି ନାହିଁ ।	Nothing more.	ନଥିଙ୍ଗ୍ ମୋର୍ ।
10. କଦାପି ନୁହେଁ ।	Not at all.	ନଟ୍ ଆଟ୍ ଅଲ୍ ।
11. ମହିଳାଙ୍କ ପାଇଁ ।	For the ladies.	ଫର୍ ଦି ଲେଡିଜ୍ ।
12. ଭଡ଼ା ପାଇଁ ଖାଲି ଅଛି ।	To let.	ଟୁ ଲେଟ୍ ।
13. ପ୍ରବେଶ ନିଷେଧ ।	No admission.	ନୋ ଆଡ୍‌ମିସନ୍ ।
14. ପ୍ରବେଶ ନାହିଁ ।	No entrance.	ନୋ ଏଣ୍ଟ୍ରାନ୍ସ ।
15. ସାଧାରଣ ରାସ୍ତା ନାହିଁ ।	No thoroughfare.	ନୋ ଥୋରୋଫେୟାର୍ ।
16. କଥାବାର୍ତ୍ତା ହେବା ମନା ।	No talking.	ନୋ ଟକିଙ୍ଗ୍ ।
17. ସିଗାରେଟ୍ ପିଇବା ମନା ।	No smoking.	ନୋ ସ୍ମୋକିଙ୍ଗ୍ ।
18. ଛେପ ପକାଇବା ମନା ।	No spitting.	ନୋ ସ୍ପିଟିଙ୍ଗ୍ ।
19. ଗାଡ଼ି ଠିଆ କରିବା ବର୍ଜିତ ଅଟେ ।	No parking.	ନୋ ପାର୍କିଙ୍ଗ୍ ।
20. ବାହାରକୁ ଯିବା ମନା ।	No going out.	ନୋ ଗୋଇଙ୍ଗ୍ ଆଉଟ୍ ।

୨୨ତମ ସୋପାନ 22ND STEP

ବିଧ୍ୟର୍ଥକ ବାକ୍ୟ

IMPERATIVE SENTENCES

ନିମ୍ନ ଲିଖିତ ବାକ୍ୟଗୁଡ଼ିକରେ ଅନେକ ଗୁଡ଼ିଏ ବିଧ୍ୟର୍ଥକ କ୍ରିୟା ଅଛନ୍ତି, ଯାହା ନିର୍ଦ୍ଦେଶ, ଅନୁରୋଧ ଏବଂ ପରାମର୍ଶ ବ୍ୟକ୍ତ କରୁଛନ୍ତି।

ଏଠାରେ କ୍ରିୟା ଉପରେ ଚାପ ପକାଉଥିବା କିଛି ଛୋଟ ବାକ୍ୟର ଉଦାହରଣ ଦିଆଯାଇଛି।

1. ଆଜ୍ଞା ସୂଚିତ ବାକ୍ୟ:

1. ଶୀଘ୍ର କର !	Be quick.	ବି କ୍ୱିକ୍।
2. ଚୁପ ରୁହ !	Be quiet.	ବି କ୍ୱାଇଟ୍।
3. ଭିତରକୁ ଆସ।	Come in.	କମ୍ ଇନ୍।
4. ବାହାରକୁ ବାହାରି ଯାଅ।	Get out.	ଗେଟ୍ ଆଉଟ୍।
5. ବିଜ୍ଞାପନ ମାର ନାହିଁ।	Stick no bills.	ଷ୍ଟିକ୍ ନୋ ବିଲ୍ସ।
6. ବକ୍‌ବାସ କରନାହିଁ।	Don't talk rubbish.	ଡୋଣ୍ଟ ଟକ୍ ରବିସ୍।
7. ସାବଧାନ ରୁହ !	Be careful.	ବି କେୟାରଫୁଲ୍।
8. ଗିଲାସେ ପାଣି ଆଣ।	Bring a glass of water.	ବ୍ରିଙ୍ଗ୍ ଏ ଗ୍ଲାସ୍ ଅଫ୍ ୱାଟର୍।
9. କାଲି ଆସିବାକୁ ଭୁଲ ନାହିଁ।	Don't forget to come tomorrow.	ଡୋଣ୍ଟ ଫରଗେଟ୍ ଟୁ କମ୍ ଟୁମରୋ।
10. ତରତର ହୁଅ ନାହିଁ।	Don't hurry.	ଡୋଣ୍ଟ ହରୀ।
11. ବକର-ବକର ହୁଅନାହିଁ।	Don't be talkative.	ଡୋଣ୍ଟ ବି ଟକେଟିଭ୍।
12. ସତ୍ୟ କୁହ !	Speak the truth.	ସ୍ପିକ୍ ଦି ଟ୍ରୁଥ୍।
13. ମିଛ କୁହ ନାହିଁ।	Don't tell a lie.	ଡୋଣ୍ଟ ଟେଲ୍ ଏ ଲାଏ।
14. ପଛକୁ ଫେରିଯାଅ।	Go back.	ଗୋ ବ୍ୟାକ୍।
15. ପରିଶ୍ରମ କର।	Work hard.	ୱାର୍କ ହାର୍ଡ।
16. ଝରକା ବନ୍ଦ କର।	Shut the window.	ସଟ୍ ଦି ୱିଣ୍ଡୋ।
17. କବାଟ ଖୋଲ।	Open the door.	ଓପନ୍ ଦି ଡୋର୍।
18. ଆଗକୁ ଆସ।	Come forward.	କମ୍ ଫରୱାର୍ଡ।
19. ଏକୁଟିଆ ଆସ।	Come alone.	କମ୍ ଏଲୋନ୍।
20. ବସିଯାଅ।	Sit down.	ସିଟ୍ ଡାଉନ୍।
21. ଠିଆ ହୁଅ।	Stand up.	ଷ୍ଟାଣ୍ଡ ଅପ୍।
22. ଶୀଘ୍ର ଉଠ।	Get up early.	ଗେଟ୍ ଅପ୍ ୟାରଲୀ।
23. ଆଠଟା ଭିତରେ ପ୍ରସ୍ତୁତ ରୁହ।	Be ready by 8 o' clock.	ବି ରେଡୀ ବାଏ ଏଇଟ୍ ଓ କ୍ଲକ୍।

24. ସର୍ବଦା ବାମ ପାର୍ଶ୍ୱରେ ଚାଲ ।	Always keep to the left.	ଅଲୱେଜ୍ କିପ୍ ଟୁ ଦି ଲେଫ୍ଟ ।
25. ଖରାପ ଅଭ୍ୟାସ ଛାଡ଼ ।	Give up bad habits.	ଗିଭ୍ ଅପ୍ ବ୍ୟାଡ୍ ହାବିଟ୍‌ସ ।
26. ନିଜ କାମ ଦେଖ ।	Mind your own business.	ମାଇଣ୍ଡ୍ ୟୋର୍ ଓନ୍ ବିଜ୍‌ନେସ ।
27. ଘଣ୍ଟି ବଜାଅ ।	Ring the bell.	ରିଙ୍ଗ୍ ଦି ବେଲ୍ ।
28. ଏହାକୁ ନେଇଯାଅ ।	Take it away.	ଟେକ୍ ଇଟ୍ ଆୱେ ।
29. ବଳକା ପଇସା ଫେରାଇଦିଅ ।	Return the balance.	ରିଟର୍ଣ୍ଣ ଦି ବାଲାନ୍ସ ।

2. ଅନୁରୋଧ ବାକ୍ୟ:

30. କ୍ଷମା କରନ୍ତୁ!	Please, excuse me.	ପ୍ଲିଜ୍, ଏକ୍ସ୍‌କ୍ୟୁଜ୍ ମି ।
31. ଖରାପ ଭାବନ୍ତୁ ନାହିଁ ।	Don't mind, please.	ଡୋଣ୍ଟ ମାଇଣ୍ଡ, ପ୍ଲିଜ୍ ।
32. ମତେ ବୁଝିବାକୁ ଚେଷ୍ଟା କରନ୍ତୁ ।	Please, try to understand me.	ପ୍ଲିଜ୍, ଟ୍ରାଏ ଟୁ ଅଣ୍ଡରଷ୍ଟାଣ୍ଡ ମି ।
33. ଦୟାକରି ମତେ ଆପଣଙ୍କ ସାଇକଲ ଦିଅନ୍ତୁ ।	Please, lend me your bicycle.	ପ୍ଲିଜ୍, ଲେଣ୍ଡ୍ ମି ୟୋର୍ ବାଇସାଇକଲ୍ ।
34. ମୋ ପଛରେ ଆସନ୍ତୁ ।	Follow me, please.	ଫଲୋ ମି, ପ୍ଲିଜ୍ ।
35. କିଛି ଥଣ୍ଡା ପାନୀୟ ନିଅନ୍ତୁ ।	Please, have a cold drink.	ପ୍ଲିଜ୍, ହାଭ୍ ଏ କୋଲ୍ଡ ଡ୍ରିଙ୍କ୍ ।
36. ଟିକିଏ କଫି ନିଅନ୍ତୁ ନା ।	Have some coffee, please.	ହାଭ୍ ସମ୍ କଫୀ, ପ୍ଲିଜ୍ ।
37. ଦୟାକରି କୋଠରିକୁ ଝାଡୁ କରାଇଦିଅନ୍ତୁ ।	Please, have the room swept.	ପ୍ଲିଜ୍, ହାଭ୍ ଦି ରୁମ୍ ସ୍ୱେପ୍ଟ ।
38. ଚାକରକୁ ଡାକନ୍ତୁ ନା ।	Please, call the servant.	ପ୍ଲିଜ୍, କଲ୍ ଦି ସରଭେଣ୍ଟ ।
39. ଲଙ୍କା ଦିଅନ୍ତୁ ନା ।	Please, pass me the chilly.	ପ୍ଲିଜ୍, ପାସ୍ ମି ଦି ଚିଲି ।
40. ଆମ ପାଇଁ କିଛି ମିଠେଇ ଆଣନ୍ତୁ ।	Please, bring us some sweets.	ପ୍ଲିଜ୍, ବ୍ରିଙ୍ଗ୍ ଅସ୍ ସମ୍ ସୁଇଟ୍ସ ।
41. ଦୟାକରି ଏ ଜିନିଷଗୁଡ଼ିକୁ ମୋ ଘରେ ପହଞ୍ଚାଇ ଦିଅନ୍ତୁ ।	Please deliver the goods at my residence.	ପ୍ଲିଜ୍ ଡେଲିଭର୍ ଦି ଗୁଡ୍‌ସ ଆଟ୍ ମାଇଁ ରେସିଡେନ୍ସ ।
42. ଗାଧୋଇ ପଡ଼ନ୍ତୁ ।	Please take your bath.	ପ୍ଲିଜ୍ ଟେକ୍ ୟୋର୍ ବାଥ୍ ।
43. ନିଜ ଜାଗାରେ ବସନ୍ତୁ ।	Please have your seat.	ପ୍ଲିଜ୍ ହାଭ୍ ୟୋର୍ ସିଟ୍ ।
44. ଠିକ୍ ସମୟରେ ସୂଚାଇ ଦିଅନ୍ତୁ ।	Kindly inform at the right time.	କାଇଣ୍ଡ୍‌ଲି ଇନ୍‌ଫର୍ମ ଆଟ୍ ଦି ରାଇଟ୍ ଟାଇମ୍ ।
45. ଦୟାକରି ମତେ ଋଣ ପ୍ରଦାନ କରନ୍ତୁ ।	Kindly grant me a loan.	କାଇଣ୍ଡ୍‌ଲି ଗ୍ରାଣ୍ଟ ମି ଏ ଲୋନ୍ ।

3. ଉପଦେଶ ବାକ୍ୟ:

46. ଆମେ ଠିକ୍ ସମୟରେ ଯିବା ଉଚିତ ।	Let us go in time.	ଲେଟ୍ ଅସ୍ ଗୋ ଇନ୍ ଟାଇମ୍ ।
47. ପରିଶ୍ରମ କର ନହେଲେ ବିଫଳ ହୋଇଯିବ ।	Work hard lest you fail.	ୱାର୍କ ହାର୍ଡ ଲିଷ୍ଟ ୟୁ ଫେଲ୍ ।
48. ଆମେ ଅପେକ୍ଷା କରିବା ।	Let us wait.	ଲେଟ୍ ଅସ୍ ୱେଟ୍ ।
49. ଆସନ୍ତୁ ଚାଲିବା ।	Let us go for a walk.	ଲେଟ୍ ଅସ୍ ଗୋ ଫର୍ ଏ ୱାକ୍ ।
50. ଆସନ୍ତୁ ସମୟର ସଦୁପଯୋଗ କରିବା ।	Let us make the best use of time.	ଲେଟ୍ ଅସ୍ ମେକ୍ ଦି ବେଷ୍ଟ ୟୁଜ୍ ଅଫ୍ ଟାଇମ୍ ।
51. ଆସନ୍ତୁ ଆମେ ସମ୍ପୂର୍ଣ୍ଣ ଚେଷ୍ଟା କରିବା ।	Let us try our best.	ଲେଟ୍ ଅସ୍ ଟ୍ରାଏ ଆୱାର୍ ବେଷ୍ଟ ।
52. ଚାଲିବାକୁ ଦିଅନ୍ତୁ ।	Let it be so.	ଲେଟ୍ ଇଟ୍ ବି ସୋ ।
53. ଆସନ୍ତୁ ପ୍ରଥମେ ଏହି ବିଷୟରେ ବିଚାର କରିବା ।	Let us think first about this matter.	ଲେଟ୍ ଅସ୍ ଥିଙ୍କ୍ ଫାଷ୍ଟ ଏବାଉଟ୍ ଦିସ୍ ମ୍ୟାଟର୍ ।
54. ଆସନ୍ତୁ ଏକାଠି ସିନେମା ଯିବା ।	Let us go to the cinema together.	ଲେଟ୍ ଅସ୍ ଗୋ ଟୁ ଦି ସିନେମା ଟୁଗେଦର୍ ।

୨୩ତମ ସୋପାନ 23RD STEP

ବର୍ତ୍ତମାନ କାଳ
PRESENT TENSE

1. *Present Indefinite Tense* ସାମାନ୍ୟ ବର୍ତ୍ତମାନ

1. ମୁଁ ମୋ ଭାଇକୁ ଗୋଟିଏ ଚିଠି ଲେଖେ ।	I write a letter to my brother.	ଆଇ ରାଇଟ୍ ଏ ଲେଟର୍ ଟୁ ମାଇଁ ବ୍ରଦର୍ ।
2. କିଛି ଶିଶୁ ମିଠେଇ ଭଲ ପାଆନ୍ତି ।	Some children like sweets.	ସମ୍ ଚିଲ୍ଡ୍ରେନ୍ ଲାଇକ୍ ସୁଇଟ୍ସ ।
3. ମୁଁ ପ୍ରତିଦିନ ନଅଟା ବେଳେ ଘରୁ ବାହାରେ ।	I leave home at 9.00 a.m. everyday.	ଆଇ ଲିଭ୍ ହୋମ୍ ଆଟ୍ ନାଇନ୍ ଏ.ଏମ୍. ଏଭ୍ରିଡେ ।
4. ପୃଥିବୀ ସୂର୍ଯ୍ୟଙ୍କ ଚାରିପଟେ ଘୂରେ ।	The earth moves round the sun.	ଦି ଆର୍ଥ ମୁଭ୍ସ ରାଉଣ୍ଡ୍ ଦି ସନ୍ ।
5. ଭଲ ପିଲା ସର୍ବଦା ନିଜ ମାତା-ପିତାଙ୍କ କଥା ମାନେ ।	A good child always obeys his parents.	ଏ ଗୁଡ୍ ଚାଇଲ୍ଡ୍ ଅଲ୍‌ୱେଜ୍ ଓବେଜ୍ ହିଜ୍ ପ୍ୟାରେଣ୍ଟ୍ସ ।

6. ସେ ବହୁତ ଯୋରରେ ଗାଡ଼ି ଚଳାଏ ।	She drives too quickly.	ସି ଡ୍ରାଇଭ୍ସ ଠୁ କ୍ୱିକ୍‌ଲି ।
7. ମୁଁ ମୋ ଦାନ୍ତ ଦିନକୁ ଦୁଇଥର ସଫା କରେ ।	I brush my teeth twice a day.	ଆଇ ବ୍ରସ୍ ମାଇଁ ଟିଥ୍ ଟ୍ୱାଇସ୍ ଏ ଡେ ।
8. ଆମେ ଭାରତରେ ରହୁ ।	We live in India.	ଉଇ ଲିଭ୍ ଇନ୍ ଇଣ୍ଡିଆ ।
9. ତୁମେ ସବୁବେଳେ ପଇସା ଦେବାକୁ ଭୁଲିଯାଅ ।	You always forget to pay.	ୟୁ ଅଲ୍‌ୱେଜ୍ ଫରଗେଟ୍ ଟୁ ପେ ।
10. ଶେଷ ବସ୍ ଅଧରାତିରେ ବାହାରେ ।	The last bus leaves at midnight.	ଦି ଲାଷ୍ଟ ବସ୍ ଲିଭ୍ସ ଆଟ୍ ମିଡ୍‌ନାଇଟ୍ ।
11. ତୁମେ ନିଜର ସମସ୍ତ ପଇସା ପୋଷାକ ଉପରେ ଖର୍ଚ୍ଚ କରିଦିଅ ।	You spend all your money on clothes.	ୟୁ ସ୍ପେଣ୍ଡ୍ ଅଲ୍ ୟୋର ମନୀ ଅନ୍ କ୍ଲୋଥେସ୍ ।
12. କେହି କବାଟ ଖଟ୍-ଖଟ୍ ଡାକୁଛି ।	Someone knocks at the door.	ସମ୍‌ୱାନ୍ ନକ୍ସ ଆଟ୍ ଦି ଡୋର୍ ।
13. ସେ ସବୁ ସମୟରେ ଚଷମା ପିନ୍ଧେ ।	She always wears spectacles.	ସି ଅଲ୍‌ୱେଜ୍ ୱେୟାର୍ସ ସ୍ପେକ୍‌ଟାକଲ୍ସ ।
14. ଭାରତରେ ପନ୍ଦର ଆଞ୍ଚଳିକ ଭାଷା ଅଛି ।	In India, there are fifteen regional languages.	ଇନ୍ ଇଣ୍ଡିଆ, ଦେଆର୍ ଆର୍ ଫିଫ୍‌ଟିନ୍ ରିଜିଓନାଲ୍ ଲାଙ୍ଗୁଏଜେସ୍ ।

2. *Present Continuous Tense* ତତ୍କାଳିକ ବର୍ତ୍ତମାନ

1. ମୋ ମା' କୋଠରି ଝାଡୁ କରୁଛନ୍ତି ।	My mother is sweeping the room.	ମାଇଁ ମଦର୍ ଇଜ୍ ସୁଇପିଙ୍ଗ୍ ଦି ରୁମ୍ ।
2. ମୁଁ ନବଭାରତ ଟାଇମ୍ସ ପଢୁଛି ।	I am reading Nav Bharat Times.	ଆଇ ଆମ୍ ରିଡିଙ୍ଗ୍ ନବ ଭାରତ ଟାଇମ୍ସ ।
3. କୁକୁର କାର୍ ତଳେ ଶୋଇଛି ।	The dog is lying under the car.	ଦି ଡଗ୍ ଇଜ୍ ଲେଇଙ୍ଗ୍ ଅଣ୍ଡର୍ ଦି କାର୍ ।
4. ସେ ବଜାର ଯାଉଛି ।	He is going to the market.	ହି ଇଜ୍ ଗୋଇଙ୍ଗ୍ ଟୁ ଦି ମାର୍କେଟ୍ ।
5. ସେ ଅଯଥାରେ ପାଟିତୁଣ୍ଡ କରୁଛି ।	She is crying for nothing.	ସି ଇଜ୍ କ୍ରାଇଙ୍ଗ୍ ଫର୍ ନଥିଙ୍ଗ୍ ।
6. ମୁଁ ଏବେ ଆସୁଛି ।	I am just coming.	ଆଇ ଆମ୍ ଜଷ୍ଟ କମିଙ୍ଗ୍ ।
7. ମୁଁ ଆକାଶକୁ ଦେଖୁଛି ।	I am looking at the sky.	ଆଇ ଆମ୍ ଲୁକିଙ୍ଗ୍ ଆଟ୍ ଦି ସ୍କାଏ ।
8. ମୁଁ ଗୀତ ଗାଉଛି ।	I am singing the song.	ଆଇ ଆମ୍ ସିଙ୍ଗିଙ୍ଗ୍ ଦି ସଙ୍ଗ୍ ।

9. ସେ କଲମ ଖୋଜୁଛି ।	She is looking for a pen.	ସି ଇଜ୍ ଲୁକିଙ୍ଗ୍ ଫର୍ ଏ ପେନ୍ ।
10. ରୋଗୀ ଡାକ୍ତରଖାନା ଯାଉଛି ।	The patient is going to the hospital.	ଦି ପେସେଣ୍ଟ ଇଜ୍ ଗୋଇଙ୍ଗ୍ ଟୁ ଦି ହସ୍‌ପିଟାଲ୍ ।

3. ***Doubtful Present Tense*** **ସନ୍ଦିଗ୍ଧ ବର୍ତ୍ତମାନ**

1. ସେ ନିଜ କାର୍ଯ୍ୟାଳୟ ପହଞ୍ଚୁଥିବ ।	She may be reaching her office.	ସି ମେ ବି ରିଚିଙ୍ଗ୍ ହର୍ ଅଫିସ୍ ।
2. ସେମାନେ ଭୁଲ୍ ଭାବୁଥିବେ ।	They may be thinking wrong.	ଦେ ମେ ବି ଥିଙ୍କିଙ୍ଗ୍ ରଙ୍ଗ୍ ।
3. ମୁଁ କାଲି ବମ୍ବେ ପହଞ୍ଚୁଥିବି ।	I may be going to Bombay tomorrow.	ଆଇ ମେ ବି ଗୋଇଙ୍ଗ୍ ଟୁ ବମ୍ବେ ଟୁମରୋ ।
4. ମୁଁ ମୋ ଛାତ୍ରଙ୍କୁ ହିନ୍ଦୀ ପଢ଼ାଉଥିବି ।	I may be teaching Hindi to my pupils.	ଆଇ ମେ ବି ଟିଚିଙ୍ଗ୍ ହିନ୍ଦୀ ଟୁ ମାଇଁ ପୁପିଲ୍ସ ।
5. ଆପଣଙ୍କ ଭଉଣୀ ଆପଣଙ୍କୁ ଅପେକ୍ଷା କରିଥିବ ।	Your sister may be waiting for you.	ୟୋର୍ ସିଷ୍ଟର୍ ମେ ବି ୱେଟିଙ୍ଗ୍ ଫର୍ ୟୁ ।
6. ସେ ବେହେଲା ବଜାଉଥିବ ।	She may be playing on the violin.	ସି ମେ ବି ପ୍ଲେଇଙ୍ଗ୍ ଅନ୍ ଦି ଭାୟୋଲିନ୍ ।
7. ସେ ସପ୍ତାହକ ମଧ୍ୟରେ ପଇସା ଫେରାଉଥିବ ।	She may be returning the money in a week.	ସି ମେ ବି ରିଟର୍ଣ୍ଣିଙ୍ଗ୍ ଦି ମନୀ ଇନ୍ ଏ ଉଇକ୍ ।
8. ରମା ଭୋରରୁ ନିଜ ପାଠ ପଢୁଥିବ ।	Rama may be learning her lesson in the morning.	ରମା ମେ ବି ଲର୍ଣ୍ଣିଙ୍ଗ୍ ହର୍ ଲେସନ୍ ଇନ୍ ଦି ମର୍ଣ୍ଣିଙ୍ଗ୍ ।

୨୪ତମ ସୋପାନ 24TH STEP

ଭବିଷ୍ୟତ କାଳ
FUTURE TENSE

1. ***Future Indefinite Tense*** **ସାମାନ୍ୟ ଭବିଷ୍ୟତ କାଳ**

1. ମୁଁ ମୋ ଭାଇକୁ ଚିଠି ଲେଖିବି ।	I shall write a letter to my brother.	ଆଇ ସାଲ୍ ରାଇଟ୍ ଏ ଲେଟର୍ ଟୁ ମାଇଁ ବ୍ରଦର୍ ।
2. ମୋ ବାପା ରବିବାର ଦିନ	My father will	ମାଇଁ ଫାଦର୍ ୱିଲ୍ ରିଚ୍

	ଏଠାରେ ପହଞ୍ଚିଯିବେ ।	reach here by Sunday.	ହିୟର୍ ବାଏ ସନ୍‌ଡେ ।
3.	ମା' କାଲି ବଜାର ଯିବେ ।	The mother will go to the market tomorrow.	ଦି ମଦର୍ ୱିଲ୍ ଗୋ ଟୁ ଦି ମାର୍କେଟ୍ ଟୁମରୋ ।
4.	ସେ ଏହି ବର୍ଷ କଠିନ ପରିଶ୍ରମ କରି ପାଠ ପଢ଼ିବ ।	She will study hard this year.	ସି ୱିଲ୍ ଷ୍ଟଡି ହାର୍ଡ ଦିସ୍ ଇୟର୍ ।
5.	ଏଥିରେ ମୋର କାମ ଚଳିଯିବ ।	It will serve my purpose.	ଇଟ୍ ୱିଲ୍ ସର୍ଭ ମାଇଁ ପରପୋଜ୍ ।
6.	ମୁଁ ପହରଦିନ ଫେରିଯିବି ।	I shall return day after tomorrow.	ଆଇ ସାଲ୍ ରିଟର୍ଣ୍ଣ ଡେ ଆଫ୍‌ଟର୍ ଟୁମରୋ ।
7.	ମୋ ଭାଇ ରାତିରେ ଏଠାରେ ରହିଯିବ ।	My brother will stay here at night.	ମାଇଁ ବ୍ରଦର୍ ୱିଲ୍ ଷ୍ଟେ ହିଅର୍ ଆଟ୍ ନାଇଟ୍ ।
8.	ମୁଁ ସନ୍ଧ୍ୟାରେ ନିଶ୍ଚିତ ରୂପେ ଫେରିଯିବି ।	I shall return in the evening definitely.	ଆଇ ସାଲ୍ ରିଟର୍ଣ୍ଣ ଇନ୍ ଦି ଇଭିନିଙ୍ଗ୍ ଡେଫିନାଇଟ୍‌ଲି ।
9.	ଯାହା ବି ହେଉ, ମୁଁ ଏହାକୁ ନିଶ୍ଚୟ କରିବି ।	I will do it whatever happens.	ଆଇ ୱିଲ୍ ଡୁ ଇଟ୍ ହ୍ୱାଟ୍‌ଏଭର୍ ହାପେନ୍ସ ।
10.	ଆପଣ ଯାହା କିଛି ଚାହିଁବେ, ମୁଁ ଆପଣଙ୍କୁ ନିଶ୍ଚିତ ରୂପେ ଦେବି ।	I will certainly give you what you want.	ଆଇ ୱିଲ୍ ସର୍ଟେନ୍‌ଲି ଗିଭ୍ ୟୁ ହ୍ୱାଟ୍ ୟୁ ୱାଣ୍ଟ୍ ।
11.	ଆମେ ପାଖାପାଖି ପାଞ୍ଚଟାରେ ବାହାରିବା ।	We shall start at about 5 o'clock.	ଉଇ ସାଲ୍ ଷ୍ଟାର୍ଟ ଆଟ୍ ଏବାଉଟ୍ ଫାଇଭ୍ ଓ କ୍ଲକ୍ ।
12.	ମୁଁ ନିଶ୍ଚିତ ରୂପେ ଧୂମପାନ ଛାଡ଼ିଦେବି ।	I will give up smoking definitely.	ଆଇ ୱିଲ୍ ଗିଭ୍ ଅପ୍ ସ୍ମୋକିଙ୍ଗ୍ ଡେଫିନାଇଟ୍‌ଲି ।
13.	ମୁଁ ନିଶ୍ଚୟ ଆସିବି ।	I will come positively.	ଆଇ ୱିଲ୍ କମ୍ ପଜିଟିଭ୍‌ଲି ।
14.	ମୁଁ ଏହାକୁ ପରେ ଦେଖିବି ।	I will see it later on.	ଆଉ ୱିଲ୍ ସି ଇଟ୍ ଲେଟର୍ ଅନ୍ ।

2. *Contingent Future Tense* ସମ୍ଭାବ୍ୟ ଭବିଷ୍ୟତ କାଳ

1.	ଯଦି ତୁମ ଭାଇ ଆସନ୍ତି ତେବେ ତୁମେ ମଧ୍ୟ ନିଶ୍ଚୟ ଆସିବ ।	If your elder brother comes you must come too.	ଇଫ୍ ୟୋର୍ ଏଲ୍‌ଡର୍ ବ୍ରଦର୍ କମ୍‌ସ ୟୁ ମଷ୍ଟ କମ୍ ଠୁ ।
2.	ଯଦି ତୁମେ ରହିବ ତେବେ ମୁଁ ମଧ୍ୟ ରହିବି ।	If you stay I will also stay.	ଇଫ୍ ୟୁ ଷ୍ଟେ ଆଇ ୱିଲ୍ ଅଲ୍‌ସୋ ଷ୍ଟେ ।
3.	ବୋଧହୁଏ ରଞ୍ଜନା ଆଜି	Ranjana may	ରଞ୍ଜନା ମେ ଆରାଇଭ୍

ପହଞ୍ଚିବ ।	arrive today.	ଟୁଡେ ।
4. ସମ୍ଭବତଃ ମୁଁ ମୋର ସହକର୍ମୀଙ୍କୁ ମଧ୍ୟ ଡାକିବି ।	I may invite my colleagues also.	ଆଇ ମେ ଇନ୍‌ଭାଇଟ୍ ମାଇଁ କଲିଗ୍ସ ଅଲ୍‌ସୋ ।
5. ଯଦି ତୁମେ ଚାଲିବାକୁ ଯିବ, ତେବେ ମୋତେ ବି ଡାକିବ ।	If you go for a walk, call me also.	ଇଫ୍ ୟୁ ଗୋ ଫର୍ ଏ ୱାକ୍, କଲ୍ ମି ଅଲ୍‌ସୋ ।
6. ଯଦି ତୁମେ ଚାହିଁବ ତେବେ ମୋ କୁଡ଼ିଆରେ ବିଶ୍ରାମ କର ।	You may rest in my cottage if you like.	ୟୁ ମେ ରେଷ୍ଟ ଇନ୍ ମାଇଁ କଟେଜ୍ ଇଫ୍ ୟୁ ଲାଇକ୍ ।
7. ମୁଁ କେତେବେଳେ ମଧ୍ୟ ଏହି ଷ୍ଟେସନ୍ ଛାଡ଼ିପାରେ ।	I may leave this station any time.	ଆଇ ମେ ଲିଭ୍ ଦିସ୍ ଷ୍ଟେସନ୍ ଏନି ଟାଇମ୍ ।
8. ହୁଏତ ସେ କାଲି ସଭାକୁ ଆସିବେ ।	She may attend the meeting tomorrow.	ସି ମେ ଆଟେଣ୍ଡ ଦି ମିଟିଙ୍ଗ୍ ଟୁମରୋ ।
9. ଏମିତି ନହେଉ, ସେ କେଉଁଆଡ଼େ ପଳାଇଯିବ ।	Lest he may escape.	ଲିଷ୍ଟ ହି ମେ ଏସ୍‌କେପ୍ ।
10. ତୁମେ ବିଜ୍ଞାନରେ ନାମ ଲେଖାଅ ନହେଲେ ବାଣିଜ୍ୟରେ ।	You may get admission either in science or in commerce.	ୟୁ ମେ ଗେଟ୍ ଆଡ୍‌ମିସନ୍ ଆଇଦର୍ ଇନ୍ ସାଇନ୍ସ ଅର୍ ଇନ୍ କମର୍ସ ।

୨୫ତମ ସୋପାନ 25TH STEP

ଅତୀତ କାଳ (1)
PAST TENSE (1)

1. *Past Indefinite* ସାମାନ୍ୟ ଅତୀତ କାଳ

1. ଛାତ୍ର ଶ୍ରେଣୀରେ ପହଞ୍ଚିଲେ ।	The students reached the classroom.	ଦି ଷ୍ଟୁଡେଣ୍ଟ୍ସ ରିଚ୍‌ଡ ଦି କ୍ଲାସ୍‌ରୁମ୍ ।
2. ପୁଲିସ ଅପରାଧୀକୁ ଗିରଫ କଲା ।	The police arrested the accused.	ଦି ପୋଲିସ୍ ଆରେଷ୍ଟେଡ୍ ଦି ଆକ୍ୟୁଜ୍‌ଡ ।
3. ମୁଁ ତାକୁ କାଲି ଦେଖିଲି ।	I saw him yesterday.	ଆଇ ସ ହିମ୍ ୟଷ୍ଟରଡେ ।

4. ଆମେ ଚାଲୁ-ଚାଲୁ ବାଟରେ ବସିଗଲୁ ।	We sat down on the path while walking.	ଉଇ ସଟ୍ ଡାଉନ୍ ଅନ୍ ଦି ପାଥ୍ ହ୍ୱାଇଲ୍ ୱାକିଙ୍ଗ୍ ।
5. ମୁଁ ପ୍ରାତଃ କାଳରେ ତୁମ ଘରକୁ ଗଲି ।	I went to your house in the morning.	ଆଇ ୱେଣ୍ଟ ଟୁ ୟୋର୍ ହାଉସ୍ ଇନ୍ ଦି ମର୍ଣ୍ଣିଙ୍ଗ୍ ।
6. ଆମେ ତାଙ୍କୁ (ମହିଳା) ହାର୍ଦ୍ଦିକ ସ୍ୱାଗତ କଲୁ ।	We gave her a warm welcome.	ଉଇ ଗେଭ୍ ହର୍ ଏ ୱାର୍ମ ୱେଲକମ୍ ।
7. ଅଧ୍ୟାପକ ଦୁଷ୍ଟ ଛାତ୍ରଙ୍କୁ ଦଣ୍ଡ ଦେଲେ ।	The teacher punished the naughty students.	ଦି ଟିଚର୍ ପନିସ୍‌ଡ ଦି ନଟି ଷ୍ଟୁଡେଣ୍ଟ୍ସ ।
8. ତୁମେ ମେଚ୍ ଦେଖିଲ ।	You witnessed the match.	ୟୁ ୱିଟ୍‌ନେସ୍‌ଡ ଦି ମେଚ୍ ।
9. ପିଲାମାନେ ଦୌଡ଼ିଲେ ଏବଂ ଖେଳିଲେ ।	The children ran and played.	ଦି ଚିଲ୍‌ଡ୍ରେନ୍ ରାନ୍ ଏଣ୍ଡ ପ୍ଲେଡ୍ ।
10. ସେମାନେ ଭିକାରୀକୁ ଦେଖି ହସିଲେ ।	They laughed at the beggar.	ଦେ ଲାଫ୍‌ଡ ଆଟ୍ ଦି ବେଗର୍ ।
11. ଝିଅମାନେ ଗୀତ ଗାଇଲେ ।	The girls sang a song.	ଦି ଗାର୍ଲ୍‌ସ ସ୍ୟାଙ୍ଗ୍ ଏ ସଙ୍ଗ୍ ।
12. ମା' ଗୋଟିଏ ରାଜାର କାହାଣୀ କହିଲେ ।	The mother told a story of a king.	ଦି ମଦର୍ ଟୋଲ୍ଡ ଏ ଷ୍ଟୋରୀ ଅଫ୍ ଏ କିଙ୍ଗ୍ ।
13. ଶିଶୁ ଗଭୀର ନିଦରେ ଶୋଇଲା ।	The baby took a sound sleep.	ଦି ବେବୀ ଟୁକ୍ ଏ ସାଉଣ୍ଡ୍ ସ୍ଲିପ୍ ।
14. ରେଖା ନିଜ ଘନିଷ୍ଠ ବାନ୍ଧବୀକୁ ଚିଠି ଲେଖିଲା ।	Rekha wrote a letter to her best friend.	ରେଖା ରୋଟ୍ ଏ ଲେଟର୍ ଟୁ ହର୍ ବେଷ୍ଟ ଫ୍ରେଣ୍ଡ ।
15. ସେମାନେ ଖିଆ-ପିଆ କଲେ ଏବଂ ପ୍ରସନ୍ନ ହେଲେ ।	They ate, drank and became happy.	ଦେ ଏଟ୍, ଡ୍ରାଙ୍କ୍ ଏଣ୍ଡ ବିକେମ୍ ହାପୀ ।

2. *Present Perfect* ଆସନ୍ନ ଅତୀତ କାଳ

1. ମୁଁ ମୋ କାମ କରି ସାରିଛି ।	I have done my work.	ଆଇ ହାଭ୍ ଡନ୍ ମାଇଁ ୱାର୍କ ।
2. ସେ ମୋତେ ରେଷ୍ଟୁରାଣ୍ଟ୍‌ରେ ଦେଖି ସାରିଛି ।	She has seen me in the restaurant.	ସି ହାଜ୍ ସିନ୍ ମି ଇନ୍ ଦି ରେଷ୍ଟୁରାଣ୍ଟ ।
3. ଆପଣ ଏହି ପୁସ୍ତକ ପଢ଼ିଛନ୍ତି ।	You have read this book.	ୟୁ ହାଭ୍ ରିଡ୍ ଦିସ୍ ବୁକ୍ ।

4. ମୁଁ ମୋ କାମ ସମାପ୍ତ କରି ସାରିଛି ।	I have finished my work.	ଆଇ ହାଭ୍ ଫିନିସ୍ଡ ମାଇଁ ୱାର୍କ ।
5. ମୋ ମା' ଘରେ ପହଞ୍ଚି ସାରିଛନ୍ତି ।	My mother has arrived at home.	ମାଇଁ ମଦର୍ ହାଜ୍ ଆରାଇଭ୍ଡ ଆଟ୍ ହୋମ୍ ।
6. ଗରିମା ଗୀତ ଗାଇ ସାରିଛି ।	Garima has sung a song.	ଗରିମା ହାଜ୍ ସଙ୍ଗ୍ ଏ ସଙ୍ଗ୍ ।
7. ଛାତ୍ରମାନେ ନିଜ ଘରକୁ ଯାଇ ସାରିଛନ୍ତି ।	The students have gone to their home.	ଦି ଷ୍ଟୁଡେଣ୍ଟ୍ସ ହାଭ୍ ଗନ୍ ଟୁ ଦେଆର୍ ହୋମ୍ ।
8. ଝାଡୁଦାର ସଙ୍ଗେ-ସଙ୍ଗେ ଚଟାଣ ସଫା କରିଛି ।	The sweeper has just washed the floor.	ଦି ସ୍ୱିପର୍ ହାଜ୍ ଜଷ୍ଟ ୱାସ୍ଡ ଦି ଫ୍ଲୋର୍ ।
9. ଫୋନ୍ ବାଜିବା ବନ୍ଦ ହୋଇଯାଇଛି ।	The phone has stopped ringing.	ଦି ଫୋନ୍ ହାଜ୍ ଷ୍ଟପ୍ଡ ରିଙ୍ଗିଙ୍ଗ୍ ।
10. କେହିଜଣେ କାନ୍ଥଘଣ୍ଟା ଭାଙ୍ଗି ଦେଇଛି ।	Someone has broken the clock.	ସମ୍ୱାନ୍ ହାଜ୍ ବ୍ରୋକନ୍ ଦି କ୍ଲକ୍ ।
11. ସେମାନେ ଦୁଃଖଦାୟକ ସମାଚାର ଶୁଣି ସାରିଛନ୍ତି ।	They have heard the sad news.	ଦେ ହାଭ୍ ହର୍ଡ ଦି ସ୍ୟାଡ୍ ନିଉଜ୍ ।
12. ସେ କଫି ତିଆରି କରିଛି ।	She has made the coffee.	ସି ହାଜ୍ ମେଡ୍ ଦି କଫୀ ।
13. ମୁଁ ବିଲ୍ ପଇଠ କରି ଦେଇଛି ।	I have paid the bill.	ଆଇ ହାଭ୍ ପେଡ୍ ଦି ବିଲ୍ ।
14. ବାପା ଗଛ ଲଗାଇଛନ୍ତି ।	Father has planted a tree.	ଫାଦର୍ ହାଜ୍ ପ୍ଲାଣ୍ଟେଡ୍ ଏ ଟ୍ରି ।
15. ନାଟକ ଏବେ ଆରମ୍ଭ ହୋଇଛି ।	The play has just began.	ଦି ପ୍ଲେ ହାଜ୍ ଜଷ୍ଟ ବିଗେନ୍ ।

3. *Past Perfect* ପୂର୍ଣ୍ଣ ଅତୀତ କାଳ

1. ମୁଁ ପୂର୍ବରୁ ହିଁ ଚିଠି ଲେଖି ସାରିଥିଲି ।	I had already written the letter.	ଆଇ ହାଡ୍ ଅଲ୍‌ରେଡି ରିଟେନ୍ ଦି ଲେଟର୍ ।
2. ସେ ଏହି ଫିଲ୍ମକୁ ପୂର୍ବରୁ ଦେଖି ସାରିଥିଲା ।	She had seen this film before.	ସି ହାଡ୍ ସିନ୍ ଦିସ୍ ଫିଲ୍ମ ବିଫୋର୍ ।
3. କାଲି ସନ୍ଧ୍ୟା ପର୍ଯ୍ୟନ୍ତ ମୁଁ ତାକୁ ଦେଖିନଥିଲି ।	Till last evening I had not seen him.	ଟିଲ୍ ଲାଷ୍ଟ ଇଭିନିଙ୍ଗ୍ ଆଇ ହାଡ୍ ନଟ୍ ସିନ୍ ହିମ୍ ।

4. ଅମିତ ଆସିବା ପୂର୍ବରୁ ଅନିଲ ଘରକୁ ଯାଇ ସାରିଥିଲା ।	Anil had gone home before Amit came.	ଅନିଲ୍ ହାଡ୍ ଗନ୍ ହୋମ୍ ବିଫୋର୍ ଅମିତ କେମ୍ ।
5. ରୀତା ଆସିବା ବେଳକୁ ମୁଁ ଜଳଖିଆ କରି ସାରିଥିଲି ।	I had finished my breakfast when Rita came.	ଆଇ ହାଡ୍ ଫିନିସ୍ଡ ମାଇଁ ବ୍ରେକ୍‌ଫାଷ୍ଟ ହ୍ୱେନ୍ ରିତା କେମ୍ ।
6. ଆମେ ୧୯୫୦ ରୁ ଲାଜପତ ନଗରରେ ରହୁଥିଲୁ ।	We had lived in Lajpat Nagar since 1950.	ଉଇ ହାଡ୍ ଲିଭ୍ଡ ଇନ୍ ଲାଜପତ ନଗର ସିନ୍ସ ୧୯୫୦ ।
7. ମୁଁ ପାଞ୍ଚଦିନ ହେଲା ତୁମକୁ ଅପେକ୍ଷା କରୁଥିଲି ।	I had waited for you for the last five days.	ଆଇ ହାଡ୍ ୱେଟେଡ୍ ଫର ୟୁ ଫର୍ ଦି ଲାଷ୍ଟ ଫାଇବ୍ ଡେଜ୍ ।
8. ଆମେ ଏଭଳି ମ୍ୟାଚ୍ ପୂର୍ବରୁ କେବେ ଦେଖିନଥିଲୁ ।	We had never seen such a match before.	ଉଇ ହାଡ୍ ନେଭର୍ ସିନ୍ ସଚ୍ ଏ ମ୍ୟାଚ୍ ବିଫୋର୍ ।
9. ସେ ପାଣି ପିଇ ସାରିଥିଲା ।	She had drunk the water.	ସି ହାଡ୍ ଡ୍ରଙ୍କ୍ ଦି ୱାଟର୍ ।
10. ମୋ ଭଉଣୀ ଡିଗ୍ରୀ ପରୀକ୍ଷା ପାସ୍ କରି ସାରିଥିଲା ।	My sister had passed the degree examination.	ମାଇଁ ସିଷ୍ଟର୍ ହାଡ୍ ପାସ୍ଡ ଦି ଡିଗ୍ରୀ ଏକ୍‌ଜାମିନେସନ୍ ।
11. ମୁଁ ଏଠାକୁ ତୁମକୁ ସାକ୍ଷାତ କରିବାକୁ ଆସିଥିଲି ।	I had come here to meet you.	ଆଇ ହାଡ୍ କମ୍ ହିୟର୍ ଟୁ ମିଟ୍ ୟୁ ।
12. ସେମାନେ ଉଧାର ପରିଶୋଧ କରିନଥିଲେ ।	They had not paid the debt.	ଦେ ହାଡ୍ ନଟ୍ ପେଡ୍ ଦି ଡେବିଟ୍ ।
13. ଆମେ ସାର୍ଟ କିଣିଥିଲୁ ।	We had purhased the shirt.	ଉଇ ହାଡ୍ ପର୍‌ଚେଜ୍ଡ ଦି ସାର୍ଟ ।
14. ଆମେ ପହଞ୍ଚିବା ପୂର୍ବରୁ ଗାଡ଼ି ପ୍ଲାଟ୍‌ଫର୍ମ ଛାଡ଼ି ସାରିଥିଲା ।	The train had left the platform before we arrived there.	ଦି ଟ୍ରେନ୍ ହାଡ୍ ଲେଫ୍ଟ ଦି ପ୍ଲାଟ୍‌ଫର୍ମ ବିଫୋର୍ ଉଇ ଆରାଇଭ୍ଡ ଦେଆର୍ ।
15. ସେ ଏହି ଫିଲ୍ମ ଦେଖି ସାରିଥିଲା ।	He had seen this film.	ହି ହାଡ୍ ସିନ୍ ଦିସ୍ ଫିଲ୍ମ ।

୨୬ତମ ସୋପାନ 26TH STEP

ଅତୀତ କାଳ (2)
PAST TENSE (2)

4. *Doubtful Past* ସନ୍ଦିଗ୍ଧ ଅତୀତ

1. ଯଶୋଧରା ଆସିଥିବ ।	Yashodhara might have come.	ଯଶୋଧରା ମାଇଟ୍ ହାଭ୍ କମ୍।
2. ତୁମେ ଟାଗୋରଙ୍କ ନାମ ନିଶ୍ଚୟ ଶୁଣିଥିବ ।	You might have heard the name of Tagore.	ୟୁ ମାଇଟ୍ ହାଭ୍ ହାର୍ଡ ଦି ନେମ୍ ଅଫ୍ ଟାଗୋର୍।
3. ସେ ନିଜ ଅତୀତକୁ ଭୁଲି ଯାଇଥିବ ।	He might have forgotten his past.	ହି ମାଇଟ୍ ହାଭ୍ ଫରଗଟନ୍ ହିଜ୍ ପାଷ୍ଟ।
4. ସେମାନେ ଶୋଇ ସାରିଥିବେ ।	They might have slept.	ଦେ ମାଇଟ୍ ହାଭ୍ ସ୍ଲେପ୍ଟ।
5. ସେମାନେ ତାକୁ ପୁରୁଣା ବକେୟା ଦେଇ ସାରିଥିବେ ।	They might have paid him the old dues.	ଦେ ମାଇଟ୍ ହାଭ୍ ପେଡ୍ ହିମ୍ ଦି ଓଲ୍ଡ ଡିଉଜ୍।
6. ସେ ଭାବିଥିବ ଯେ ମୁଁ ସେଠାରେ ଅଛି ।	He might have thought that I would be there.	ହି ମାଇଟ୍ ହାଭ୍ ଥଟ୍ ଦ୍ୟାଟ୍ ଆଇ ଉଡ୍ ବି ଦେୟାର୍।
7. ଶ୍ରୀ ମଲିକ ଚିଠି ଲେଖିଥିବେ ।	Mr. Malik might have written the letter.	ମିଷ୍ଟର୍ ମଲିକ ମାଇଟ୍ ହାଭ୍ ରିଟେନ୍ ଦି ଲେଟର୍।
8. ଅନୁଷ୍ଠାନ ମେୟରଙ୍କୁ ନିମନ୍ତ୍ରିତ କରିଥିବ ।	The institution might have invited the Mayor.	ଦି ଇନ୍‌ଷ୍ଟିଚ୍ୟୁସନ୍ ମାଇଟ୍ ହାଭ୍ ଇନ୍‌ଭାଇଟେଡ୍ ଦି ମେୟର୍।
9. ସେମାନେ ହସିଥିବେ ଯେତେବେଳେ ସେ ଭିକ ମାଗିଥିବ ।	They might have laughed when he begged.	ଦେ ମାଇଟ୍ ହାଭ୍ ଲାଫ୍‌ଡ ହ୍ୱେନ୍ ହି ବେଗ୍‌ଡ।
10. ସେମାନେ ଏହାକୁ ସ୍ୱୀକାର କରି ନେଇଥିବେ ।	They might have accepted it.	ଦେ ମାଇଟ୍ ହାଭ୍ ଆକ୍‌ସେପ୍‌ଟେଡ୍ ଇଟ୍।

11. ସେ ନିଜ କର୍ତ୍ତବ୍ୟ ସମ୍ପନ୍ନ କରିଥିବ ।	He might have done his duty.	ହି ମାଇଟ୍ ହାଭ୍ ଡନ୍ ହିଜ୍ ଡ୍ୟୁଟି ।
12. ଲେଖକ ନିଜ ଆତ୍ମକଥା ଲେଖିଥିବେ ।	The author might have written his autobiography.	ଦି ଅଥର୍ ମାଇଟ୍ ହାଭ୍ ରିଟେନ୍ ହିଜ୍ ଅଟୋବାୟୋଗ୍ରାଫି ।

5. ***Past Imperfect*** **ଅପୂର୍ଣ୍ଣ ଅତୀତ**

1. ଯେତେ ବେଳେ ସେ କୋଠରୀରେ ପ୍ରବେଶ କଲେ, ମୁଁ ଚିଠି ଲେଖୁଥିଲି ।	I was writing a letter when he entered the room.	ଆଇ ୱାଜ୍ ରାଇଟିଙ୍ଗ୍ ଏ ଲେଟର୍ ହ୍ୱେନ୍ ହି ଏଣ୍ଟର୍ଡ ଦି ରୁମ୍ ।
2. କାଲି ମୁଁ ଘୋଡ଼ା ଉପରେ ବସି ସ୍କୁଲ୍ ଯାଉଥିଲି ।	I was riding to school yesterday.	ଆଇ ୱାଜ୍ ରାଇଡିଙ୍ଗ୍ ଟୁ ସ୍କୁଲ୍ ୟଷ୍ଟରଡେ ।
3. ମୁଁ ବାହାରକୁ ଗଲାବେଳେ ବର୍ଷା ହେଉଥିଲା ।	It was raining when I went out.	ଇଟ୍ ୱାଜ୍ ରେନିଙ୍ଗ୍ ହ୍ୱେନ୍ ଆଇ ୱେଣ୍ଟ ଆଉଟ୍ ।
4. ମୁଁ ଯେତେବେଳେ ତା' ସହ କଥା ହେଉଥିଲି ତେବେ ଏକ ଚିତ୍କାର ଶୁଣିଲି ।	While I was talking to her I heard a shout.	ହ୍ୱାଇଲ୍ ଆଇ ୱାଜ୍ ଟକିଙ୍ଗ୍ ଟୁ ହର୍ ଆଇ ହର୍ଡ ଏ ସାଉଟ୍ ।
5. ସେ ହିନ୍ଦୀରେ ନିବନ୍ଧ ଲେଖୁଥିଲା ।	He was writing an essay in Hindi.	ହି ୱାଜ୍ ରାଇଟିଙ୍ଗ୍ ଆନ୍ ଏସେ ଇନ୍ ହିନ୍ଦି ।
6. ସେମାନେ ଯେତେବେଳେ ଶୋଇଥିଲେ ସେତେବେଳେ କୁକୁର ପହରା ଦେଉଥିଲେ ।	When they were sleeping the dogs were keeping watch.	ହ୍ୱେନ୍ ଦେ ଉଏର୍ ସ୍ଲିପିଙ୍ଗ୍ ଦି ଡଗ୍‌ସ ଉଏର୍ କିପିଙ୍ଗ୍ ୱାଚ୍ ।
7. ତୁମ ଭାଇ ଯେତେବେଳେ ଆସିଲା ସେତେବେଳେ ଆମେ ଟେନିସ୍ ଖେଳୁଥିଲୁ ।	We were playing tennis when your brother came.	ଉଇ ଉଏର୍ ପ୍ଲେଇଙ୍ଗ୍ ଟେନିସ୍ ହ୍ୱେନ୍ ୟୋର ବ୍ରଦର୍ କେମ୍ ।
8. ରୀନା ନିଜ ଇଚ୍ଛାକୁ ଲୁଚାଇବାକୁ ଚେଷ୍ଟା କରୁଥିଲା ।	Reena was trying hard to hide her desire.	ରୀନା ୱାଜ୍ ଟ୍ରାଇଙ୍ଗ୍ ହାର୍ଡ ଟୁ ହାଇଡ୍ ହର୍ ଡିଜାୟାର୍ ।
9. ସେମାନେ ସଭାରେ ବହୁତ ଯୋର୍‌ରେ କଥା କହୁଥିଲେ ।	They were talking too loudly in the meeting.	ଦେ ଉଏର୍ ଟକିଙ୍ଗ୍ ଠୁ ଲାଉଡ୍‌ଲି ଇନ୍ ଦି ମିଟିଙ୍ଗ୍ ।
10. ଆଶା ମୋ ସହିତ ସ୍କୁଲ୍‌ରେ ପଢୁଥିଲା ।	Asha was studying with me in school.	ଆଶା ୱାଜ୍ ଷ୍ଟଡିଙ୍ଗ୍ ଉଇଥ୍ ମି ଇନ୍ ସ୍କୁଲ୍ ।

11. ଦୁଇ ବର୍ଷ ପୂର୍ବେ ଆମେ ପୁନେ ରେ ରହୁଥିଲୁ ।	We were living in Pune two years ago.	ୱଇ ୱଏର୍ ଲିଭିଙ୍ଗ୍ ଇନ୍ ପୁନେ ଟୁ ଇୟର୍ସ ଏଗୋ।
12. ପୂର୍ବରୁ ଏହି ଗାଈ ଦଶ ଲିଟର କ୍ଷୀର ଦେଉଥିଲା ।	Formerly this cow was giving ten litres of milk.	ଫରମରଲି ଦିସ୍ କାଓ ୱାଜ୍ ଗିଭିଙ୍ଗ୍ ଟେନ୍ ଲିଟର୍ସ ଅଫ୍ ମିଲ୍କ।
13. ଗତ ବିଶ୍ୱଯୁଦ୍ଧରେ ଜର୍ମାନୀୟମାନେ ବୀରତ୍ୱର ସହ ଲଢୁଥିଲେ ।	In the last world war, the Germans were fighting bravely.	ଇନ୍ ଦି ଲାଷ୍ଟ ୱାର୍ଲ୍ଡ ୱାର୍, ଦି ଜର୍ମାନ୍ସ ୱଏର୍ ଫାଇଟିଙ୍ଗ୍ ବ୍ରେଭ୍ଲି।
14. ସେହି ସମୟରେ ମୁଁ ଦିଲ୍ଲୀରେ ରହୁଥିଲି ।	At that time, I was residing in Delhi.	ଆଟ ଦ୍ୟାଟ୍ ଟାଇମ୍, ଆଇ ୱାଜ୍ ଇନ୍ ଦିଲ୍ଲୀ।
15. ମୁଁ ପ୍ରତିଦିନ ମନ୍ଦିର ଯାଉଥିଲି ।	I used to go daily to the temple.	ଆଇ ୟୁଜ୍‌ଡ ଟୁ ଗୋ ଡେଲି ଟୁ ଦି ଟେମ୍ପଲ୍।
16. 1947 ପୂର୍ବରୁ ଆମେ ପଶ୍ଚିମ ପଞ୍ଜାବରେ ରହୁଥିଲୁ ।	Before 1947 we were living in West Panjab.	ବିଫୋର୍ 1947 ୱଇ ୱଏର୍ ଲିଭିଙ୍ଗ୍ ଇନ୍ ୱେଷ୍ଟ ପଞ୍ଜାବ୍।
17. ମୁଁ ଯେତେବେଳେ ସାତ ବର୍ଷର ଥିଲି, ମୁଁ ଏକୁଟିଆ ସ୍କୁଲ ଯାଉଥିଲି ।	When I was seven years old, I was going to school all alone.	ହ୍ୱେନ୍ ଆଇ ୱାଜ୍ ସେଭେନ୍ ଇୟର୍ସ ଓଲ୍ଡ, ଆଇ ୱାଜ୍ ଗୋଇଙ୍ଗ୍ ଟୁ ସ୍କୁଲ୍ ଅଲ୍ ଏଲୋନ୍।
18. ମୁଁ ଯେତେବେଳେ ଛୋଟ ଥିଲି, ମୋ ଜେଜେମା' ମତେ କାହାଣୀ ଶୁଣାଉଥିଲେ ।	When I was young, my grandmother used to tell me the story.	ହ୍ୱେନ୍ ଆଇ ୱାଜ୍ ୟଙ୍ଗ୍, ମାଇଁ ଗ୍ରାଣ୍ଡମଦର୍ ୟୁଜ୍‌ଡ ଟୁ ଟେଲ୍ ମି ଦି ଷ୍ଟୋରୀ।
19. ସତୁରି ବର୍ଷ ବୟସରେ ସେ ବହୁତ ଦ୍ରୁତ ଗତିରେ ଚାଲୁଥିଲା ।	In his seventies he used to walk very fast.	ଇନ୍ ହିଜ୍ ସେଭେନ୍‌ଟିଜ୍ ହି ୟୁଜ୍‌ଡ ଟୁ ୱାକ୍ ଭେରି ଫାଷ୍ଟ।

6. *Past Conditional* **ସର୍ତ୍ତ ପ୍ରକାଶକ ଅତୀତ**

1. ଯଦି ତୁମେ ପରିଶ୍ରମ କରିଥାନ୍ତ ତେବେ ଉତ୍ତୀର୍ଣ୍ଣ ହୋଇଥାନ୍ତ ।	If you had worked hard, you would have passed.	ଇଫ୍ ୟୁ ହାଡ୍ ୱାର୍କଡ ହାର୍ଡ, ୟୁ ଉଡ୍ ହାଭ୍ ପାସ୍‌ଡ।
2. ଯଦି ତୁମେ ସଚ୍ଚୋଟ ହୋଇଥାନ୍ତ ତେବେ ତୁମେ ଅଧିକ ସୁଖୀ ହୋଇଥାନ୍ତ ।	Had you been honest you would have been happier.	ହାଡ୍ ୟୁ ବିନ୍ ଅନେଷ୍ଟ ୟୁ ଉଡ୍ ହାଭ୍ ବିନ୍ ହାପିଅର୍।

3. ଯଦି ସେ ବୁଦ୍ଧିମତୀ ହୋଇଥାନ୍ତା ତେବେ ସେ ଏମିତି କରିନଥାନ୍ତା ।	If she had been clever she would have not done that.	ଇଫ୍ ସି ହାଡ୍ ବିନ୍ କ୍ଲେଭର ସି ଉଡ୍ ହାଭ୍ ନଟ୍ ଡନ୍ ଦ୍ୟାଟ୍ ।
4. ଯଦି ତୁମେ ଗାଇଥାନ୍ତ ତେବେ ଆମେ ଆନନ୍ଦିତ ହୋଇଥାନ୍ତୁ ।	Had you sung, we would have enjoyed.	ହାଡ୍ ୟୁ ସଙ୍ଗ୍, ଉଇ ଉଡ୍ ହାଭ୍ ଏନ୍‌ଜଏଡ୍ ।
5. ଯଦି ସେ ପହଞ୍ଚିଥାନ୍ତା ତେବେ ମୁଁ ଚାଲି ଯାଇଥାନ୍ତି ।	If she had reached I would have gone.	ଇଫ୍ ସି ହାଡ୍ ରିଚ୍‌ଡ ଆଇ ଉଡ୍ ହାଭ୍ ଗନ୍ ।
6. ଯଦି ତୁମେ ଆସିଥାନ୍ତ ତେବେ ମୁଁ ଖେଳିଥାନ୍ତି ।	Had you came I would have played.	ହାଡ୍ ୟୁ କମ୍ ଆଇ ଉଡ୍ ହାଭ୍ ପ୍ଲେଡ୍ ।
7. ଯଦି ତୁମେ ମୋତେ ଲେଖିଥାନ୍ତ ତେବେ ମୁଁ ତୁମକୁ ଉତ୍ତର ଦେଇଥାନ୍ତି ।	If you had written to me I would have replied to you.	ଇଫ୍ ୟୁ ହାଡ୍ ରିଟେନ୍ ଟୁ ମି ଆଇ ଉଡ୍ ହାଭ୍ ରିପ୍ଲାଏଡ୍ ଟୁ ୟୁ ।
8. ଯଦି ତୁମେ ମୋତେ କହିଥାନ୍ତ ତେବେ ମୁଁ ରହି ଯାଇଥାନ୍ତି ।	Had you asked me I would have stayed.	ହାଡ୍ ୟୁ ଆସ୍କଡ ମି ଆଇ ଉଡ୍ ହାଭ୍ ଷ୍ଟେଡ୍ ।
9. ଯଦି ସେ ମୋତେ ପୂର୍ବରୁ କହିଥାନ୍ତେ ତେବେ ମୁଁ ଏମିତି କରିନଥାନ୍ତି ।	If she had told me earlier I would have not done so.	ଇଫ୍ ସି ହାଡ୍ ଟୋଲ୍ଡ ମି ୟାର୍‌ଲିଅର୍ ଆଇ ଉଡ୍ ହାଭ୍ ନଟ୍ ଡନ୍ ସୋ ।
10. ଯଦି ତୁମେ ତାକୁ ନିମନ୍ତିତ କରିଥାନ୍ତ ତେବେ ସେ ନିଶ୍ଚୟ ଆସିଥାନ୍ତା ।	Had you invited her she would have come.	ହାଡ୍ ୟୁ ଇନ୍‌ଭାଇଟେଡ୍ ହର୍ ସି ଉଡ୍ ହାଭ୍ କମ୍ ।
11. ଯଦି ରାଧାଙ୍କର ଡେଣା ଥାନ୍ତା ତେବେ ସେ ଉଡ଼ିକରି କୃଷ୍ଣଙ୍କ ପାଖରେ ପହଞ୍ଚି ଯାଇଥାନ୍ତେ ।	If Radha had wings she would have flown over to Krishna.	ଇଫ୍ ରାଧା ହାଡ୍ ୱିଙ୍ଗ୍‌ସ ସି ଉଡ୍ ହାଭ୍ ଫ୍ଲୋନ୍ ଓଭର ଟୁ କ୍ରିଷ୍ଣା ।
12. ଯଦି ତାକୁ କ୍ୟାମେରା ଭଲ ଲାଗିଥାନ୍ତା ତେବେ ସେ ତାକୁ କିଣି ନେଇଥାନ୍ତା ।	If she had liked the camera she would have bought it.	ଇଫ୍ ସି ହାଡ୍ ଲାଇକ୍‌ଡ ଦି କ୍ୟାମେରା ସି ଉଡ୍ ହାଭ୍ ବଟ୍ ଇଟ୍ ।

୨୭ତମ ସୋପାନ 27TH STEP

ପ୍ରଶ୍ନସୂଚକ ବାକ୍ୟ (1)
INTERROGATIVE SENTENCES (1)

Interrogative Sentences with

(1) IS — ARE — AM — WAS — WERE

ଅଟେ/ଅଛି — ଅଛୁ/ଅଟନ୍ତି — ଅଟେ — ଥିଲା/ଥିଲି — ଥିଲେ

1.	କ'ଣ ହିନ୍ଦୀ କଠିନ ଅଟେ ?	Is Hindi difficult?	ଇଜ୍ ହିନ୍ଦୀ ଡିଫିକଲ୍ଟ ?
2.	କ'ଣ ଆଜି ଥଣ୍ଡା ହେଉଛି ?	Is it cold today?	ଇଜ୍ ଇଟ୍ କୋଲ୍ଡ ଟୁଡେ ?
3.	କ'ଣ ଆପଣଙ୍କ ନାମ ନରେନ୍ଦ୍ର କୁମାର ଅଟେ ?	Is your name Narendra Kumar?	ଇଜ୍ ୟୋର୍ ନେମ୍ ନରେନ୍ଦ୍ର କୁମାର ?
4.	କ'ଣ ତୁମେ ଭୂତକୁ ଡର ?	Are you afraid of ghosts?	ଆର୍ ୟୁ ଆଫ୍ରେଡ୍ ଅଫ୍ ଘୋଷ୍ଟ୍ସ ?
5.	କ'ଣ ତୁମେ ସୁସ୍ଥ ଅଟ ?	Are you feeling well?	ଆର୍ ୟୁ ଫିଲିଙ୍ଗ୍ ୱେଲ୍ ?
6.	କ'ଣ ତୁମେ ଶ୍ରୀ ଅମିତାଭ ଅଟ ?	Are you Mr. Amitabh?	ଆର୍ ୟୁ ମିଷ୍ଟର୍ ଅମିତାଭ୍ ?
7.	କ'ଣ ମୁଁ ତୁମକୁ ଡରୁଛି ?	Am I afraid of you?	ଆମ୍ ଆଇ ଆଫ୍ରେଡ୍ ଅଫ୍ ୟୁ ?
8.	କ'ଣ ମୁଁ ମୂର୍ଖ ?	Am I a fool?	ଆମ୍ ଆଇ ଏ ଫୁଲ୍ ?
9.	କ'ଣ ମୁଁ ତୁମ ଚାକର ?	Am I your servant?	ଆମ୍ ଆଇ ୟୋର୍ ସର୍ଭେଣ୍ଟ ?
10.	କ'ଣ ସେ ଡରି ଯାଇଥିଲା ?	Was she frightened?	ୱାଜ୍ ସି ଫ୍ରେଟେଣ୍ଡ ?
11.	କ'ଣ ସେ ଏଠାରେ ଅପରିଚିତ ଅଟେ ?	Was he a stranger here?	ୱାଜ୍ ହି ଏ ଷ୍ଟ୍ରେଞ୍ଜର୍ ହିୟର ?
12.	କ'ଣ ଜହ୍ନ ଝଟକୁଥିଲା ?	Was the moon shining?	ୱାଜ୍ ଦି ମୁନ୍ ସାଇନିଙ୍ଗ୍ ?
13.	କ'ଣ ପିଲାମାନେ ଫୁଟ୍‌ବଲ ଖେଳୁଥିଲେ ?	Were the boys playing football?	ଭଏର ଦି ବଏଜ୍ ପ୍ଲେଇଙ୍ଗ୍ ଫୁଟ୍‌ବଲ ?
14.	କ'ଣ ତୁମେ ଶିମଲାରେ ଆନନ୍ଦରେ ରହିଲ ?	Were you enjoying yourself in Simla?	ଭଏର ୟୁ ଏନ୍‌ଜଏଇଙ୍ଗ୍ ୟୋର୍‌ସେଲ୍‌ଫ ଇନ୍ ସିମ୍‌ଲା ?

15. କ'ଣ ତୁମେ ତୁମ ସାଙ୍ଗମାନଙ୍କ ସହ ଖୁସି ନଥିଲ ?	Were you not happy with your collegues?	ଉଏର୍ ୟୁ ନଟ୍ ହାପି ଉଇଥ୍ ୟୋର୍ କଲିଗ୍ସ ?

(2) DO, DOES, DID

ଅତୀତ କ୍ରିୟା, ଭବିଷ୍ୟତ କ୍ରିୟା

16. କ'ଣ ଆମେ କାମ କରିବାକୁ ଭୟ କରୁ ?	Do we shirk work?	ଡୁ ଉଇ ସିର୍କ ୱାର୍କ ?
17. ଆପଣ ଧୂମପାନ କରନ୍ତି କି ?	Do you smoke?	ଡୁ ୟୁ ସ୍ମୋକ୍ ?
18. ତୁମେ ସର୍ବଦା ସତ କୁହ କି ?	Do you always speak the truth?	ଡୁ ୟୁ ଅଲ୍‌ୱେଜ୍ ସ୍ପିକ୍ ଦି ଟ୍ରୁଥ୍ ?
19. ସେ ଭଲ ବେଶଭୂଷା ପସନ୍ଦ କରନ୍ତି କି ?	Does she like to dress well?	ଡଜ୍ ସି ଲାଇକ୍ ଟୁ ଡ୍ରେସ୍ ୱେଲ୍ ?
20. ସେ ଖେଳ ଖେଳେ ?	Does he play games?	ଡଜ୍ ହି ପ୍ଲେ ଗେମ୍‌ସ ?
21. ସେ ନିଜ ପଡ଼ୋଶୀକୁ ପସନ୍ଦ କରେ କି ?	Does she like her neighbour?	ଡଜ୍ ସି ଲାଇକ୍ ହର୍ ନେବର୍ ?
22. ଅନୁପମ ସମସ୍ତ ସେଓ ଖାଇଦେଲା ?	Did Anupam eat all the apples?	ଡିଡ୍ ଅନୁପମ୍ ଇଟ୍ ଅଲ୍ ଦି ଆପଲ୍‌ସ ?
23. ତୁମେ ଏହାକୁ ତିଆରି କରିଛ କି ?	Did you build it?	ଡିଡ୍ ୟୁ ବିଲ୍ଡ ଇଟ୍ ?
24. କ'ଣ ତୁମେ ଘଣ୍ଟି ବଜାଇଲ ?	Did you ring the bell?	ଡିଡ୍ ୟୁ ରିଙ୍ଗ୍ ଦି ବେଲ୍ ?

(3) HAS, HAVE, HAD

ବର୍ତ୍ତମାନ କାଳ, ଅତୀତ କାଳ

25. କ'ଣ ସେ ବାପାଙ୍କୁ ଲେଖିଛି ?	Has he written to father?	ହାଜ୍ ହି ରିଟେନ୍ ଟୁ ଫାଦର୍ ?
26. କ'ଣ ତାହାର ତାପମାନ ଖସିଯାଇଛି ?	Has her temperature gone down?	ହାଜ୍ ହର୍ ଟେମ୍ପରେଚର୍ ଗନ୍ ଡାଉନ୍ ?
27. କ'ଣ ଅନୁରାଗ ଗାଡ଼ି ଫେଲ୍ ହୋଇଗଲା ?	Has Anurag missed the train?	ହାଜ୍ ଅନୁରାଗ ମିସ୍‌ଡ ଦି ଟ୍ରେନ୍ ?

28.	ତୁମେ ନିଜର ସମସ୍ତ ଧନ ଖର୍ଚ୍ଚ କରିଦେଇଛ କି ?	Have you spent all your money?	ହାଭ୍ ୟୁ ସ୍ପେଣ୍ଟ୍ ଅଲ୍ ୟୋର ୟୋର୍ ମନି ?
29.	ଆପଣ କେବେ କୌଣସି କାର୍ ଚଳାଇଛନ୍ତି ?	Have you ever driven any car?	ହାଭ୍ ୟୁ ଏଭର୍ ଡ୍ରାଇଭେନ୍ ଏନି କାର୍ ?
30.	ତୁମେ ମୋର ରୁମାଲ୍ ପାଇଛ କି ?	Have you found my handkerchief?	ହାଭ୍ ୟୁ ଫାଉଣ୍ଡ ମାଇଁ ହ୍ୟାଣ୍ଡକର୍‌ଚିଫ୍ ?
31.	କ'ଣ ଡାକପିଅନ କୌଣସି ଚିଠି ଦେଇଥିଲା ?	Had the postman delivered any letter?	ହାଡ୍ ଦି ପୋଷ୍ଟମ୍ୟାନ୍ ଡେଲିଭର୍ଡ ଏନି ଲେଟର୍ ?
32.	ତୁମେ ନିଜ କାମ ସମ୍ପୂର୍ଣ୍ଣ କରିଦେଇଥିଲ କି ?	Had you finished your work?	ହାଡ୍ ୟୁ ଫିନିସ୍ଡ ୟୋର୍ ଓ୍ୱାର୍କ ?
33.	ତୁମେ କେବେ ବମ୍ବେ ଯାଇଥିଲ କି ?	Had you ever been to Bombay?	ହାଡ୍ ୟୁ ଏଭର୍ ବିନ୍ ଟୁ ବମ୍ବେ ?

(4) WILL, SHALL, WOULD, SHOULD

ଭବିଷ୍ୟତ କାଳ

34.	କ'ଣ ସେମାନେ ଠିକ୍ ସମୟରେ ସଭାରେ ଉପସ୍ଥିତ ହେବେ ?	Will they attend the meeting in time?	ଉଇଲ୍ ଦେ ଅଟେଣ୍ଡ୍ ଦି ମିଟିଙ୍ଗ୍ ଇନ୍ ଟାଇମ୍ ?
35.	କ'ଣ ତୁମେ ଷ୍ଟେସନ୍‌ରେ ତାକୁ ଦେଖା କରିବ ?	Will you meet her at the station?	ଉଇଲ୍ ୟୁ ମିଟ୍ ଆଟ୍ ଦି ଷ୍ଟେସନ୍ ?
36.	କ'ଣ ମତେ ମୋ ଭୁଲ୍ ପାଇଁ କ୍ଷମା ମାଗିବାକୁ ପଡ଼ିବ ନାହିଁ ?	Shall I not apologize for my mistake?	ସାଲ୍ ଆଇ ନଟ୍ ଆପୋଲଜିଜ୍ ଫର୍ ମାଇଁ ମିଷ୍ଟେକ୍ ?
37.	କ'ଣ ଆମକୁ ତା ସହ ଦେଖା କରିବା ଉଚିତ ?	Shall we call on her?	ସାଲ୍ ଉଇ କଲ୍ ଅନ୍ ହର୍ ?
38.	ଯଦି ମୋର ଦରକାର ହୁଏ ତେବେ କ'ଣ ସେ କିଛି ଟଙ୍କା ଦେବ ?	Would he give me some rupees if I needed some money?	ଉଡ୍ ହି ଗିଭ୍ ମି ସମ୍ ରୁପିଜ୍ ଇଫ୍ ଆଇ ନିଡେଡ୍ ସମ୍ ମନି ?
39.	ଯଦି ମୁଁ ଭୁଲ୍ କରିଦିଏ ତେବେ କ'ଣ ତୁମେ ମୋତେ ଠିକ୍ ଉତ୍ତର କହିଦେବ ?	Would you tell me the correct answer if I am mistaken?	ଉଡ୍ ୟୁ ଟେଲ୍ ମି ଦି କରେକ୍ଟ ଆନ୍‌ସର ଇଫ୍ ଆଇ ଆମ୍ ମିସ୍‌ଟେକେନ୍ ?
40.	କ'ଣ ମୋର ଆପଣଙ୍କୁ ବାଧା ଦେବା ଉଚିତ ନୁହେଁ ?	Should I not disturb you?	ସୁଡ୍ ଆଇ ନଟ୍ ଡିସ୍‌ଟର୍ବ ୟୁ ?
41.	କ'ଣ ଆମେ ଅନ୍ୟମାନଙ୍କ ଉତ୍ତମ କାର୍ଯ୍ୟକୁ ଭୁଲିଯିବା ଉଚିତ ?	Should we forget the noble acts of others?	ସୁଡ୍ ଉଇ ଫରଗେଟ୍ ଦି ନୋବଲ୍ ଆକ୍ଟସ୍ ଅଫ୍ ଅଦର୍ସ ?

(5) CAN, COULD, MAY

ପାରିବ, ପାରିଲା, ପାରେ

42. କ'ଣ ତୁମେ ଏ ପ୍ରହେଳିକାକୁ ସମାଧାନ କରିପାରିବ ?	Can you solve this riddle?	କ୍ୟାନ୍ ୟୁ ସଲ୍‌ଭ ଦିସ୍ ରିଡଲ୍ ?
43. କ'ଣ ତୁମେ ଏହି ବାଡ଼କୁ ଡେଇଁ ପାରିବ ?	Can you jump over this fence?	କ୍ୟାନ୍ ୟୁ ଜମ୍ପ ଓଭର୍ ଦିସ୍ ଫେନ୍ସ ?
44. କ'ଣ ସେ ଠିକ୍ ସମୟରେ ଆସି ପାରିଲା ?	Could he come in time?	କୁଡ୍ ହି କମ୍ ଇନ୍ ଟାଇମ୍ ?
45. କ'ଣ ଆମେ ଏହି କାମ ଏକାକୀ କରିପାରିଲେ ?	Could we do this job alone?	କୁଡ୍ ଉଇ ଡୁ ଦିସ୍ ଜବ୍ ଏଲୋନ୍ ?
46. କ'ଣ ମୁଁ ଭିତରକୁ ଆସିପାରେ, ମହାଶୟ ?	May I come in, Sir?	ମେ ଆଇ କମ୍ ଇନ୍, ସାର ?
47. କ'ଣ ମୁଁ ଆପଣଙ୍କୁ ସାହାଯ୍ୟ କରିପାରେ, ମହାଶୟା ?	May I accompany you, Madam?	ମେ ଆଇ ଏକମ୍ପାନୀ ୟୁ, ମାଡାମ୍ ?
48. କ'ଣ ମୁଁ ଆପଣଙ୍କ ଧ୍ୟାନ ଆକର୍ଷଣ କରିପାରେ ?	May I have your attention?	ମେ ଆଇ ହାଭ୍ ୟୋର୍ ଆଟେନ୍‌ସନ ?

୨୮ତମ ସୋପାନ 28TH STEP

ପ୍ରଶ୍ନସୂଚକ ବାକ୍ୟ (2)
INTERROGATIVE SENTENCES (2)

Interrogative Sentences With

(1) WHAT WHEN WHERE WHY

କ'ଣ କେବେ କେଉଁଠି କାହିଁକି

1. ତୁମ ନାମ କ'ଣ ?	What is your name?	ହ୍ୱାଟ୍ ଇଜ୍ ୟୋର୍ ନେମ୍ ?

2.	ତୁମର ବୟସ କେତେ ?	What is your age?	ହ୍ୱାଟ୍ ଇଜ୍ ୟୋର୍ ଏଜ୍ ?
3.	ଏହାର ମାନେ କ'ଣ ?	What does this mean?	ହ୍ୱାଟ୍ ଡଜ୍ ଦିସ୍ ମିନ୍ ?
4.	ତୁମେ କ'ଣ ଚାହୁଁଛ ?	What do you want?	ହ୍ୱାଟ୍ ଡୁ ୟୁ ୱାଣ୍ଟ ?
5.	ଆପଣ କେତେ (ମୂଲ୍ୟ) ପରିଶୋଧ କଲେ ।	What did you pay?	ହ୍ୱାଟ୍ ଡିଡ୍ ୟୁ ପେ ?
6.	ଆପଣ କ'ଣ ନେବେ ?	What will you take?	ହ୍ୱାଟ୍ ଉଇଲ୍ ୟୁ ଟେକ୍ ?
7.	ବର୍ତ୍ତମାନ କେତେଟା ବାଜିଛି ?	What is the time now?	ହ୍ୱାଟ୍ ଇଜ୍ ଦି ଟାଇମ୍ ନାଓ ?
8.	ଆପଣ କେଉଁ ରଙ୍ଗ ପସନ୍ଦ କରନ୍ତି ?	What colour do you like?	ହ୍ୱାଟ୍ କଲର୍ ଡୁ ୟୁ ଲାଇକ୍ ?
9.	ତୁମେ କେତେ ମଜୁରୀ ଚାହୁଁଛ ?	What wages do you want?	ହ୍ୱାଟ୍ ୱେଜେସ୍ ଡୁ ୟୁ ୱାଣ୍ଟ ?
10.	ଆପଣଙ୍କର କ'ଣ ଅଭିରୁଚି ଅଛି ?	What is your hobby?	ହ୍ୱାଟ୍ ଇଜ୍ ୟୋର୍ ହବି ?
11.	ଆପଣ ସକାଳୁ କେତେବେଳେ ଉଠନ୍ତି ?	When do you get up in the morning?	ହ୍ୱେନ୍ ଡୁ ୟୁ ଗେଟ୍ ଅପ୍ ଇନ୍ ଦି ମର୍ଣ୍ଣିଂ ?
12.	ତୁମେ ଏହି ସମାଚାର କେବେ ଶୁଣିଲ ?	When did you hear this news?	ହ୍ୱେନ୍ ଡିଡ୍ ୟୁ ହିୟର ଦିସ୍ ନିଉଜ୍ ?
13.	ଆମେ କେବେ ଫେରିବା ?	When shall we return?	ହ୍ୱେନ୍ ସାଲ୍ ଉଇ ରିଟର୍ନ ?
14.	ତୁମେ ତୁମର କାମ କେବେ ସମାପ୍ତ କରିବ ?	When will you finish your work?	ହ୍ୱେନ୍ ଉଇଲ୍ ୟୁ ଫିନିସ୍ ୟୋର୍ ୱାର୍କ ?
15.	ସେ ତୁମକୁ ନିଜର କାହାଣୀ କେବେ ଶୁଣାଇଲା ?	When did she tell you her story?	ହ୍ୱେନ୍ ଡିଡ୍ ସି ଟେଲ୍ ୟୁ ହର୍ ଷ୍ଟୋରି ?
16.	ସେମାନେ ପୁଣିଥରେ କେବେ ଦେଖାହେବେ ?	When will they meet again?	ହ୍ୱେନ୍ ଉଇଲ୍ ଦେ ମିଟ୍ ଏଗେନ୍ ?
17.	ତୁମର କାର୍ କେବେ ଚୋରି ହେଲା ?	When was your car stolen?	ହ୍ୱେନ୍ ୱାଜ୍ ୟୋର୍ କାର ଷ୍ଟୋଲେନ୍ ?
18.	ତୁମେ ତୁମର ନୂଆ ପୋଷାକ କେବେ ପିନ୍ଧ ?	When do you wear your new clothes?	ହ୍ୱେନ୍ ଡୁ ୟୁ ୱେର୍ ୟୋର୍ ନିଉ କ୍ଲୁଥ୍‌ସ ?
19.	ଆମକୁ ଏହି ଷ୍ଟେସନ୍ କେବେ ଛାଡ଼ିବାକୁ ପଡ଼ିବ ?	When do we have to leave this station?	ହ୍ୱେନ୍ ଡୁ ଉଇ ହାଭ୍ ଟୁ ଲିଭ୍ ଦିସ୍ ଷ୍ଟେସନ୍ ?

20. ତୁମେ ରାତିରେ କେତେବେଳେ ଶୁଅ ?	At what time do you sleep at night?	ଆଟ୍ ହ୍ୱାଟ୍ ଟାଇମ୍ ଡୁ ୟୁ ସ୍ଲିପ୍ ଆଟ୍ ନାଇଟ୍ ?
21. ତୁମର ପର୍ସ କେଉଁଠି ଅଛି ?	Where is your purse?	ହ୍ୱେୟାର୍ ଇଜ୍ ୟୋର୍ ପର୍ସ ?
22. ଆପଣ କେଉଁଠାକୁ ଯାଉଛନ୍ତି ?	Where are you going?	ହ୍ୱେୟାର୍ ଆର୍ ୟୁ ଗୋଇଙ୍ଗ୍ ?
23. ସେମାନେ କେଉଁଠି ରୁହନ୍ତି ?	Where do they live?	ହ୍ୱେୟାର୍ ଡୁ ଦେ ଲିଭ୍ ?
24. ଏହି ରାସ୍ତା କେଉଁ ଆଡ଼କୁ ଯାଇଛି ?	Where does this path lead to?	ହ୍ୱେୟାର୍ ଡଜ୍ ଦିସ୍ ପାଥ୍ ଲିଡ୍ ଟୁ ?
25. ଆପଣ କେଉଁଠୁ ଆସିଛନ୍ତି ?	Where have you come from?	ହ୍ୱେୟାର୍ ହାଭ୍ ୟୁ କମ୍ ଫ୍ରମ୍ ?
26. ଆମେ ପୁସ୍ତକ କେଉଁଠୁ ପାଇପାରିବା ?	Where can we obtain books?	ହ୍ୱେୟାର୍ କ୍ୟାନ୍ ଉଇ ଓବ୍‌ଟେନ ବୁକ୍‌ସ ?
27. ଆପଣଙ୍କ ହାତଘଣ୍ଟା କେଉଁଠି ତିଆରି ହୋଇଛି ?	Where was your watch made?	ହ୍ୱେୟାର୍ ୱାଜ୍ ୟୋର୍ ୱାଚ୍ ମେଡ୍ ?
28. ତୁମେ ଚାହା କେଉଁଠୁ କିଣ ?	Where do you buy tea?	ହ୍ୱେୟାର୍ ଡୁ ୟୁ ବାଏ ଟି ?
29. ମୁଁ କେଉଁଠି ଓହ୍ଲାଇ ପାରିବି ?	Where can I get down?	ହ୍ୱେୟାର୍ କ୍ୟାନ୍ ଆଇ ଗେଟ୍ ଡାଉନ୍ ?
30. ଏବେ ଆମେ କେଉଁଠାକୁ ଯିବା ?	Where shall we go now?	ହ୍ୱେୟାର୍ ସାଲ୍ ଉଇ ଗୋ ନାଓ ?
31. ସେ ଏହି ପଦବୀ ପାଇଁ ଆବେଦନ ପତ୍ର କାହିଁକି ଦେଉନାହିଁ ?	Why does he not apply for this post?	ହ୍ୱାଏ ଡଜ୍ ହି ନଟ୍ ଆପ୍ଲାଏ ଫର୍ ଦିସ୍ ପୋଷ୍ଟ ?
32. ତୁମେ କାହିଁକି ଶୀଘ୍ର ଆସିଲ ନାହିଁ ?	Why did you not come early?	ହ୍ୱାଏ ଡିଡ୍ ୟୁ ନଟ୍ କମ୍ ୟାର୍‌ଲି ?
33. ସେ ମୋତେ କାହିଁକି ଗାଳି ଦେଲା ?	Why did she abuse me?	ହ୍ୱାଏ ଡିଡ୍ ସି ଆବ୍ୟୁଜ୍ ମି ?
34. ଆପଣ ଏତେ ମଦ କାହିଁକି ପିଉଛନ୍ତି ?	Why do you drink so much?	ହ୍ୱାଏ ଡୁ ୟୁ ଡ୍ରିଙ୍କ୍ ସୋ ମଚ୍ ?
35. ଆପଣ ମୋ ପ୍ରଶ୍ନର ସମାଧାନ କାହିଁକି କରୁନାହାଁନ୍ତି ?	Why do you not solve my queries?	ହ୍ୱାଏ ଡୁ ୟୁ ନଟ୍ ସଲଭ ମାଇଁ କ୍ୱେରିଜ୍ ?

36. ଆଜି ଆପଣ ଏତେ ଦୁଃଖିତ କାହିଁକି ଅଛନ୍ତି ?	Why are you so sad today?	ହ୍ୱାଏ ଆର୍ ୟୁ ସୋ ସ୍ୟାଡ୍ ଟୁଡେ ?
37. ତୁମ ମା' ତୁମ ଉପରେ କାହିଁକି ରାଗିଥିଲେ ?	Why was your mother angry with you?	ହ୍ୱାଏ ୱାଜ୍ ୟୋର୍ ମଦର୍ ଆଙ୍ଗ୍ରି ଉଇଥ୍ ୟୁ ?
38. କିଛି ଲୋକ ବିଦେଶ ଯାତ୍ରା କାହିଁକି କରନ୍ତି ?	Why do some people travel abroad?	ହ୍ୱାଏ ଡୁ ସମ୍ ପିପଲ୍ ଟ୍ରାଭେଲ୍ ଏବ୍ରଡ୍ ?
39. ସେହି ଏମ୍.ଏଲ୍.ଏ. କୁ ଜେଲ୍ କାହିଁକି ପଠାଗଲା ?	Why was that M.L.A. sent to prison?	ହ୍ୱାଏ ୱାଜ୍ ଦ୍ୟାଟ୍ ଏମ୍.ଏଲ୍.ଏ. ସେଣ୍ଟ ଟୁ ପ୍ରିଜନ୍ ?
40. ଆପଣ ମୋତେ ବୁଝିବାକୁ ଚେଷ୍ଟା କରୁନାହାନ୍ତି କାହିଁକି ?	Why do you not try to understand me?	ହ୍ୱାଏ ଡୁ ୟୁ ନଟ୍ ଟ୍ରାଏ ଟୁ ଅଣ୍ଡରଷ୍ଟାଣ୍ଡ ମି ?

(2) WHO WHOM WHOSE

କିଏ କାହାକୁ କାହାର

41. ସେହି ବ୍ୟକ୍ତି କିଏ ?	Who is that fellow?	ହୁ ଇଜ୍ ଦ୍ୟାଟ୍ ଫେଲୋ ?
42. ଏହି ଘରେ କିଏ ରୁହେ ?	Who lives in this house?	ହୁ ଲିଭ୍ସ ଇନ୍ ଦିସ୍ ହାଉସ୍ ?
43. ଏହି ଗୀତ କିଏ ଗାଇଛି ?	Who sang this song?	ହୁ ସ୍ୟାଙ୍ଗ୍ ଦିସ୍ ସଙ୍ଗ୍ ?
44. ହାତଘଣ୍ଟା କିଏ ସଜାଡନ୍ତି ?	Who repairs the watches?	ହୁ ରିପାୟାର୍ସ ଦି ୱାଚେସ୍ ?
45. ଯାତାୟାତ ନିୟନ୍ତ୍ରଣ କିଏ କରିଥାଏ ?	Who controls the traffic?	ହୁ କଣ୍ଟ୍ରୋଲ୍ସ ଦି ଟ୍ରାଫିକ୍ ?
46. ଆପଣ କାହାକୁ ଖୋଜୁଛନ୍ତି ?	Whom do you want?	ହୁମ୍ ଡୁ ୟୁ ୱାଣ୍ଟ ?
47. ଆପଣ କାହା ଦ୍ୱାରା ଚାକିରିରେ ରହିଛନ୍ତି ?	By whom are you employed?	ବାଏ ହୁମ୍ ଆର୍ ୟୁ ଏମ୍ପଲଏଡ୍ ?
48. ଆପଣ କାହାକୁ ବଚନ ଦେଇଛନ୍ତି ?	Whom had you promised?	ହୁମ୍ ହାଡ୍ ୟୁ ପ୍ରୋମିଜ୍ଡ ?
49. ସେହି ଘର କାହାର ?	Whose house is that?	ହୁଜ୍ ହାଉସ୍ ଇଜ୍ ଦ୍ୟାଟ୍ ?
50. ଆମ ଶିକ୍ଷକମାନେ କାହା ଚାକିରିରେ ଅଛନ୍ତି ?	In whose employment are our teachers?	ଇନ୍ ହୁଜ୍ ଏମ୍ପଲଏମେଣ୍ଟ ଆର୍ ଆୱାର୍ ଟିଚର୍ସ ?

୨୯ତମ ସୋପାନ 29TH STEP

ପ୍ରଶ୍ନସୂଚକ ବାକ୍ୟ (3)
INTERROGATIVE SENTENCES (3)

Interrogative Sentences with

(1) HOW HOW LONG HOW MANY HOW MUCH

କେମିତି କେବେଯାଏଁ/କେତେ ପର୍ଯ୍ୟନ୍ତ କେତୋଟି କେତେ ପରିମାଣ

1. ଆପଣଙ୍କ ହାଲ୍‌ଚାଲ କ'ଣ ?	How do you do?	ହାଓ ଡୁ ୟୁ ଡୁ ?
2. ଏବେ ଆପଣ କେମିତି ଅନୁଭବ କରୁଛନ୍ତି ?	How do you feel now?	ହାଓ ଡୁ ୟୁ ଫିଲ୍ ନାଓ ?
3. ଆପଣଙ୍କୁ କେମିତି ସତ୍ୟତା ଜଣାପଡ଼ିଲା ?	How did you come to know the truth?	ହାଓ ଡିଡ୍ ୟୁ କମ୍ ଟୁ ନୋ ଦ ଟ୍ରୁଥ୍ ?
4. ଆପଣ କେମିତି ଅଛନ୍ତି ?	How are you?	ହାଓ ଆର୍ ୟୁ ?
5. ଆପଣଙ୍କ ବୟସ କେତେ ?	How old are you?	ହାଓ ଓଲ୍ଡ ଆର୍ ୟୁ ?
6. ଏହା କେମିତି ସମ୍ଭବ ?	How is it possible?	ହାଓ ଇଜ୍ ଇଟ୍ ପସିବଲ୍ ?
7. ଆପଣଙ୍କ ପୁଅର ବୟସ କେତେ ?	How old is your son?	ହାଓ ଓଲ୍ଡ ଇଜ୍ ୟୋର୍ ସନ୍ ?
8. ଆପଣ କେମିତି ଏହାକୁ ପରିଚାଳନା କଲେ ?	How do you manage it?	ହାଓ ଡୁ ୟୁ ମେନେଜ୍ ଇଟ୍ ?
9. ଆପଣ ଭାରତରେ କେବେଠାରୁ ଅଛନ୍ତି ?	How long have you been in India?	ହାଓ ଲଙ୍ଗ୍ ହାଭ୍ ୟୁ ବିନ୍ ଇନ୍ ଇଣ୍ଡିଆ ?
10. ଆପଣଙ୍କ ମା' କେବେଠାରୁ ବେମାର ପଡ଼ିଛନ୍ତି ?	How long has your mother been sick?	ହାଓ ଲଙ୍ଗ୍ ହାଜ୍ ୟୋର୍ ମଦର୍ ବିନ୍ ସିକ୍ ?
11. ସେମାନେ କେତେ ସମୟ ପାଇଁ ରୁମ୍ ଚାହୁଁଛନ୍ତି ?	How long do they want the rooms for?	ହାଓ ଲଙ୍ଗ୍ ଡୁ ଦେ ୱାଣ୍ଟ ଦି ରୁମ୍‌ସ ଫର୍ ?

12. ଆପଣଙ୍କ ଘରଠାରୁ ଡାକଘର କେତେ ଦୂର ?	How long is the post-office from your residence?	ହାଓ ଲଙ୍ଗ୍ ଇଜ୍ ଦି ପୋଷ୍ଟ ଅଫିସ୍ ଫ୍ରମ୍ ୟୋର୍ ରେସିଡେନ୍ସ ?
13. ଏହି କୋଠରି କେତେ ଲମ୍ୱା ଅଟେ ?	How long is this room?	ହାଓ ଲଙ୍ଗ୍ ଇଜ୍ ଦିସ୍ ରୁମ୍ ?
14. ଏହିଠାରୁ ରାଜଧାନୀ କେତେ ଦୂରରେ ଅଛି ?	How long is the capital from here?	ହାଓ ଲଙ୍ଗ୍ ଇଜ୍ ଦି କ୍ୟାପିଟାଲ୍ ଫ୍ରମ୍ ହିୟର ?
15. ଆପଣଙ୍କ ପରିବାରରେ କେତେ ବ୍ୟକ୍ତି ଅଛନ୍ତି ?	How many family members have you?	ହାଓ ମେନି ଫ୍ୟାମିଲି ମେମ୍ବର୍ସ ହାଭ୍ ୟୁ ?
16. ଆପଣଙ୍କର କେତେ ଭାଇ-ଭଉଣୀ ଅଛନ୍ତି ?	How many brothers and sisters have you?	ହାଓ ମେନି ବ୍ରଦର୍ସ ଏଣ୍ଡ ସିଷ୍ଟର୍ସ ହାଭ୍ ୟୁ ?
17. ବସ୍‌ରେ କେତୋଟି ସିଟ୍ ଅଛି ?	How many seats are there in the bus?	ହାଓ ମେନି ସିଟ୍‌ସ ଆର୍ ଦେୟାର୍ ଇନ୍ ଦି ବସ୍ ?
18. କେତେ ଟଙ୍କା ଦେବାର ଅଛି ?	How much money is to be paid?	ହାଓ ମଚ୍ ମନୀ ଇଜ୍ ଟୁ ବି ପେଡ୍ ?
19. ମୁଣ୍ଡ ପିଛା ଆପଣ କେତେ ନେବେ ?	How much do you charge per head?	ହାଓ ମଚ୍ ଡୁ ୟୁ ଚାର୍ଜ ପର୍ ହେଡ୍ ?
20. କେତେ କ୍ଷୀର ଦରକାର ?	How much milk is required?	ହାଓ ମଚ୍ ମିଲ୍‌କ ଇଜ୍ ରିକ୍ୱାର୍ଡ ?

(2) WHICH

କେଉଁଟି

21. କେଉଁଟି ତୁମର ଛତା ଅଟେ ?	Which is your umbrella?	ହ୍ୱିଚ୍ ଇଜ୍ ୟୋର୍ ଅମ୍‌ବ୍ରେଲା ?
22. ତୁମେ ରବିବାର ଦିନ କେଉଁ ଫିଲ୍ମ ଦେଖିବ ?	Which film will you see on Sunday?	ହ୍ୱିଚ୍ ଫିଲ୍ମ ଉଇଲ୍ ୟୁ ସି ଅନ୍ ସନ୍‌ଡେ ?
23. କେଉଁ ରାସ୍ତାଟି ଠିକ୍ ଅଟେ ?	Which is the right way?	ହ୍ୱିଚ୍ ଇଜ୍ ଦି ରାଇଟ୍ ୱେ ?
24. ଟିକଟ ଘର କେଉଁଟି ?	Which is the booking office?	ହ୍ୱିଚ୍ ଇଜ୍ ଦି ବୁକିଙ୍ଗ୍ ଅଫିସ୍ ?
25. ତୁମର ମନପସନ୍ଦ ପୁସ୍ତକ କେଉଁଟି ?	Which is your favourite book?	ହ୍ୱିଚ୍ ଇଜ୍ ୟୋର୍ ଫେବରାଇଟ୍ ବୁକ୍ ?
26. କେଉଁ ପ୍ଲାଟ୍‌ଫର୍ମରେ ଫ୍ରଣ୍ଟିୟର ମେଲ୍ ଆସିବ ?	At which platform does the frontier mail arrive?	ଆଟ୍ ହ୍ୱିଚ୍ ପ୍ଲାଟ୍‌ଫର୍ମ ଡଜ୍ ଦି ଫ୍ରଣ୍ଟିୟର୍ ମେଲ୍ ଆରାଇଭ୍ ?

୩୦ତମ ସୋପାନ 30TH STEP

ନିଷେଧସୂଚକ ବାକ୍ୟ
NEGATIVE SENTENCES

Negative Sentences with

(1) NOT NO NEVER NOTHING SELDOM
ନାହିଁ ନା କଦାପି ନୁହେଁ କିଛି ନାହିଁ କଦାଚିତ୍/ପ୍ରାୟ ନୁହେଁ

	ଓଡ଼ିଆ	English	ଉଚ୍ଚାରଣ
1.	ମୋ ବାପାଙ୍କ ସ୍ୱାସ୍ଥ୍ୟ ଠିକ୍ ନାହିଁ ।	My father is not feeling well.	ମାଇଁ ଫାଦର ଇଜ୍ ନଟ୍ ଫିଲିଙ୍ଗ୍ ୱେଲ୍ ।
2.	ଆମେ ମୂର୍ଖ ନୁହେଁ ।	We are not fools.	ଉଇ ଆର୍ ନଟ୍ ଫୁଲ୍ସ ।
3.	ମୁଁ ଜାଣିନାହିଁ ଆପଣ କ'ଣ କହିଲେ ।	I don't know what you say.	ଆଇ ଡୋଣ୍ଟ ନୋ ହ୍ୱାଟ୍ ୟୁ ସେ ।
4.	ମୁଁ ଜାଣିନାହିଁ ସେ କିଏ ।	I don't know who she is.	ଆଇ ଡୋଣ୍ଟ ନୋ ହୁ ସି ଇଜ୍ ।
5.	ନା, ମୁଁ ବୁଝିପାରିଲି ନାହିଁ ।	No, I don't understand.	ନୋ, ଆଇ ଡୋଣ୍ଟ ଅଣ୍ଡରଷ୍ଟାଣ୍ଡ ।
6.	ମୁଁ ଏ ବାବଦରେ କିଛି ଜାଣିନାହିଁ ।	I know nothing about it.	ଆଇ ନୋ ନଥିଙ୍ଗ୍ ଏବାଉଟ୍ ଇଟ୍ ।
7.	କିଛି କଥା ନାହିଁ ।	Nothing in particular.	ନଥିଙ୍ଗ୍ ଇନ୍ ପାଟିକୁଲାର୍ ।
8.	ମୁଁ କିଛି ଇଚ୍ଛା କରିନାହିଁ ।	I did not want anything.	ଆଇ ଡିଡ୍ ନଟ୍ ୱାଣ୍ଟ ଏନିଥିଙ୍ଗ୍ ।
9.	ନା ମହାଶୟ, ମାଲିକ ଏପର୍ଯ୍ୟନ୍ତ ଆସି ନାହାନ୍ତି ।	No sir, the boss has not come yet.	ନୋ ସାର୍, ଦ ବସ୍ ହ୍ୟାଜ୍ ନଟ୍ କମ୍ ୟେଟ୍ ।
10.	ସାଧାରଣ ରାସ୍ତା ନାହିଁ ।	No thorough fare.	ନୋ ଥୋରୋ ଫେୟାର୍ ।
11.	ନା, ମୋର ମୁଣ୍ଡ ବିନ୍ଧୁଛି ।	No, I have a headache.	ନୋ, ଆଇ ହାବ୍ ଏ ହେଡେକ୍ ।
12.	ନା, ବିଲ୍‌କୁଲ ନୁହେଁ ।	No, not at all.	ନୋ, ନଟ୍ ଆଟ୍ ଅଲ୍ ।
13.	ସେ ବିଶ୍ୱାସର ପାତ୍ର ନୁହେଁ ।	She is not trustworthy.	ସି ଇଜ୍ ନଟ୍ ଟ୍ରଷ୍ଟୱର୍ଦି ।
14.	ଭୁକିଲା କୁକୁର କାମୁଡ଼େ ନାହିଁ । (ଯେଉଁମାନେ ଗରଜନ୍ତି ସେମାନେ ବରଷନ୍ତି ନାହିଁ ।)	Barking dogs seldom bite.	ବାର୍‌କିଙ୍ଗ୍ ଡଗ୍‌ସ ସେଲ୍‌ଡମ ବାଇଟ୍ ।

15.	କେହି ଏଭଳି ଅସଭ୍ୟ ବ୍ୟକ୍ତି ଦେଖି ନାହାନ୍ତି ।	One has never seen such an absurd man.	ୱାନ୍ ହାଜ୍ ନେଭର୍ ସିନ୍ ସଚ୍ ଆନ୍ ଆବ୍‌ସର୍ଡ ମ୍ୟାନ୍ ।
16.	ଏହାକୁ ଛୁଅଁ ନାହିଁ ।	Do not touch it.	ଡୁ ନଟ୍ ଟଚ୍ ଇଟ୍ ।

(2) Negative Sentences with Interrogation

ପ୍ରଶ୍ନ-ସହିତ ନିଷେଧସୂଚକ ବାକ୍ୟ

17.	ମୁଁ ଡେଇଁ ପାରିବି । ନୁହେଁ କି ?	I can jump. Can't I?	ଆଇ କାନ୍ ଜମ୍ପ୍ । କାଣ୍ଟ ଆଇ ?
18.	ଆମେ ଠିକ୍ ସମୟରେ ଫେରିଯିବା । ନୁହେଁ କି ?	We shall return in time. Shan't we?	ଉଇ ସାଲ୍ ରିଟର୍ଣ୍ଣ ଇନ୍ ଟାଇମ୍ । ସାଲ୍ ନଟ୍ ଉଇ ?
19.	ସେମାନେ ନିଶ୍ଚୟ ଆସିବେ । ନୁହେଁ କି ?	They will surely come. Won't they?	ଦେ ଉଇଲ୍ ସିଓର୍‌ଲି କମ୍ । ୱଣ୍ଟ ଦେ ?
20.	ସେମାନେ ମୂର୍ଖ ଅଟନ୍ତି । ନୁହେଁ କି ?	They are fools. Aren't they?	ଦେ ଆର୍ ଫୁଲ୍‌ସ । ଆର୍ ନଟ୍ ଦେ ?
21.	ତୁମେ ଅନ୍ୟମାନଙ୍କୁ ଗାଳି ଦେବା ଉଚିତ୍ ନୁହେଁ । ଦେବା ଉଚିତ କି ?	You should not abuse others. Should you?	ୟୁ ସୁଡ୍ ନଟ୍ ଆବ୍ୟୁଜ୍ ଅଦର୍ସ । ସୁଡ୍ ୟୁ ?
22.	ତୁମର ସିଗାରେଟ୍ ପିଇବା ବିଲ୍‌କୁଲ ଉଚିତ ନୁହେଁ । ପିଇବା ଉଚିତ୍ କି ?	You must not smoke. Must you?	ୟୁ ମଷ୍ଟ ନଟ୍ ସ୍ମୋକ୍ । ମଷ୍ଟ ୟୁ ?
23.	ପର୍ଯ୍ୟାପ୍ତ କ୍ଷୀର ଅଛି । ନୁହେଁ କି ?	There is enough milk. Isn't it?	ଦେଆର୍ ଇଜ୍ ଏନଫ୍ ମିଲ୍କ । ଇଜ୍ ନଟ୍ ଇଟ୍ ?
24.	କ'ଣ ତୁମେ ନିଜ ରୁମାଲ ଖୋଜି ପାଉନାହଁ ?	Can't you find your handkerchief?	କାଣ୍ଟ ୟୁ ଫାଇଣ୍ଡ ୟୋର୍ ହ୍ୟାଣ୍ଡକରଚିଫ୍ ?
25.	କ'ଣ ସେ ଏହାଠାରୁ ଭଲ କାମ କରିପାରି ନଥାନ୍ତା ?	Couldn't he have done better?	କୁଡ୍ ନଟ୍ ହି ହାଭ୍ ଡନ୍ ବେଟର୍ ?
26.	କ'ଣ ତୁମେ ଆମକୁ ଦେଖା କରିବାକୁ ଆସିପାରି ନଥାନ୍ତ ?	Won't you be able to come and see us?	ୱଣ୍ଟ ୟୁ ବି ଏବଲ୍ ଟୁ କମ୍ ଏଣ୍ଡ ସି ଅସ୍ ?
27.	କ'ଣ ତୁମେ ଏବେ ବୁଲିବାକୁ ଯାଉନାହଁ ?	Aren't you going to walk now?	ଆର୍ ନଟ୍ ୟୁ ଗୋଇଙ୍ଗ୍ ଟୁ ୱାକ୍ ନାଓ ?
28.	କ'ଣ ମତେ ତୁମକୁ ପୁଣିଥରେ କହିବାକୁ ପଡ଼ିବ ?	Must I tell you again?	ମଷ୍ଟ ଆଇ ଟେଲ୍ ୟୁ ଏଗେନ୍ ?

ଭାଗ ୪ - ପରିସ୍ଥିତିମୂଳକ ବାକ୍ୟ
PART-4 – SITUATIONAL SENTENCES

୩୧ତମ ସୋପାନ 31ST STEP

ଘରେ
AT HOME

1. ଆପଣ ବହୁଦିନ ପରେ ଦର୍ଶନ ଦେଲେ ।	You have come to visit after a long time.	ୟୁ ହାଭ୍ କମ୍ ଟୁ ଭିଜିଟ୍ ଆଫଟର୍ ଏ ଲଙ୍ଗ୍ ଟାଇମ୍ ।
2. ଆପଣ କାହିଁକି ଆସିଲେ ?	What brings you here?	ହ୍ୱାଟ୍ ବ୍ରିଙ୍ଗ୍ସ ୟୁ ହିୟର?
3. ମୋର ଆପଣଙ୍କ ଠାରୁ ପରାମର୍ଶ ନେବାର ଅଛି ।	I seek your advice.	ଆଇ ସୀକ୍ ୟୋର୍ ଆଡ୍‌ଭାଇସ୍ ।
4. ଏ ବିଷୟରେ ଆପଣଙ୍କ ମତ କ'ଣ ?	What is your opinion on this matter?	ହ୍ୱାଟ୍ ଇଜ୍ ୟୋର୍ ଓପିନିଅନ ଅନ୍ ଦିସ୍ ମ୍ୟାଟର୍ ?
5. ମୁଁ କିଛି ବିଶେଷ କାମ ପାଇଁ ଆସିଛି ।	I have come for some important matter.	ଆଇ ହାଭ୍ କମ୍ ଫର୍ ସମ୍ ଇମ୍ପୋଟାଣ୍ଟ ମ୍ୟାଟର୍ ।
6. ତା'ର ତୁମ ପାଖରେ ଗୋଟିଏ କାମ ଥିଲା ।	She had some work with you.	ସି ହାଡ୍ ସମ୍ ଓ୍ୱାର୍କ ଉଇଥ୍ ୟୁ ।
7. ଆଉ କେବେ ଆସ ।	Come some other time.	କମ୍ ସମ୍ ଅଦର୍ ଟାଇମ୍ ।
8. ଆପଣ ଦୁହେଁ ଆସିପାରନ୍ତି ।	Both of you may come.	ବୋଥ୍ ଅଫ୍ ୟୁ ମେ କମ୍'
9. କଥା ଦିଅ ଯେ ନିଶ୍ଚୟ ଆସିବ ।	Promise that you shall come.	ପ୍ରୋମିଜ୍ ଦ୍ୟାଟ୍ ୟୁ ସାଲ୍ କମ୍ ।

10. ମୁଁ ଆପଣଙ୍କ ନାମ ଭୁଲି ଯାଇଛି ।	I have forgotten your name.	ଆଇ ହାଭ୍ ଫରଗଟନ୍ ୟୋର୍ ନେମ୍ ।
11. ଆପଣ ଚିହ୍ନି ହେଉ ନାହାନ୍ତି ।	You are beyond recognition.	ୟୁ ଆର୍ ବିଅଣ୍ଡ ରେକଗ୍‌ନିସନ୍ ।
12. ଆଜି ସକାଳେ ମୋର ନିଦ ଶୀଘ୍ର ଭାଙ୍ଗିଲା ।	I woke up early this morning.	ଆଇ ୱକ୍ ଅପ୍ ୟାର୍ଲି ଦିସ୍ ମର୍ଣ୍ଣିଂ ।
13. ମୁଁ ଆପଣଙ୍କୁ ଉଠାଇବା ଉଚିତ ମନେକଲି ନାହିଁ ।	I did not think it proper to wake you up.	ଆଇ ଡିଡ୍ ନଟ୍ ଥିଙ୍କ୍ ଇଟ୍ ପ୍ରପର୍ ଟୁ ୱେକ୍ ୟୁ ଅପ୍ ।
14. ଆପଣ ଏ ପର୍ଯ୍ୟନ୍ତ ଉଜାଗର ଅଛନ୍ତି ?	Are you still awake?	ଆର୍ ୟୁ ଷ୍ଟିଲ୍ ଆୱେକ ?
15. ମୁଁ ଟିକିଏ ବିଶ୍ରାମ ନେବି।	I shall rest for a while.	ଆଇ ସାଲ୍ ରେଷ୍ଟ ଫର ଏ ହ୍ୱାଇଲ୍ ।
16. ସେମାନଙ୍କୁ ବିଶ୍ରାମ କରିବାକୁ ଦିଅନ୍ତୁ ।	Let them rest.	ଲେଟ୍ ଦେମ୍ ରେଷ୍ଟ ।
17. ମୁଁ ପୁଣି କେବେ ଆସିବି ।	I shall come some other time.	ଆଇ ସାଲ୍ କମ୍ ସମ୍ ଅଦର୍ ଟାଇମ୍ ।
18. ମୋତେ ନିଦ ଲାଗିଲାଣି ।	I am feeling sleepy.	ଆଇ ଆମ୍ ଫିଲିଙ୍ଗ୍ ସ୍ଲିପି ।
19. ଏବେ ବିଶ୍ରାମ ନିଅ ।	Go and take a rest.	ଗୋ ଏଣ୍ଡ ଟେକ୍ ଏ ରେଷ୍ଟ ।
20. ମୋତେ ଗଭୀର ନିଦ ଲାଗିଲାଣି ।	I feel very sleepy.	ଆଇ ଫିଲ୍ ଭେରି ସ୍ଲିପି ।
21. ଦୟାକରି ତାଙ୍କ ଆସିବାର ଖବର ମୋତେ ଦିଅନ୍ତୁ ।	Please inform me of her arrival.	ପ୍ଲିଜ୍ ଇନ୍‌ଫର୍ମ ମି ଅଫ୍ ହର୍ ଆରାଇଭାଲ ।
22. ସେ ବହୁ ପୂର୍ବରୁ ଚାଲି ଗଲାଣି ।	He left a long while ago.	ହି ଲେଫ୍ଟ ଏ ଲଙ୍ଗ୍ ହ୍ୱାଇଲ ଏଗୋ ।
23. ଆପଣ କାହିଁକି ଗଲେନାହିଁ ?	Why did you not go?	ହ୍ୱାଏ ଡିଡ୍ ୟୁ ନଟ୍ ଗୋ ?
24. ମୁଁ କୌଣସି ଜରୁରୀ କାମ ଯୋଗୁ ଯାଇପାରିଲି ନାହିଁ ।	I could not go because of some urgent work.	ଆଇ କୁଡ୍ ନଟ୍ ଗୋ ବିକଜ୍ ଅଫ୍ ସମ୍ ଅର୍‌ଜେଣ୍ଟ ୱାର୍କ ।

25. ଆପଣ ପହର ଦିନ କାହିଁକି ଆସିଲେ ନାହିଁ ?	Why did you not come the day before yesterday.	ହ୍ୱାଏ ଡିଡ୍ ୟୁ ନଟ୍ କମ୍ ଦି ଡେ ବିଫୋର୍ ୟଷ୍ଟରଡେ।
26. ଏକ ଜରୁରୀ କାମ ଆସି ଯାଇଥିଲା।	There was an urgent piece of work.	ଦେୟାର୍ ୱାଜ୍ ଆନ୍ ଅରଜେଣ୍ଟ ପିସ୍ ଅଫ୍ ୱାର୍କ।
27. ମୁଁ ସକାଳୁ ଘରୁ ବାହାରିଛି।	I have been out since morning.	ଆଇ ହାଭ୍ ବିନ୍ ଆଉଟ୍ ସିନ୍ସ ମର୍ଣ୍ଣିଙ୍ଗ୍।
28. ସେମାନେ ମୋତେ ଘରେ ଅପେକ୍ଷା କରିଥିବେ।	They must be waiting for me at home.	ଦେ ମଷ୍ଟ ବି ୱେଟିଙ୍ଗ୍ ଫର୍ ମି ଆଟ୍ ହୋମ୍।
29. ମୁଁ ଏବେ ଆଉ ରହି ପାରିବି ନାହିଁ।	I cannot stay any longer now.	ଆଇ କ୍ୟାନ୍ ନଟ୍ ଷ୍ଟେ ଏନି ଲଙ୍ଗର୍ ନାଓ।
30. ଆଚ୍ଛା ବିଦାୟ, ପୁଣି ଦେଖାହେବ।	Good bye, see you again.	ଗୁଡ୍ ବାଏ, ସି ୟୁ ଏଗେନ୍।

୩୨ତମ ସୋପାନ 32ND STEP

କିଣାବିକା
SHOPPING

1. ସେଣ୍ଟ୍ରାଲ ମାର୍କେଟ୍ କେଉଁଠି ଅଛି ?	Where is the Central Market?	ହ୍ୱେୟାର୍ ଇଜ୍ ଦି ସେଣ୍ଟ୍ରାଲ୍ ମାର୍କେଟ୍ ?
2. ମୋ ସାଙ୍ଗରେ ଚାଲ, ମୁଁ ସେହି ଜାଗାକୁ ଯାଉଛି।	I am going there, follow me.	ଆଇ ଆମ୍ ଗୋଇଙ୍ଗ୍ ଦେୟାର, ଫଲୋ ମି।
3. ମୁଁ କିଛି ପୋଷାକ କିଣିବାକୁ ଚାହୁଁଛି।	I want to purchase some clothes.	ଆଇ ୱାଣ୍ଟ ଟୁ ପରଚେଜ୍ ସମ୍ କ୍ଲୁଥେସ୍।
4. କେଉଁଟି ଶସ୍ତା ଏବଂ ସବୁଠାରୁ ଭଲ ଦୋକାନ ?	Which is the cheapest and best shop?	ହ୍ୱିଚ୍ ଇଜ୍ ଦି ଚିପେଷ୍ଟ ଏଣ୍ଡ ବେଷ୍ଟ ସପ୍ ?
5. ଆପଣଙ୍କ ପାଖରେ କେତେ ଟଙ୍କା ଅଛି ?	How much money have you?	ହାଓ ମଚ୍ ମନୀ ହାଭ୍ ୟୁ ?
6. ନିଜ ଆୟ ଠାରୁ ଅଧିକ ଖର୍ଚ୍ଚ କରନ୍ତୁ ନାହିଁ।	Don't spend more than you can afford.	ଡୋଣ୍ଟ ସ୍ପେଣ୍ଡ ମୋର୍ ଦ୍ୟାନ୍ ୟୁ କ୍ୟାନ୍ ଆଫୋର୍ଡ।

7. କ'ଣ ଗୋଟିଏ ଦାମ୍ ?	Is the price fixed?	ଇଜ୍ ଦି ପ୍ରାଇସ୍ ଫିକ୍ସଡ୍ ?
8. ସବୁଠାରୁ କମ୍ ଦାମ୍ କୁହନ୍ତୁ ।	State your minimum price.	ଷ୍ଟେଟ୍ ୟୋର୍ ମିନିମମ୍ ପ୍ରାଇସ୍ ।
9. କ'ଣ ଆପଣ ଏହାକୁ ସତୁରି ଟଙ୍କାରେ ଦେବେ ?	Will you give it for seventy rupees?	ୱିଲ୍ ୟୁ ଗିଭ୍ ଇଟ୍ ଫର ସେଭେନ୍‌ଟି ରୁପିଜ୍ ?
10. ଟଙ୍କା ଗଣି ନିଅନ୍ତୁ ।	Count the money.	କାଉଣ୍ଟ୍ ଦି ମନି ।
11. ବଳକା ପଇସା ଦିଅନ୍ତୁ ।	Give me the balance.	ଗିଭ୍ ମି ଦି ବାଲାନ୍ସ ।
12. ଆପଣ ମୋଜା ବିକୁଛନ୍ତି କି ?	Do you sell socks?	ଡୁ ୟୁ ସେଲ୍ ସକ୍ସ ?
13. ଏହାକୁ କଣ ନିଅନ୍ତୁ ।	Buy this one.	ବାଏ ଦିସ୍ ୱାନ୍ ।
14. ମତେ ଅନ୍ୟ ପ୍ରକାରର ଦେଖାନ୍ତୁ ।	Show me another variety.	ସୋ ମି ଏନାଦର୍ ଭେରାଇଟି ।
15. ମୋର ଏହା ଦରକାର ନାହିଁ ।	I do not want this.	ଆଇ ଡୁ ନଟ୍ ୱାଣ୍ଟ ଦିସ୍ ।
16. ଏତେ ଦାମିକା ନୁହେଁ ।	Not so costly.	ନଟ୍ ସୋ କଷ୍ଟଲୀ ।
17. ମୋର ଏହି ରଙ୍ଗର ଦରକାର ନାହିଁ ।	I do not want this colour.	ଆଇ ଡୁ ନଟ୍ ୱାଣ୍ଟ ଦିସ୍ କଲର୍ ।
18. ଏହାର ରଙ୍ଗ ଉଡ଼ିଯାଇଛି ।	It is faded.	ଇଟ୍ ଇଜ୍ ଫ୍ୟାଡେଡ୍ ।
19. ଏହା ଭଲ ଲାଗୁଛି ।	This is good.	ଦିସ୍ ଇଜ୍ ଗୁଡ୍ ।
20. ଏହା ବହୁତ ମହଙ୍ଗା ଅଟେ ।	It is very dear.	ଇଟ୍ ଇଜ୍ ଭେରି ଡିଅର୍ ।
21. ଏକଦମ୍ ଶସ୍ତା ।	Quite cheap.	କ୍ୱାଇଟ୍ ଚିପ୍ ।
22. କ'ଣ ଏହା ମରିବ ।	Will it shrink?	ୱିଲ୍ ଇଟ୍ ସ୍ରିଙ୍କ୍ ?
23. କ'ଣ ଆପଣ ଜୋତା ଦୋକାନ ଦେଖାଇ ପାରିବେ ?	Can you recommend a good shop for shoes?	କ୍ୟାନ୍ ୟୁ ରେକମେଣ୍ଡ ଏ ଗୁଡ୍ ସପ୍ ଫର୍ ସୁଜ୍ ?
24. ବାଟା ର ଜୋତା ବିଶ୍ୱାସ ଯୋଗ୍ୟ ଅଟେ ।	Bata shoes are quite reliable.	ବାଟା ସୁଜ୍ ଆର୍ କ୍ୱାଇଟ୍ ରେଲିଏବଲ୍ ।
25. କ'ଣ ଆପଣଙ୍କ ପାଇଁ ଆମେ ମଗେଇଦେବୁ ?	May we get it for you?	ମେ ଉଇ ଗେଟ୍ ଇଟ୍ ଫର୍ ୟୁ ?
26. କ'ଣ ସେହି ଦୋକାନ ଦୂରରେ ଅଛି ?	Is the shop far away?	ଇଜ୍ ଦି ସପ୍ ଫାର୍ ଆୱେ ?
27. ଗୋଟିଏ ହଳର ମୂଲ୍ୟ କେତେ ?	How much for a pair?	ହାଓ ମଚ ଫର୍ ଏ ପେୟାର୍ ?
28. ମୋ ବିଲ୍ କେଉଁଠି ଅଛି ?	Where is my bill?	ହ୍ୱେୟାର୍ ଇଜ୍ ମାଇଁ ବିଲ୍ ?

29. ପଇଠ କରିବାର କାଉଣ୍ଟର କେଉଁଠି ?	Which is the payment counter?	ହ୍ୱିଚ୍ ଇଜ୍ ଦି ପେମେଣ୍ଟ୍ କାଉଣ୍ଟର୍ ?
30. ଦୟାକରି ମୋତେ ଅଧିକ କମିସନ୍ ଦିଅନ୍ତୁ ।	Please give me the maximum discount.	ପ୍ଲିଜ୍ ଗିଭ୍ ମି ଦି ମାକ୍ସିମମ୍ ଡିସ୍କାଉଣ୍ଟ୍ ।
31. ଭୁଲ୍ ଭଟକା ସୁଧାର କରାଯିବ ।	The error or omission will be adjusted.	ଦି ଏରର୍ ଅର୍ ଓମିସନ୍ ୱିଲ୍ ବି ଆଡ୍‌ଜଷ୍ଟେଡ୍ ।

୩୩ତମ ସୋପାନ 33RD STEP

ହସ୍ତଶିଳ୍ପୀ
CRAFTSMEN

(1) ମୋଚି Cobbler

1.	ତୁମେ ମୋର ଜୋତା ମରାମତି କରିଦେଇଛ କି ?	Have you mended my shoes?	ହାଭ୍ ୟୁ ମେଣ୍ଡେଡ୍ ମାଇଁ ସୁଜ୍ ?
2.	ମୁଁ ମୋ ଜୋତାରେ ସୋଲ୍ ଲଗାଇବାକୁ ଚାହୁଁଛି ।	I want to get these shoes resoled.	ଆଇ ୱାଣ୍ଟ୍ ଟୁ ଗେଟ୍ ଦିଜ୍ ସୁଜ୍ ରିସୋଲ୍ଡ୍ ।
3.	ଆପଣ ସୋଲ୍ ଲଗାଇଦେଲେ କେତେ ନେଉଛନ୍ତି ?	What would you charge for resoling?	ହ୍ୱାଟ୍ ଉଡ୍ ୟୁ ଚାର୍ଜ ଫର୍ ରିସୋଲିଙ୍ଗ୍ ?
4.	କଣ୍ଟା ମାର ନାହିଁ, ସିଲେଇ କର ।	Don't use nails, stitch it.	ଡୋଣ୍ଟ୍ ୟୁଜ୍ ନେଲ୍ସ, ଷ୍ଟିଚ୍ ଇଟ୍ ।
5.	ମୋର ଧଳା ଫିତା ଦରକାର ।	I need white laces.	ଆଇ ନିଡ୍ ହ୍ୱାଇଟ୍ ଲେସେସ୍ ।

(2) ଘଣ୍ଟା ମରାମତି କରିବା ବ୍ୟକ୍ତି Watch-maker

6.	ଆପଣଙ୍କ ଘଣ୍ଟାର କ'ଣ ହୋଇଛି ?	What is wrong with your watch?	ହ୍ୱାଟ୍ ଇଜ୍ ରଙ୍ଗ୍ ୱିଥ୍ ୟୋର୍ ୱାଚ୍ ?
7.	ମୋ ଘଣ୍ଟା ଆଠ ମିନିଟ୍ ଆଗୁଆ ହୋଇଯାଉଛି ।	This watch gains eight minutes a day.	ଦିସ୍ ୱାଚ୍ ଗେନ୍ସ ଏଇଟ୍ ମିନିଟ୍ସ ଏ ଡେ ।

8. ସେହି ଘଣ୍ଟା ଚବିଶ ଘଣ୍ଟାରେ ଛଅ ମିନିଟ୍ ପଛୁଆ ହୋଇଯାଉଛି ।	That watch loses six minutes in 24 hours.	ଦ୍ୟାଟ୍ ୱାଚ୍ ଲସେସ୍ ସିକ୍ସ ମିନିଟ୍ସ ଇନ୍ ୨୪ ଆୱାର୍ସ ।
9. କ'ଣ ଏହା ତୁମ ହାତରୁ ପଡ଼ିଯାଇଥିଲା ?	Did you drop this watch?	ଡିଡ୍ ୟୁ ଡ୍ରପ୍ ଦିସ୍ ୱାଚ୍ ?
10. ଏହି ଘଣ୍ଟାର କଣ୍ଟା ପଡ଼ିଯାଇଛି ।	The hand of this watch is broken.	ଦି ହ୍ୟାଣ୍ଡ ଅଫ୍ ଦିସ୍ ୱାଚ୍ ଇଜ୍ ବ୍ରୋକନ୍ ।

(3) ଦର୍ଜି Tailor

11. କ'ଣ ଏଠାରେ କୌଣସି ଭଲ ଦର୍ଜି ଦୋକାନ ଅଛି ?	Is there any good tailor's shop?	ଇଜ୍ ଦେୟାର ଏନି ଗୁଡ୍ ଟେଲର୍ସ ସପ୍ ?
12. ମୁଁ ଗୋଟିଏ ସୁଟ୍ ସିଲେଇ କରିବାକୁ ଚାହୁଁଛି ।	I want to have a suit stitched.	ଆଇ ୱାଣ୍ଟ ଟୁ ହାଭ୍ ଏ ସୁଟ୍ ଷ୍ଟିଚେଡ୍ ।
13. କ'ଣ ଆପଣ ଢିଲା ଫିଟିଙ୍ଗ୍ ପସନ୍ଦ କରନ୍ତି ?	Would you like loose fitting.	ଉଡ୍ ୟୁ ଲାଇକ୍ ଲୁଜ୍ ଫିଟିଙ୍ଗ୍ ।
14. ନା, ମୁଁ ଯ୍ଟାଟ ଫିଟିଙ୍ଗ୍ ପସନ୍ଦ କରେ ।	No, I would like tight fitting.	ନୋ, ଆଇ ଉଡ୍ ଲାଇକ୍ ଟାଇଟ୍ ଫିଟିଙ୍ଗ୍ ।
15. କ'ଣ ସାର୍ଟ ସିଲେଇ ସରିଛି ?	Is the shirt ready?	ଇଜ୍ ଦି ସାର୍ଟ ରେଡି ?
16. ହଁ, କେବଳ ଇସ୍ତ୍ରୀ କରିବା ବାକି ଅଛି ।	Yes, I have only to iron it.	ୟେସ୍, ଆଇ ହାଭ୍ ଓନ୍‌ଲି ଟୁ ଆଇରନ୍ ଇଟ୍ ।

(4) ଭଣ୍ଡାରୀ Hair-dresser

17. ମୋତେ କେତେ ସମୟ ଅପେକ୍ଷା କରିବାକୁ ପଡ଼ିବ ?	How long do I have to wait?	ହାଓ ଲଙ୍ଗ୍ ଡୁ ଆଇ ହାଭ୍ ଟୁ ୱେଟ୍ ?
18. ଆପଣ ଖିଅର କରିବାକୁ କେତେ ନେଉଛନ୍ତି ?	What do you charge for a clean shave?	ହ୍ୱାଟ୍ ଡୁ ୟୁ ଚାର୍ଜ ଫର୍ ଏ କ୍ଲିନ୍ ସେଭ୍ ?
19. ଦୟାକରି ଖୁର ଧାର କରିନିଅନ୍ତୁ ।	Please sharpen the razor.	ପ୍ଲିଜ୍ ସାର୍‌ପେନ ଦି ରେଜର୍ ।
20. ତୁମ ଖୁରରେ ଧାର ନାହିଁ ।	Your razor is blunt.	ୟୋର୍ ରେଜର୍ ଇଜ୍ ବ୍ଲଣ୍ଟ୍ ।
21. ମୋ ବାଳ କାଟନ୍ତୁ, କିନ୍ତୁ ଅତି ଛୋଟ ନୁହେଁ ।	Cut my hair, but not too short.	କଟ୍ ମାଇଁ ହେୟାର୍, ବଟ୍ ନଟ୍ ଠୁ ସର୍ଟ ।

(5) ଦୋକାନୀ Grocer

22. ଏହା ଉଚିତ୍ ଦର ନେଉଥିବା ଦୋକାନ ଅଟେ ।	This is a fair price shop.	ଦିସ୍ ଇଜ୍ ଏ ଫେୟାର୍ ପ୍ରାଇସ୍ ସପ୍ ।

23. 'ଗୋଟିଏ ଦାମ' ଏବଂ 'ଉଧାର ନାହିଁ' ଏହା ଆମର ନୀତି ଅଟେ ।	'Fixed price' and 'No credit' these are our mottos.	'ଫିକ୍ସଡ୍ ପ୍ରାଇସ୍' ଏଣ୍ଡ 'ନୋ କ୍ରେଡିଟ୍' ଦିଜ୍ ଆର୍ ଆୱାର୍ ମୋଟୋଜ୍ ।
24. ଆମେ ଘରକୁ ଜିନିଷ ପହଞ୍ଚାଇ ଦେଉ ।	We arrange home delivery.	ଉଇ ଆରେଞ୍ଜ ହୋମ୍ ଡେଲିଭରୀ ।
25. ଦୟାକରି ମତେ ୧ କିଲୋ ଦେଶୀ ଘିଅ ଦିଅନ୍ତୁ ।	Please give me 1 kg. pure Desi Ghee.	ପ୍ଲିଜ୍ ଗିଭ୍ ମି ୧ କେଜି ପିୟୋର୍ ଦେଶୀ ଘୀ ।
26. କେତେ ପଇସା ହେଲା ?	How much is it?	ହାଓ ମଚ୍ ଇଜ୍ ଇଟ୍ ?

(6) ଡ୍ରାଏକ୍ଲିନର୍/ଧୋବା Dry Cleaner/Washerman

27. ମୋତେ ଏହି ପୋଷାକ ସପ୍ତାହକ ଭିତରେ ଦରକାର ।	I must have these clothes within a week.	ଆଇ ମଷ୍ଟ ହାଭ୍ ଦିଜ୍ କ୍ଲୋଥେସ୍ ୱିଦିନ୍ ଏ ୱିକ୍ ।
28. ମୁଁ ଏହି ସୁଟ୍ ଡ୍ରାଏକ୍ଲିନ୍ କରିବାକୁ ଚାହୁଁଛି ।	I want this suit dry cleaned.	ଆଇ ୱାଣ୍ଟ୍ ଦିସ୍ ସୁଟ୍ ଡ୍ରାଏ କ୍ଲିନ୍ଡ୍ ।
29. ଏହି ସାର୍ଟ ଠିକ୍ ଭାବେ ଧୁଆ ହୋଇନାହିଁ ।	This shirt is not properly washed.	ଦିସ୍ ସାର୍ଟ ଇଜ୍ ନଟ୍ ପ୍ରପର୍ଲୀ ୱାସ୍ଡ୍ ।
30. ଏଗୁଡ଼ିକ ରେଶମ କପଡ଼ା । ଏହାକୁ ସାବଧାନତାର ସହ ଧୋଇବ ।	These are silken clothes. Wash them carefully.	ଦିଜ୍ ଆର୍ ସିଲ୍କନ୍ କ୍ଲୋଥେସ୍ । ୱାସ୍ ଦେମ୍ କେୟାର୍‌ଫୁଲୀ ।
31. ପ୍ୟାଣ୍ଟ୍‌ଗୁଡ଼ିକ ଠିକ୍ ଭାବେ ଇସ୍ତ୍ରୀ ହୋଇନାହିଁ ।	The trousers are badly ironed.	ଦି ଟ୍ରାଉଜର୍ସ ଆର୍ ବ୍ୟାଡ୍‌ଲୀ ଆଇରନ୍ଡ୍ ।
32. ଏଗୁଡ଼ିକୁ ଫେରାଇ ନିଅ ।	You must take them back.	ୟୁ ମଷ୍ଟ ଟେକ୍ ଦେମ୍ ବ୍ୟାକ୍ ।
33. ତୁମେ ଅଧିକ ପଇସା କହୁଛ ।	Your charges are too much.	ୟୋର୍ ଚାର୍ଜେସ୍ ଆର୍ ଟୁ ମଚ୍ ।
34. ନିଃସନ୍ଦେହ, ଆମେ କାମ ମଧ୍ୟ ଠିକ୍ ସମୟରେ କରୁ ।	Of course, we have a prompt service.	ଅଫ୍ କୋର୍ସ, ଉଇ ହାଭ୍ ଏ ପ୍ରମ୍ପଟ ସର୍ଭିସ୍ ।

୩୪ତମ ସୋପାନ 34TH STEP

ଖାଦ୍ୟ ଏବଂ ପାନୀୟ
FOODS & DRINKS

1. ମତେ ଭୋକ ଲାଗୁଛି ।	I am feeling hungry.	ଆଇ ଆମ୍ ଫିଲିଙ୍ଗ୍ ହଙ୍ଗ୍ରୀ ।

2.	ମୋତେ ଭଲ ଖାଦ୍ୟ କେଉଁଠି ମିଳିପାରିବ ?	Where can I get a good meal?	ହ୍ୱେୟାର୍ କ୍ୟାନ୍ ଆଇ ଗେଟ୍ ଏ ଗୁଡ୍ ମିଲ୍ ?
3.	ଚାଲ, ଖାଦ୍ୟ ଖାଇବା ।	Come, let us take our food.	କମ୍, ଲେଟ୍ ଅସ୍ ଟେକ୍ ଆୱାର୍ ଫୁଡ୍ ।
4.	ଆପଣ କ'ଣ ଖାଇବେ ?	What will you have?	ହ୍ୱାଟ୍ ୱିଲ୍ ୟୁ ହାଭ୍ ?
5.	ମତେ ମେନ୍ୟୁ ଦିଅନ୍ତୁ ।	Please give me the menu.	ପ୍ଲିଜ୍ ଗିଭ୍ ମି ଦି ମେନ୍ୟୁ ।
6.	ଜଳଖିଆ ପ୍ରସ୍ତୁତ କରନ୍ତୁ ।	Get the breakfast ready.	ଗେଟ୍ ଦି ବ୍ରେକ୍‌ଫାଷ୍ଟ ରେଡି ।
7.	ଆଜି ଆପଣ ଆମ ସହ ଖାଦ୍ୟ ଖାଆନ୍ତୁ ।	Please have your food with us today.	ପ୍ଲିଜ୍ ହାଭ୍ ୟୋର୍ ଫୁଡ୍ ୱିଥ୍ ଅସ୍ ଟୁଡେ ।
8.	କ'ଣ ଆପଣଙ୍କ ପାଖରେ କିଛି ବିଶେଷ ଆହାର ଅଛି ?	Do you have a special diet?	ଡୁ ୟୁ ହାଭ୍ ଏ ସ୍ପେସିଆଲ୍ ଡାଏଟ୍ ?
9.	ଆପଣଙ୍କୁ ମିଠା ଜିନିଷ ପସନ୍ଦ ନା ଲୁଣିଆ ?	Do you prefer sweet or salty dish?	ଡୁ ୟୁ ପ୍ରିଫର ସୁଇଟ୍ ଅର ସାଲ୍‌ଟୀ ଡିସ୍ ?
10.	ମୋତେ ଗୁଜରାତୀ ଭୋଜନ ଦିଅନ୍ତୁ ।	Please give me Gujrati dishes.	ପ୍ଲିଜ୍ ଗିଭ୍ ମି ଗୁଜରାଟୀ ଡିସେସ୍ ।
11.	ମୋତେ ଲୁଣ ଏବଂ ଲଙ୍କା ଦିଅନ୍ତୁ ।	Please give me salt and pepper.	ପ୍ଲିଜ୍ ଗିଭ୍ ମି ସଲ୍ଟ ଏଣ୍ଡ ପିପର୍ ।
12.	ଆମ୍ବ ମୋର ପ୍ରିୟ ଫଳ ଅଟେ ।	The mango is my favourite fruit.	ଦି ମ୍ୟାଙ୍ଗୋ ଇଜ୍ ମାଇଁ ଫେବରାଇଟ୍ ଫ୍ରୁଟ୍ ।
13.	ଆପଣ କ'ଣ ଖାଇବାକୁ ପସନ୍ଦ କରିବେ - ଦେଶୀ ନା ବିଦେଶୀ ଭୋଜନ ?	What would you prefer --Indian or Continental food?	ହ୍ୱାଟ୍ ଉଡ୍ ୟୁ ପ୍ରିଫର୍ - ଇଣ୍ଡିଆନ୍ ଅର୍ କଣ୍ଟିନେଣ୍ଟାଲ୍ ଫୁଡ୍ ?
14.	ଆପଣ କ'ଣ ପିଇବାକୁ ପସନ୍ଦ କରିବେ- କାମ୍ପା ନା ଲିମ୍‌କା ?	Which drink would you like to have– Campa or Limca?	ହ୍ୱିଚ୍ ଡ୍ରିଙ୍କ୍ ଉଡ୍ ୟୁ ଲାଇକ୍ ଟୁ ହାଭ୍ - କାମ୍ପା ଅର୍ ଲିମ୍‌କା ?
15.	ମୋତେ ଏକ କପ୍ କଫି ଦିଅନ୍ତୁ ।	Please give me a cup of coffee.	ପ୍ଲିଜ୍ ଗିଭ୍ ମି ଏ କପ୍ ଅଫ୍ କଫୀ ।
16.	କ'ଣ ଆପଣ ମଦ ପିଇବେ ?	Would you like to have whisky?	ଉଡ୍ ୟୁ ଲାଇକ୍ ଟୁ ହାଭ୍ ହ୍ୱିସ୍‌କୀ ?
17.	ନା ମହାଶୟ, ମୁଁ ବିୟର ପିଇବି ।	No sir, I will drink beer.	ନୋ ସାର, ଆଇ ୱିଲ ଡ୍ରିଙ୍କ୍ ବିୟର୍ ।
18.	ଆଉ ଟିକେ ପାଣି ଦିଅନ୍ତୁ ।	Give me a little more water.	ଗିଭ୍ ମି ଏ ଲିଟିଲ୍ ମୋର୍ ୱାଟର୍ ।

19. ମୁଁ ଶାକାହାରୀ ଅଟେ, ମୁଁ ମାଂସାହାରୀ ଆହାର ଖାଇ ପାରିବି ନାହିଁ ।	I am vegetarian, I cannot take non-vegetarian dish.	ଆଇ ଆମ୍ ଭେଜିଟେରିଆନ୍, ଆଇ କ୍ୟାନ୍ ନଟ୍ ଟେକ୍ ନନ୍-ଭେଜିଟେରିଆନ୍ ଡିସ୍ ।
20. ଖାଦ୍ୟ ପରସା ଗଲାଣି ।	Food has been served.	ଫୁଡ୍ ହାଜ୍ ବିନ୍ ସର୍ଭ୍‌ଡ୍ ।
21. ଖାଦ୍ୟ ବହୁତ ସ୍ୱାଦିଷ୍ଟ ହୋଇଛି ।	The food is quite tasty.	ଦି ଫୁଡ୍ ଇଜ୍ କ୍ୱାଇଟ୍ ଟେଷ୍ଟୀ ।
22. ଆପଣ ତ କିଛି ଖାଇ ନାହାନ୍ତି ।	You have eaten very little.	ୟୁ ହାଭ୍ ଇଟେନ୍ ଭେରୀ ଲିଟିଲ୍ ।
23. କୌଣସି କ୍ଷୁଧା ଉଦ୍ଦୀପକ ପାନୀୟ ଦିଅନ୍ତୁ ।	Please give me some appetizer.	ପ୍ଲିଜ୍ ଗିଭ୍ ମି ସମ୍ ଆପେଟାଇଜର୍ ।
24. ମୋତେ ଗୋଟିଏ ଭୋଜିକୁ ଯିବାର ଅଛି ।	I have to go to a party.	ଆଇ ହାଭ୍ ଟୁ ଗୋ ଟୁ ଏ ପାର୍ଟି ।
25. ଆମ ପାଇଁ କିଛି କ୍ଷୀର ଆଣ ।	Please bring some milk for me.	ପ୍ଲିଜ୍ ବ୍ରିଙ୍ଗ୍ ସମ୍ ମିଲ୍କ ଫର୍ ମି ।
26. କ୍ଷୀରରେ ଚିନି କମ୍ ପକାନ୍ତୁ ।	Please put only a little sugar in the milk.	ପ୍ଲିଜ୍ ପୁଟ୍ ଓନ୍‌ଲୀ ଏ ଲିଟିଲ୍ ସୁଗାର୍ ଇନ୍ ଦି ମିଲ୍କ ।
27. ନିଅ, ସର୍ବତ ପିଅ ।	Please have this soft drink.	ପ୍ଲିଜ୍ ହାଭ୍ ଦିସ୍ ସଫ୍ଟ ଡ୍ରିଙ୍କ୍ ।
28. ଆଉ ଟିକିଏ ନିଅନ୍ତୁ ।	Have a little more.	ହାଭ୍ ଏ ଲିଟିଲ୍ ମୋର୍ ।
29. ଏକ କପ୍ ଚାହା ନିଅନ୍ତୁ ।	Bring a cup of tea.	ବ୍ରିଙ୍ଗ୍ ଏ କପ୍ ଅଫ୍ ଟି ।
30. ମୋତେ ଚାହା ଭଲ ଲାଗେନାହିଁ ।	I don't like tea.	ଆଇ ଡୋଣ୍ଟ୍ ଲାଇକ୍ ଟି ।
31. ଧନ୍ୟବାଦ, ମୁଁ ବହୁତ ତୃପ୍ତ ହୋଇଗଲିଣି ।	Thanks, I am fully gratified.	ଥ୍ୟାଙ୍କ୍ସ, ଆଇ ଆମ୍ ଫୁଲ୍‌ଲୀ ଗ୍ରାଟିଫାଏଡ୍ ।
32. ବିଲ୍ ଆଣନ୍ତୁ ।	Please give me the bill.	ପ୍ଲିଜ୍ ଗିଭ୍ ମି ଦି ବିଲ୍ ।
33. କ'ଣ ଏଥିରେ ସେବା-କର ଲଗାଯାଇଛି ?	Is the service charge included?	ଇଜ୍ ଦି ସର୍ଭିସ୍ ଚାର୍ଜ ଇନ୍‌କ୍ଲୁଡେଡ୍ ?
34. ନା ମହାଶୟ, ତାହା ଅଲଗା ଅଛି ।	No sir, that is extra.	ନୋ ସାର୍, ଦ୍ୟାଟ୍ ଇଜ୍ ଏକ୍ସଟ୍ରା ।
35. ମୋତେ ହାତ ଧୋଇବାରେ ସାହାଯ୍ୟ କରନ୍ତୁ ।	Please help me to wash my hands.	ପ୍ଲିଜ୍ ହେଲ୍ପ ମି ଟୁ ୱାସ୍ ମାଇଁ ହ୍ୟାଣ୍ଡସ୍ ।

୩୫ତମ ସୋପାନ 35TH STEP

ହୋଟେଲ ଏବଂ ରେଷ୍ଟୁରାଣ୍ଟ୍
HOTEL & RESTAURANT

1. କେଉଁଟି ଏହି ସହରର ସବୁଠୁ ଭଲ ହୋଟେଲ ?	Which is the best hotel in this city?	ହ୍ୱିଚ୍ ଇଜ୍ ଦି ବେଷ୍ଟ ହୋଟେଲ୍ ଇନ୍ ଦିସ୍ ସିଟୀ ?
2. ମୋତେ ଗାଧୁଆ ଘର ଥିବା ଗୋଟିଏ ବେଡ୍ ବିଶିଷ୍ଟ କୋଠରି ଦରକାର ।	I need a single bedroom with attached bath.	ଆଇ ନିଡ୍ ଏ ସିଙ୍ଗଲ୍ ବେଡ୍‌ରୁମ୍ ୱିଥ୍ ଆଟାଚ୍‌ଡ୍ ବାଥ୍ ।
3. ଏହି କୋଠରି କ'ଣ ଆପଣଙ୍କର ପସନ୍ଦ ?	Will this room suit you?	ୱିଲ୍ ଦିସ୍ ରୁମ୍ ସୁଟ୍ ୟୁ ?
4. ଏହି କୋଠରିର ଗୋଟିଏ ଦିନର ଭଡ଼ା କେତେ ?	How much does this room cost per day?	ହାଓ ମଚ୍ ଡଜ୍ ଦିସ୍ ରୁମ୍ କଷ୍ଟ ପର୍ ଡେ ?
5. ମୁଁ ଦୁଇ ସପ୍ତାହ ପର୍ଯ୍ୟନ୍ତ ରହିବି ।	I shall stay for two weeks.	ଆଇ ସାଲ୍ ଷ୍ଟେ ଫର୍ ଟୁ ୱିକ୍ସ୍ ।
6. ଏହି କୋଠରିର ଭଡ଼ା ଦିନକୁ ତିରିଶ ଟଙ୍କା ଅଟେ ।	The charges for the room is thirty rupees per day.	ଦି ଚାର୍ଜେସ୍ ଫର୍ ଦି ରୁମ୍ ଇଜ୍ ଥାର୍ଟି ରୁପିଜ୍ ପର୍ ଡେ ।
7. କ'ଣ ମୁଁ ଗରମ ପାଣିରେ ଗାଧୋଇ ପାରିବି ?	Can I have a hot water bath?	କ୍ୟାନ୍ ଆଇ ହାଭ୍ ଏ ହଟ୍ ୱାଟର୍ ବାଥ୍ ?
8. ସେବକକୁ ମୋ କୋଠରିକୁ ପଠାନ୍ତୁ ।	Send the room boy to me.	ସେଣ୍ଡ ଦି ରୁମ୍ ବଏ ଟୁ ମି ।
9. କ'ଣ ମୋ ପାଇଁ କୌଣସି ଚିଠି ଅଛି ?	Is there any letter for me?	ଇଜ୍ ଦେୟାର୍ ଏନି ଲେଟର୍ ଫର୍ ମି ?
10. ମୋତେ ଅନ୍ୟ ଏକ କମ୍ବଳ ଦରକାର ।	I want another blanket.	ଆଇ ୱାଣ୍ଟ ଏନାଦର୍ ବ୍ଲାଙ୍କେଟ୍ ।
11. ଚଦର ବଦଳାଇ ଦିଅନ୍ତୁ ।	Change the sheets.	ଚେଞ୍ଜ ଦି ସିଟ୍ସ ।
12. ମୋତେ ଆଉ ଗୋଟିଏ ତକିଆ ଦରକାର ।	I want one more pillow.	ଆଇ ୱାଣ୍ଟ ୱାନ୍ ମୋର୍ ପିଲୋ ।
13. କ'ଣ ମୋ ପାଇଁ କୌଣସି ଫୋନ୍ ଅଛି ?	Is there any phone for me?	ଇଜ୍ ଦେୟାର୍ ଏନି ଫୋନ୍ ଫର୍ ମି ?

14. ଦୟାକରି କୋଠରି ସଫା କରାଇ ଦିଅନ୍ତୁ ।	Please have the room swept.	ପ୍ଲିଜ୍ ହାଭ୍ ଦି ରୁମ୍ ସ୍ୱେପ୍ଟ ।
15. ଦୟାକରି ଡାକଘରୁ କିଛି ଡାକ ଟିକଟ ମଗାଇ ଦିଅନ୍ତୁ ।	Please bring some postage stamps from the post office.	ପ୍ଲିଜ୍ ବ୍ରିଙ୍ଗ୍ ସମ୍ ପୋଷ୍ଟେଜ୍ ଷ୍ଟାମ୍ପ ଫ୍ରମ୍ ଦି ପୋଷ୍ଟ ଅଫିସ୍ ।
16. ମୋ ପାଇଁ କିଛି ଫଳ ନେଇ ଆସିବେ ।	Bring some fruits for me.	ବ୍ରିଙ୍ଗ ସମ୍ ଫ୍ରୁଟ୍ସ ଫର୍ ମି ।
17. ଦୟାକରି ଦ୍ୱିପ୍ରହରର ଭୋଜନ ଗୋଟାଏ ବେଳେ ଏବଂ ରାତିର ଭୋଜନ ନଅଟାରେ ଦିଅନ୍ତୁ ।	Please give me lunch at 1P.M. and dinner at 9 P.M.	ପ୍ଲିଜ୍ ଗିଭ୍ ମି ଲଞ୍ଚ୍ ଆଟ୍ ୧ ପି.ଏମ୍. ଏଣ୍ଡ ଡିନର୍ ଆଟ୍ ୯ ପି.ଏମ୍.
18. ଦ୍ୱିପ୍ରହର ଏବଂ ରାତିର ଭୋଜନ ପାଇଁ କେତେ ଟଙ୍କା ଲାଗିବ ?	What are the charges for lunch and dinner?	ହ୍ୱାଟ୍ ଆର୍ ଦି ଚାର୍ଜେସ୍ ଫର୍ ଲଞ୍ଚ୍ ଏଣ୍ଡ ଡିନର୍ ?
19. ଆମେ ପ୍ରତ୍ୟେକ ମିଲ୍ ପାଇଁ ସାତ ଟଙ୍କା ନେଉ ।	We charge seven rupees for each meal.	ଉଇ ଚାର୍ଜ ସେଭେନ୍ ରୁପିଜ୍ ଫର୍ ଇଚ୍ ମିଲ୍ ।
20. କ'ଣ ଏଠାରେ ପହଁରିବା ପାଇଁ ପୋଖରୀ ଅଛି ?	Have you a swimming pool?	ହାଭ୍ ୟୁ ଏ ସ୍ୱିମିଙ୍ଗ୍ ପୁଲ୍ ?
21. କ'ଣ ପହଁରିବା ପାଇଁ ଅଲଗା ପଇସା ନିଅନ୍ତି ?	Is there an extra charge for swimming?	ଇଜ୍ ଦେୟାର୍ ଏନ୍ ଏକ୍ସଟ୍ରା ଚାର୍ଜ ଫର୍ ସ୍ୱିମିଙ୍ଗ୍ ?
22. ହୋଟେଲ କ'ଣ ଚବିଶ ଘଣ୍ଟା ଖୋଲା ରହେ ।	Is the hotel open for twenty four hours?	ଇଜ୍ ଦି ହୋଟେଲ୍ ଓପନ୍ ଫର୍ ଟୁଏଣ୍ଟି ଫୋର୍ ଆୱାର୍ସ ?
23. ମୁଁ କାଲି ସକାଳୁ ଶୀଘ୍ର ଚାଲିଯିବି ।	I shall leave early tomorrow.	ଆଇ ସାଲ୍ ଲିଭ୍ ୟାରଲୀ ଟୁମରୋ ।
24. ବିଲ୍ ଆଣନ୍ତୁ ।	Bring the bill.	ବ୍ରିଙ୍ଗ୍ ଦି ବିଲ୍ ।
25. ଏହି ବିଲ୍ ଭୁଲ୍ ଅଛି ।	There is a mistake in the bill.	ଦେୟାର୍ ଇଜ୍ ଏ ମିସ୍ଟେକ୍ ଇନ୍ ଦି ବିଲ୍ ।
26. ମୁଁ କେବେ ମଦ ମଗାଇ ନାହିଁ ।	I never ordered the wine.	ଆଇ ନେଭର୍ ଅର୍ଡର୍ଡ ଦି ୱାଇନ୍ ।
27. ଆପଣ ବିଲ୍‌ରେ ଭୁଲ୍ ବଶତଃ ମଦର ପଇସା ଲେଖିଛନ୍ତି ।	You have included wine in the bill wrongly.	ୟୁ ହାଭ୍ ଇନ୍‌କ୍ଲୁଡେଡ୍ ୱାଇନ୍ ଇନ୍ ଦି ବିଲ୍ ରଙ୍ଗ୍‌ଲୀ ।
28. କୁଲିକୁ ଡାକନ୍ତୁ ।	Call the porter.	କଲ୍ ଦି ପୋର୍ଟର୍ ।

29. କ'ଣ ଆପଣ ଚେକ୍ ନେଉଛନ୍ତି ?	Do you accept cheques?	ଡୁ ୟୁ ଆକ୍‌ସେପ୍ଟ ଚାକ୍ସ୍ ?
30. ନା, ଆମେ କେବଳ ନଗଦ ଟଙ୍କା ନେଉ ।	No, we accept only cash.	ନୋ, ଉଇ ଆକ୍‌ସେପ୍ଟ ଓନ୍‌ଲୀ କ୍ୟାସ୍ ।
31. ଦୟାକରି ମୋ ପାଇଁ ଟାକ୍ସି ମଗାନ୍ତୁ ।	Please get me a taxi.	ପ୍ଲିଜ୍ ଗେଟ୍ ମି ଏ ଟ୍ୟାକ୍ସି ।
32. ଦୟାକରି ଏୟାରପୋର୍ଟକୁ ଫୋନ୍ କରି ଦିଲ୍ଲୀ ଯାଉଥିବା ଫ୍ଲାଇଟ୍‌ର ସମୟ ପଚାରନ୍ତୁ ।	Please ring to the airport to know the time of the Delhi flight.	ପ୍ଲିଜ୍ ରିଙ୍ଗ୍ ଟୁ ଦି ଏୟାର୍‌ପୋର୍ଟ ଟୁ ନୋ ଦି ଟାଇମ୍ ଅଫ୍ ଦି ଡେଲ୍ଲୀ ଫ୍ଲାଇଟ୍ ।
33. ମୁଁ ଆଗାମୀ ମାସରେ ପୁଣି ଆସିବି ।	I shall come again next month.	ଆଇ ସାଲ୍ କମ୍ ଏଗେନ୍ ନେକ୍ସଟ୍ ମନ୍ଥ ।
34. ଉତ୍ତମ ସେବା ପାଇଁ ଆପଣଙ୍କୁ ଧନ୍ୟବାଦ !	Thanks for the excellent services provided by you.	ଥ୍ୟାଙ୍କ୍‌ସ୍ ଫର୍ ଦି ଏକ୍ସିଲେଣ୍ଟ ସର୍ଭିସେସ୍ ପ୍ରୋଭାଇଡେଡ୍ ବାଏ ୟୁ ।
35. ଆପଣଙ୍କୁ ସ୍ୱାଗତ, ମହାଶୟ ।	You are welcome, sir.	ୟୁ ଆର୍ ୱେଲ୍‌କମ୍, ସାର୍ ।

୩୬ତମ ସୋପାନ 36TH STEP

ଡାକଘର/ଟେଲିଫୋନ୍/ବ୍ୟାଙ୍କ POST OFFICE/ TELEPHONE/BANK

ଡାକଘର Post Office

1. ଡାକଘର କେଉଁଠି ଅଛି ?	Where can I find a post office?	ହ୍ୱେୟାର୍ କ୍ୟାନ୍ ଆଇ ଫାଇଣ୍ଡ୍ ଏ ପୋଷ୍ଟ ଅଫିସ୍ ?
2. ଦୟାକରି ଏହି ପାର୍ସେଲ୍‌କୁ ଓଜନ କରନ୍ତୁ ।	Please weigh this parcel.	ପ୍ଲିଜ୍ ୱେ ଦିସ୍ ପାର୍‌ସଲ୍ ।
3. ମୁଁ ମନିଅର୍ଡର ଦ୍ୱାରା କିଛି ପଇସା ପଠାଇବାକୁ ଚାହୁଁଛି ।	I want to send some money by money order.	ଆଇ ୱାଣ୍ଟ୍ ଟୁ ସେଣ୍ଡ୍ ସମ୍ ମନୀ ବାଏ ମନୀ ଅର୍ଡର୍ ।

4. ମୁଁ କେବଳ ଦୁଇଶହ ଟଙ୍କା ଜମା କରିବାକୁ ଚାହୁଁଛି ।	I want to deposit Rs. two hundred only.	ଆଇ ୱାଣ୍ଟ୍ ଟୁ ଡିପୋଜିଟ୍ ରୁପିଜ୍ ଟୁ ହଣ୍ଡ୍ରେଡ୍ ଓନ୍‌ଲୀ ।
5. ମୁଁ କେବଳ ତିନିଶହ ଟଙ୍କା ଉଠାଇବାକୁ ଚାହୁଁଛି ।	I want to draw out Rs. three hundred only.	ଆଇ ୱାଣ୍ଟ୍ ଟୁ ଡ୍ର ଆଉଟ୍ ରୁପିଜ୍ ଥ୍ରୀ ହଣ୍ଡ୍ରେଡ୍ ଓନ୍‌ଲୀ ।
6. ଦୟାକରି ମୋତେ ଗୋଟିଏ ଅନ୍ତର୍ଦେଶୀୟ ପତ୍ର ଦିଅନ୍ତୁ ।	Please give me an Inland Letter.	ପ୍ଲିଜ୍ ଗିଭ୍ ମି ଏନ୍ ଇନ୍‌ଲାଣ୍ଡ୍ ଲେଟର୍ ।
7. ଗୋଟିଏ ଲଫାପାର ମୂଲ୍ୟ କେତେ ?	How much does an envelope cost?	ହାଓ ମଚ୍ ଡଜ୍ ଏନ୍ ଏନ୍‌ଭଲପ୍ କଷ୍ଟ ?
8. ମୁଁ ଏହାକୁ ରେଜିଷ୍ଟର୍ଡ ଡାକ ଦ୍ୱାରା ପଠାଇବାକୁ ଚାହୁଁଛି ।	I want to send it by registered post.	ଆଇ ୱାଣ୍ଟ୍ ଟୁ ସେଣ୍ଡ୍ ଇଟ୍ ବାଏ ରେଜିଷ୍ଟର୍ଡ ପୋଷ୍ଟ ।
9. ମୁଁ ଗୋଟିଏ ପୋଷ୍ଟକାର୍ଡ ପାଇଁ କେତେ ପଇସା ଦେବି ?	How much should I give for a post card?	ହାଓ ମଚ୍ ସୁଡ୍ ଆଇ ଗିଭ୍ ଫର୍ ଏ ପୋଷ୍ଟ କାର୍ଡ ?
10. ଦୟାକରି ମୋତେ ଗୋଟିଏ ଟଙ୍କାର ଡାକ-ଟିକଟ ଦିଅନ୍ତୁ ।	Please give me a one rupee postal stamp.	ପ୍ଲିଜ୍ ଗିଭ୍ ମି ଏ ୱାନ୍ ରୁପୀ ପୋଷ୍ଟାଲ୍ ଷ୍ଟାମ୍ପ୍ ।
11. ମୁଁ ଗୋଟିଏ ଟେଲିଗ୍ରାମ୍ ଦେବାକୁ ଚାହୁଁଛି ।	I want to send a telegram.	ଆଇ ୱାଣ୍ଟ୍ ଟୁ ସେଣ୍ଡ୍ ଏ ଟେଲିଗ୍ରାମ୍ ।
12. ମୁଁ ତାରବାର୍ତ୍ତା ଦ୍ୱାରା ପଇସା ପଠାଇବାକୁ ଚାହୁଁଛି ।	I want to send some money telegraphically.	ଆଇ ୱାଣ୍ଟ୍ ଟୁ ସେଣ୍ଡ୍ ସମ୍ ମନୀ ଟେଲିଗ୍ରାଫିକାଲୀ ।
13. ଦୟାକରି ମୋତେ ଫ୍ରାନ୍ସ ପାଇଁ ଡାକ-ପତ୍ର ଦିଅନ୍ତୁ ।	Please give me an aerogram for France.	ପ୍ଲିଜ୍ ଗିଭ୍ ମି ଏନ୍ ଏରୋଗ୍ରାମ୍ ଫର୍ ଫ୍ରାନ୍ସ ।
14. ଦୟାକରି ମୋତେ ଟେଲିଫୋନ ଡିରେକ୍ଟୋରୀ ଦିଅନ୍ତୁ ।	Please give me the telephone directory.	ପ୍ଲିଜ୍ ଗିଭ୍ ମି ଦି ଟେଲିଫୋନ୍ ଡିରେକ୍ଟୋରୀ ।

ଟେଲିଫୋନ୍ (ଦୂରଭାଷ) Telephone

15. ମୁଁ କେଉଁଠୁ ଟେଲିଫୋନ୍ କରିପାରିବି ?	Where can I give a call?	ହ୍ୱେୟାର୍ କ୍ୟାନ୍ ଆଇ ଗିଭ୍ ଏ କଲ୍ ?
16. ଏହି ଟେଲିଫୋନ୍ ଖରାପ ଅଛି ।	This telephone is out of order.	ଦିସ୍ ଟେଲିଫୋନ୍ ଇଜ୍ ଆଉଟ୍ ଅଫ୍ ଅର୍ଡର୍ ।

17. ମୁଁ ଭୁବନେଶ୍ୱର ପାଇଁ ଏକ ଟ୍ରଙ୍କ୍ କଲ୍ କରିବାକୁ ଚାହୁଁଛି ।	I want to book a trunk call for Bhubaneswar.	ଆଇ ୱାଣ୍ଟ୍ ଟୁ ବୁକ୍ ଏ ଟ୍ରଙ୍କ୍ କଲ୍ ଫର ଭୁବନେଶ୍ୱର ।
18. ହେଲୋ ! ମୁଁ ଆଭା କହୁଛି ।	Hello, this is Abha here.	ହେଲୋ, ଦିସ୍ ଇଜ୍ ଆଭା ହିୟର୍ ।
19. ମିନାକ୍ଷୀଙ୍କୁ ଡାକି ଦିଅନ୍ତୁ ।	May I talk to Minakshi?	ମେ ଆଇ ଟକ୍ ଟୁ ମିନାକ୍ଷୀ ?
20. ହେଲୋ, ମିନାକ୍ଷୀ କହୁଛି ।	Hello, Minakshi speaking.	ହେଲୋ, ମିନାକ୍ଷୀ ସ୍ପିକିଙ୍ଗ୍ ।
21. ଦୟାକରି ଆଠଟାରେ ଫୋନ୍ କରନ୍ତୁ ।	Please ring me at 8 o'clock.	ପ୍ଲିଜ୍ ରିଙ୍ଗ୍ ମି ଆଟ୍ 8 ଓ କ୍ଲକ୍ ।

ବ୍ୟାଙ୍କ୍ Bank

22. ଇଣ୍ଡିଆନ୍ ଓଭରସିଜ୍ ବ୍ୟାଙ୍କ୍ କେଉଁଠି ଅଛି ?	Where is the Indian Overseas Bank?	ହ୍ୱେୟାର୍ ଇଜ୍ ଦି ଇଣ୍ଡିଆନ୍ ଓଭର୍‌ସିଜ୍ ବ୍ୟାଙ୍କ୍ ?
23. କ'ଣ ମୁଁ ମେନେଜରଙ୍କୁ ସାକ୍ଷାତ କରିପାରିବି ?	Can I meet the manager?	କ୍ୟାନ୍ ଆଇ ମିଟ୍ ଦି ମ୍ୟାନେଜର୍ ?
24. ମୁଁ ଏକ ସଞ୍ଚୟ ଖାତା ଖୋଲିବାକୁ ଚାହୁଁଛି ।	I want to open a savings bank account.	ଆଇ ୱାଣ୍ଟ୍ ଟୁ ଓପନ୍ ଏ ସେଭିଙ୍ଗ୍‌ସ୍ ବ୍ୟାଙ୍କ୍ ଆକାଉଣ୍ଟ୍ ।
25. ଦୟାକରି ମୋ ଫାର୍ମ ନାମରେ ଏକ ଚାଲୁ ଖାତା ଖୋଲନ୍ତୁ ।	Please open a current account in the name of my firm.	ପ୍ଲିଜ୍ ଓପନ୍ ଏ କରେଣ୍ଟ୍ ଆକାଉଣ୍ଟ୍ ଇନ୍ ଦି ନେମ୍ ଅଫ୍ ମାଇଁ ଫାର୍ମ ।
26. ମୁଁ ପଇସା ଜମା କରିବାକୁ ଚାହୁଁଛି ।	I want to deposit money.	ଆଇ ୱାଣ୍ଟ୍ ଟୁ ଡିପୋଜିଟ୍ ମନୀ ।
27. ମୁଁ ପଇସା ଉଠାଇବାକୁ ଚାହୁଁଛି ।	I want to draw out money.	ଆଇ ୱାଣ୍ଟ୍ ଟୁ ଡ୍ର ଆଉଟ୍ ମନୀ ।
28. ଦୟାକରି ଏକ ଖୋଲା ଚେକ୍ ଦିଅନ୍ତୁ ।	Please give me an open cheque.	ପ୍ଲିଜ୍ ଗିଭ୍ ମି ଆନ୍ ଓପନ୍ ଚେକ୍ ।
29. ଦୟାକରି ମତେ ଦଶଟି ଚେକ୍ ଥିବା ଏକ ଚେକ୍ ବହି ଜାରୀ କରନ୍ତୁ ।	Please issue me a cheque book containing ten cheques.	ପ୍ଲିଜ୍ ଇସ୍ୟୁ ମି ଏ ଚେକ୍ ବୁକ୍ କନ୍‌ଟେନିଙ୍ଗ୍ ଟେନ୍ ଚେକ୍ସ ।
30. ଦୟାକରି ମୋ ଖାତାର ଜମା ରାଶି କୁହନ୍ତୁ ।	Please tell me the balance of my account.	ପ୍ଲିଜ୍ ଟେଲ୍ ମି ଦି ବାଲାନ୍ସ ଅଫ୍ ମାଇଁ ଆକାଉଣ୍ଟ୍ ।
31. ଦୟାକରି ମୋ ପାସବୁକ୍ ସମ୍ପୂର୍ଣ୍ଣ କରି ଦିଅନ୍ତୁ ।	Please complete my pass book.	ପ୍ଲିଜ୍ କମ୍ପ୍ଲିଟ୍ ମାଇଁ ପାସ୍ ବୁକ୍ ।
32. ମୋତେ ଗୋଟିଏ ରଙ୍ଗିନ୍ ଟେଲିଭିଜନ କିଣିବା ପାଇଁ ଋଣ ଦରକାର ।	I want a loan for buying a colour television.	ଆଇ ୱାଣ୍ଟ୍ ଏ ଲୋନ୍ ଫର୍ ବାଇଙ୍ଗ୍ ଏ କଲର୍ ଟେଲିଭିଜନ୍ ।

33. ମୁଁ ଏଜେଣ୍ଟଙ୍କୁ ସାକ୍ଷାତ କରିବାକୁ ଚାହୁଁଛି ।	I want to meet the agent.	ଆଇ ୱାଣ୍ଟ ଟୁ ମିଟ୍ ଦି ଏଜେଣ୍ଟ ।
34. କ'ଣ ମୋର କୌଣସି ଚେକ୍ ଫେରିଛି ?	Have any of my cheques been dishonoured?	ହାଭ୍ ଏନୀ ଅଫ୍ ମାଇଁ ଚେକ୍ସ ବିନ୍ ଡିସ୍‌ହନର୍ଡ ?
35. ଏହି ବ୍ୟାଙ୍କର ସେବା ବହୁତ ଭଲ ଅଟେ ।	The service of this bank is very good.	ଦି ସର୍ଭିସ୍ ଅଫ୍ ଦିସ୍ ବ୍ୟାଙ୍କ୍ ଇଜ୍ ଭେରୀ ଗୁଡ୍ ।

୩୭ତମ ସୋପାନ 37TH STEP

ଯାତ୍ରା କରିବା ସମୟରେ
WHILE TRAVELLING

1. ମୁଁ ଘୋଡ଼ା ସବାରୀ କରିବାକୁ ଯାଉଛି ।	I am going out for a ride.	ଆଇ ଆମ୍ ଗୋଇଙ୍ଗ୍ ଆଉଟ୍ ଫର୍ ଏ ରାଇଡ୍ ।
2. ଘୋଡ଼ାଶାଳ କେଉଁଠି ଅଛି ?	Where is the stable?	ହ୍ୱେୟାର୍ ଇଜ୍ ଦି ଷ୍ଟେବଲ୍ ?
3. ମୁଁ କିଛି ସମୟ ପାଇଁ ଓହ୍ଲାଇବି ।	I want to dismount for a while.	ଆଇ ୱାଣ୍ଟ ଟୁ ଡିସ୍‌ମାଉଣ୍ଟ ଫର୍ ଏ ହ୍ୱାଇଲ୍ ।
4. ତାକୁ ଚାବୁକ୍ ମାରନାହିଁ ।	Don't whip him.	ଡୋଣ୍ଟ ହ୍ୱିପ୍ ହିମ୍ ।
5. ତାକୁ କିଛି ଘାସ ଦିଅ ।	Give him some grass.	ଗିଭ୍ ହିମ୍ ସମ୍ ଗ୍ରାସ୍ ।
6. ଜଣ୍ଟା ବାହାର କର ।	Take off the spurs.	ଟେକ୍ ଅଫ୍ ଦି ସ୍ପର୍ସ ।
7. ମୁଁ କାରରେ ଯିବାକୁ ଚାହୁଁଛି ।	I wish to go by car.	ଆଇ ୱିସ୍ ଟୁ ଗୋ ବାଏ କାର୍ ।
8. ଏହାର ଚକା ଠିକ୍ ନାହିଁ ।	Its wheel is not good.	ଇଟ୍ସ ହ୍ୱୀଲ୍ ଇଜ୍ ନଟ୍ ଗୁଡ୍ ।
9. ଏହି ରାସ୍ତା କେଉଁ ଆଡ଼କୁ ଯାଇଛି ?	Where does this road lead to?	ହ୍ୱେୟାର୍ ଡଜ୍ ଦିସ୍ ରୋଡ୍ ଲିଡ୍ ଟୁ ?
10. ଗାଡ଼ି ଏଠାରେ ରଖ ।	Leave the car here.	ଲିଭ୍ ଦି କାର୍ ହିୟର୍ ।
11. ବାହନ ଠିଆ କରିବା ମନା ।	Parking is prohibited.	ପାର୍କିଙ୍ଗ୍ ଇଜ୍ ପ୍ରୋହିବିଟେଡ୍ ।
12. କ'ଣ ଏହି ଟ୍ରାମ୍‌ଗାଡ଼ି ପଥ ରେଳ ଷ୍ଟେସନ୍ ଦେଇ ଯାଇଛି ?	Does this tramway pass near the railway station?	ଡଜ୍ ଦିସ୍ ଟ୍ରାମ୍‌ୱେ ପାସ୍ ନିଅର୍ ଦି ରେଲ୍‌ୱେ ଷ୍ଟେସନ୍ ?

13. ଏହି ବସ୍ କେବେ ଚାଲିବ ?	When will this bus start?	ହ୍ୱେନ୍ ୱିଲ୍ ଦିସ୍ ବସ୍ ଷ୍ଟାର୍ଟ ?
14. ମତେ କୁହନ୍ତୁ, ଆମେ କାଶ୍ମୀର କେବେ ପହଞ୍ଚିବା ?	Let me know when we shall reach Kashmir.	ଲେଟ୍ ମି ନୋ ହ୍ୱେନ୍ ଉଇ ସାଲ୍ ରିଚ୍ କାଶ୍ମିର।
15. ମୁଁ ଶିକାରାରେ ବୁଲିବାକୁ ଚାହୁଁଛି ।	I wish to roam by shikara.	ଆଇ ୱିସ୍ ଟୁ ରୋମ୍ ବାଏ ଶିକାରା।
16. ଟିକଟ କାଉଣ୍ଟର କେଉଁଠି ଅଛି ?	Where is the booking office?	ହ୍ୱେୟାର୍ ଇଜ୍ ଦି ବୁକିଙ୍ଗ୍ ଅଫିସ୍ ?
17. କ'ଣ ସେଠାରେ କୌଣସି ଦର୍ଶନୀୟ ସ୍ଥାନ ଅଛି ?	Is there anything worth seeing?	ଇଜ୍ ଦେୟାର୍ ଏନୀଥିଙ୍ଗ୍ ୱର୍ଥ ସୀଙ୍ଗ୍ ?
18. ଦୟାକରି ଟିକିଏ ଘୁଞ୍ଚି ଯାଆନ୍ତୁ ।	Kindly move a little.	କାଇଣ୍ଡ୍ଲୀ ମୁଭ୍ ଏ ଲିଟିଲ୍।
19. ଆଜି ମୁଁ ବମ୍ବେ ଯାଉଛି ।	I am going to Bombay today.	ଆଇ ଆମ୍ ଗୋଇଙ୍ଗ୍ ଟୁ ବମ୍ବେ ଟୁଡେ।
20. ଆଗାମୀ ଗାଡ଼ି କେତେଟାରେ ବାହାରେ ?	When does the next train start?	ହ୍ୱେନ୍ ଡଜ୍ ଦି ନେକ୍ସଟ୍ ଟ୍ରେନ୍ ଷ୍ଟାର୍ଟ ?
21. ଜିନିଷ ବୁକ୍ କରିବାର ଅଫିସ୍ କେଉଁଠି ଅଛି ?	Where is the luggage booking office?	ହ୍ୱେୟାର୍ ଇଜ୍ ଦି ଲଗେଜ୍ ବୁକିଙ୍ଗ୍ ଅଫିସ୍ ?
22. ଜିନିଷ ପାଇଁ କେତେ ଟଙ୍କା ଦେବାକୁ ହେବ ?	How much is to be paid for luggage?	ହାଓ ମଚ୍ ଇଜ୍ ଟୁ ବି ପେଡ୍ ଫର୍ ଲଗେଜ୍ ?
23. ମୋ ସ୍ଥାନ ସଂରକ୍ଷିତ କରି ଦିଅନ୍ତୁ ।	Get my seat reserved.	ଗେଟ୍ ମାଇଁ ସିଟ୍ ରିଜର୍ଭଡ୍।
24. ପ୍ଲାଟ୍‌ଫର୍ମ ନଂ. 6 କେଉଁଠି ଅଛି ?	Where is the platform No. 6?	ହ୍ୱେୟାର୍ ଇଜ୍ ଦି ପ୍ଲାଟ୍‌ଫର୍ମ ନଂ. 6 ?
25. ପୋଲର ସେପାଖେ ।	Over the bridge.	ଓଭର୍ ଦି ବ୍ରିଜ୍।
26. ଭୂତଳ ରାସ୍ତାରେ ଯାଆନ୍ତୁ ।	Please go by the underground passage.	ପ୍ଲିଜ୍ ଗୋ ବାଏ ଦି ଅଣ୍ଡରଗ୍ରାଉଣ୍ଡ୍ ପ୍ୟାସେଜ୍।
27. ଗାଡ଼ିରେ ଖାଦ୍ୟର ଡବା ରହିଛି ।	There is a dining car in the train.	ଦେୟାର୍ ଇଜ୍ ଏ ଡାଇନିଙ୍ଗ୍ କାର୍ ଇନ୍ ଦି ଟ୍ରେନ୍।
28. କୌଣସି ସିଟ୍ ଖାଲି ନାହିଁ ।	There is no seat available.	ଦେୟାର୍ ଇଜ୍ ନୋ ସିଟ୍ ଆଭେଲେବଲ୍।
29. ବସ୍‌ରେ ବହୁତ ଭିଡ଼ ଅଛି ।	The bus is very crowded.	ଦି ବସ୍ ଇଜ୍ ଭେରୀ କ୍ରାଉଡେଡ୍।
30. ଚାଲୁଥିବା ବସ୍‌ରୁ ଓହ୍ଲାନ୍ତୁ ନାହିଁ ।	Do not get down from the moving bus.	ଡୁ ନଟ୍ ଗେଟ୍ ଡାଉନ୍ ଫ୍ରମ୍ ଦି ମୁଭିଙ୍ଗ୍ ବସ୍।

31. ଆମ ବସ୍ ଚାଲୁଛି ।	Our bus is in motion.	ଆୱାର୍ ବସ୍ ଇଜ୍ ଇନ୍ ମୋସନ୍ ।
32. ଗୋଟିଏ ଶିଶୁ ପାଇଁ ଭଡ଼ା କେତେ ନେଉଛନ୍ତି ?	How much fare do you charge for a child?	ହାଓ ମଚ୍ ଫେଆର୍ ଡୁ ୟୁ ଚାର୍ଜ ଫର୍ ଏ ଚାଇଲ୍ଡ୍ ?
33. ମୋତେ ବିମାନ ବନ୍ଦର ପାଖକୁ ନେଇଚାଲନ୍ତୁ ।	Take me to the aerodrome.	ଟେକ୍ ମି ଟୁ ଦି ଏରୋଡ୍ରମ୍ ।
34. ଦୟାକରି ମତେ ସିଙ୍ଗାପୁର ଯିବା ପାଇଁ ଏକ ଟିକଟ ଦିଅନ୍ତୁ ।	Please issue me a ticket for Singapore.	ପ୍ଲିଜ୍ ଇସ୍ୟୁ ମି ଏ ଟିକେଟ୍ ଫର୍ ସିଙ୍ଗାପୋର୍ ।
35. ଆମ ଜାହାଜ ଠିକ୍ ସମୟରେ ସିଙ୍ଗାପୁର ପହଞ୍ଚିଗଲା ।	Our plane reached Singapore in time.	ଆୱାର୍ ପ୍ଲେନ୍ ରିଚ୍ଡ୍ ସିଙ୍ଗାପୋର୍ ଇନ୍ ଟାଇମ୍ ।

୩୮ତମ ସୋପାନ 38TH STEP

ସ୍ୱାସ୍ଥ୍ୟ ଏବଂ ସ୍ୱାସ୍ଥ୍ୟ ରକ୍ଷା
HEALTH & HYGIENE

1. ସ୍ୱାସ୍ଥ୍ୟ ହିଁ ସମ୍ପଦ ।	Health is wealth.	ହେଲ୍ଥ୍ ଇଜ୍ ୱେଲ୍ଥ୍ ।
2. ନିବାରଣ ଠାରୁ ନିରାକରଣ ଭଲ ।	Prevention is better than cure.	ପ୍ରିଭେନ୍ସନ୍ ଇଜ୍ ବେଟର୍ ଦ୍ୟାନ୍ କିଓର୍ ।
3. ସେ ବହୁତ ଥକି ଯାଇଛି ।	She is very tired.	ସୀ ଇଜ୍ ଭେରୀ ଟାୟାର୍ଡ ।
4. ମୋ ସ୍ୱାସ୍ଥ୍ୟ ଝଡ଼ିଯାଇଛି ।	My health has broken down.	ମାଇଁ ହେଲ୍ଥ୍ ହାଜ୍ ବ୍ରୋକେନ୍ ଡାଉନ୍ ।
5. ସେ ସୁସ୍ଥ ହୋଇଯାଇଛି ।	He has recovered.	ହି ହାଜ୍ ରିକଭର୍ଡ ।
6. ମତେ ନିଦ ଲାଗୁଛି ।	I am feeling sleepy.	ଆଇ ଆମ୍ ଫିଲିଙ୍ଗ୍ ସ୍ଲୀପୀ ।
7. ଆମେ ଦିନରେ ଶୋଇବା ଉଚିତ ନୁହେଁ ।	We should not sleep during the day.	ଉଇ ସୁଡ୍ ନଟ୍ ସ୍ଲୀପ୍ ଡ୍ୟୁରିଙ୍ଗ୍ ଦି ଡେ ।
8. ଆପଣ ଚାଲିବାକୁ ଯିବେ ନା ?	Will you come for a walk?	ୱିଲ୍ ୟୁ କମ୍ ଫର୍ ଏ ୱାକ୍ ?

9. ସେ କାଲିଠାରୁ ଆଜି ଭଲ ଅଛି ।	He is better than he was yesterday.	ହି ଇଜ୍ ବେଟର୍ ଦ୍ୟାନ୍ ହି ୱାଜ୍ ୟଷ୍ଟରଡେ ।
10. ଆଜି ମୋର ସ୍ୱାସ୍ଥ୍ୟ ଠିକ୍ ନାହିଁ ।	I am not well today.	ଆଇ ଆମ୍ ନଟ୍ ୱେଲ ଟୁଡେ ।
11. କ'ଣ ତୁମେ ଔଷଧ ଖାଇବ ନାହିଁ ?	Will you not take the medicine?	ୱିଲ୍ ୟୁ ନଟ୍ ଟେକ୍ ଦି ମେଡିସିନ୍ ?
12. ଆପଣଙ୍କ ବାପା କେମିତି ଅଛନ୍ତି ?	How is your father?	ହାଓ ଇଜ୍ ୟୋର୍ ଫାଦର୍ ?

ଡାକ୍ତର ଏବଂ ରୋଗୀ Doctor & Patient

13. ମୋତେ ତୁମର ନାଡ଼ି ଦେଖିବାକୁ ଦିଅ ।	Let me feel your pulse.	ଲେଟ୍ ମି ଫୀଲ୍ ୟୋର୍ ପଲ୍ସ ।
14. ମୋ ସ୍ୱାସ୍ଥ୍ୟ ଖରାପ ଅଛି ।	I am feeling out of sorts today.	ଆ ଆମ୍ ଫୀଲିଙ୍ଗ୍ ଆଉଟ୍ ଅଫ୍ ସର୍ଟସ୍ ଟୁଡେ ।
15. ରୋଗୀର ମନବଳ ହ୍ରାସ ପାଉଛି ।	The patient is sinking.	ଦି ପେସେଣ୍ଟ ଇଜ୍ ସିଙ୍କିଙ୍ଗ୍ ।
16. ମୋର ବଦହଜମୀ ହୋଇଛି ।	I suffer from indigestion.	ଆଇ ସଫର୍ ଫ୍ରମ୍ ଇନ୍‌ଡାଇଜେସନ୍ ।
17. ତା'ର ଦେହ ବୁଲଉଛି ।	She feels nausea.	ସୀ ଫୀଲ୍ସ ନଉସିଆ ।
18. କ'ଣ ତୁମ ମୁଣ୍ଡ ଘୂରଉଛି ?	Do you feel dizzy?	ଡୁ ୟୁ ଫୀଲ୍ ଡିଜ୍ଜୀ ?
19. ତା ଉପରେ ଆଉ କୌଣସି ବିପଦ ନାହିଁ ।	She is out of danger now.	ସୀ ଇଜ୍ ଆଉଟ୍ ଅଫ୍ ଡେଞ୍ଜର୍ ନାଓ ।
20. ଶିଶୁର ଦାନ୍ତ ଉଠୁଛି ।	The child is cutting the teeth.	ଦି ଚାଇଲଡ୍ ଇଜ୍ କଟିଙ୍ଗ୍ ଦି ଟୀଥ୍ ।
21. ତୁମେ କେତେ ପାନ ଔଷଧ ଖାଇଛ ?	How many doses have you taken?	ହାଓ ମେନୀ ଡୋଜେସ୍ ହାଭ୍ ୟୁ ଟେକେନ୍ ?
22. ମୋର କୋଷ୍ଠକାଠିନ୍ୟ ହୋଇଛି ।	I suffer from severe constipation.	ଆଇ ସଫର୍ ଫ୍ରମ୍ ସିଭିଅର୍ କନ୍‌ଷ୍ଟିପେସନ୍ ।
23. ମୋର ଭିତିରିଆ ଜ୍ୱର \ଥିଲା ।	You had a chronic fever.	ୟୁ ହାଡ୍ ଏ କ୍ରୋନିକ୍ ଫିବର୍ ।
24. ମୋର ଗଳା ଖରାପ ଅଛି ।	I have a sore throat.	ଆଇ ହାଭ୍ ଏ ସୋର୍ ଥ୍ରୋଟ୍ ।
25. କ'ଣ ତାର ମୁଣ୍ଡବ୍ୟଥା ଥିଲା ?	Had she a headache?	ହାଡ୍ ସୀ ଏ ହେଡେକ୍ ?

26. ତା ପେଟ ବିନ୍ଧୁଛି ।	She has pain in her stomach.	ସୀ ହାଜ୍ ପେନ୍ ଇନ୍ ହର ଷ୍ଟୋମାକ୍ ।
27. ତାକୁ ସର୍ଦ୍ଦି ହୋଇଛି କି ?	Is he suffering from cold?	ଇଜ୍ ହି ସଫରିଙ୍ଗ୍ ଫ୍ରମ୍ କୋଲଡ୍ ?
28. ମୋତେ ତୁମ ଜିଭ ଦେଖାଅ ।	Show me your tongue.	ସୋ ମି ୟୋର୍ ଟଙ୍ଗ୍ ।
29. ତା ଭୋକ ମରିଯାଇଛି ।	She has lost her appetite.	ସୀ ହାଜ୍ ଲଷ୍ଟ ହର୍ ଆପେଟାଇଟ୍ ।
30. ମୋର ବଥ ହୋଇଛି ।	I have got a boil.	ଆଇ ହାଭ୍ ଗଟ୍ ଏ ବଏଲ୍ ।
31. ତା ମାଢ଼ିରୁ ରକ୍ତ ବାହାରେ ।	Her gums are bleeding.	ହର୍ ଗମ୍ସ ଆର୍ ବ୍ଲିଡିଙ୍ଗ୍ ।
32. ଡାକ୍ତରଙ୍କୁ ଡାକ ।	Send for a doctor.	ସେଣ୍ଡ ଫର୍ ଏ ଡକ୍ଟର୍ ।
33. ତା ଯକୃତ ପୀଡ଼ା ହେଉଛି ।	She has pain in the liver.	ସୀ ହାଜ୍ ପେନ୍ ଇନ୍ ଦି ଲିଭର୍ ।
34. ତୁମର କିଛି ଝାଡ଼ା ହେବ ।	You shall have some motions.	ୟୁ ସାଲ୍ ହାଭ୍ ସମ୍ ମୋସନ୍ସ ।
35. ଡାକ୍ତର ପରଦିନ ସକାଳେ ଆସିବେ ।	The physician will visit on the next morning.	ଦି ଫୀଜିସିଆନ୍ ୱିଲ୍ ଭିଜିଟ୍ ଅନ୍ ଦି ନେକ୍ସଟ୍ ମର୍ଣ୍ଣିଙ୍ଗ୍ ।

୩୯ତମ ସୋପାନ 39TH STEP

ପାଣିପାଗ

WEATHER

1. ବସନ୍ତ ଋତୁ ହୋଇଛି ।	It is spring.	ଇଟ୍ ଇଜ୍ ସ୍ପ୍ରିଙ୍ଗ୍ ।
2. ଗ୍ରୀଷ୍ମ ଋତୁ ହୋଇଛି ।	It is summer.	ଇଟ୍ ଇଜ୍ ସମର୍ ।
3. ଶରତ ଋତୁ ହୋଇଛି ।	It is autumn.	ଇଟ୍ ଇଜ୍ ଅଟମ୍ ।
4. ଶୀତ ଋତୁ ହୋଇଛି ।	It is winter.	ଇଟ୍ ଇଜ୍ ୱିଣ୍ଟର୍ ।
5. ଆଜି ବହୁତ ଗରମ ହେଉଛି ।	It very hot today.	ଇଟ୍ ଭେରୀ ହଟ୍ ଟୁଡେ ।
6. ବହୁତ ଥଣ୍ଡା ଲାଗୁଛି ।	It is a very cold day.	ଇଟ୍ ଇଜ୍ ଏ ଭେରୀ କୋଲ୍ଡ ଡେ ।
7. ପାଗ ଭଲ ଅଛି ।	This is fine weather.	ଦିସ୍ ଇଜ୍ ଫାଇନ୍ ୱେଦର୍ ।

8. ଆଜି କେତେ ଖରାପ ଦିନ ଅଟେ !	What a wretched day!	ହ୍ୱାଟ୍ ଏ ରିଚ୍‌ଡ୍ ଡେ !
9. ବର୍ଷା ହେଉଛି ।	It is raining.	ଇଟ୍ ଇଜ୍ ରେନିଙ୍ଗ୍ ।
10. ଝିପ୍‌ଝିପ୍ ବର୍ଷା ହେଉଛି ।	It is drizzling.	ଇଟ୍ ଇଜ୍ ଡ୍ରିଜ୍‌ଲିଙ୍ଗ୍ ।
11. ଜହ୍ନ ଉଇଁଛି କି ?	Has the moon risen?	ହାଜ୍ ଦି ମୁନ୍ ରାଇଜେନ୍ ?
12. ବର୍ଷା ବନ୍ଦ ହୋଇଯାଇଛି ।	It has stopped raining.	ଇଟ୍ ହାଜ୍ ଷ୍ଟପ୍‌ଡ୍ ରେନିଙ୍ଗ୍ ।
13. ତାକୁ ସର୍ଦ୍ଦି ହୋଇଯିବ ।	She will catch cold.	ସୀ ୱିଲ୍ କ୍ୟାଚ୍ କୋଲ୍ଡ୍ ।
14. ଏ ପର୍ଯ୍ୟନ୍ତ ବର୍ଷା ହେଉଛି କି ?	Is it still raining?	ଇଜ୍ ଇଟ୍ ଷ୍ଟିଲ୍ ରେନିଙ୍ଗ୍ ?
15. ବର୍ଷା ପାଗରେ ଆମେ ବରସାତୀ ପିନ୍ଧୁ ।	In the rainy season, we wear a raincoat.	ଇନ୍ ଦି ରେନୀ ସିଜନ୍, ଉଇ ୱେଅର୍ ଏ ରେନ୍‌କୋଟ୍ ।
16. ମୁଁ ଥରୁଛି ।	I am shivering.	ଆଇ ଆମ୍ ସିଭରିଙ୍ଗ୍ ।
17. ମୋର ଝାଳ ବାହାରୁଛି ।	I am perspiring.	ଆଇ ଆମ୍ ପର୍‌ସ୍ପାଇରିଙ୍ଗ୍ ।
18. ମୁଁ ଓଦା ହୋଇଯାଇଛି ।	I am drenched.	ଆଇ ଆମ୍ ଡ୍ରେଞ୍ଚେଡ୍ ।
19. ଶୀତଳ ପବନ ବହୁଛି ।	Cool air is blowing.	କୁଲ୍ ଏୟାର୍ ଇଜ୍ ବ୍ଲୋଇଙ୍ଗ୍ ।
20. କେତେ ଯୋର୍ ପବନ ହେଉଛି !	What a strong wind!	ହ୍ୱାଟ୍ ଏ ଷ୍ଟ୍ରଙ୍ଗ୍ ୱିଣ୍ଡ୍ !
21. ପାଣିପାଗ ବଦଳୁଛି ।	The weather is changing.	ଦି ୱେଦର୍ ଇଜ୍ ଚେଞ୍ଜିଙ୍ଗ୍ ।
22. ଆକାଶକୁ ବାଦଲ ଢାଙ୍କି ରଖିଛି ।	The sky is cloudy.	ଦି ସ୍କାଏ ଇଜ୍ କ୍ଲାଉଡୀ ।
23. ଆକାଶ ସଫା ଅଛି ।	The sky is clear.	ଦି ସ୍କାଏ ଇଜ୍ କ୍ଲିୟର୍ ।
24. ବିଜୁଳି ମାରୁଛି ।	There is lightning.	ଦେୟାର୍ ଇଜ୍ ଲାଇଟ୍‌ନିଙ୍ଗ୍ ।
25. ଘଡ଼ଘଡ଼ି ମାରୁଛି ।	It thunders.	ଇଟ୍ ଥଣ୍ଡର୍ସ ।
26. ସୂର୍ଯ୍ୟ ଦେଖା ଯାଉନାହିଁ ।	The sun is invisible.	ଦି ସନ୍ ଇଜ୍ ଇନ୍‌ଭିଜିବଲ୍ ।
27. ବସନ୍ତ ଋତୁ ଭଳି ଲାଗୁଛି ।	It is like a spring day.	ଇଟ୍ ଇଜ୍ ଲାଇକ୍ ଏ ସ୍ପ୍ରିଙ୍ଗ୍ ଡେ ।
28. ଅସହନୀୟ ଗରମ ହେଉଛି ।	The heat is unbearable.	ଦି ହିଟ୍ ଇଜ୍ ଅନ୍‌ବିଅରେବଲ୍ ।

29. ଅଧରାତି ପରର ସମୟ ।	It is later part of the night.	ଇଟ୍ ଇଜ୍ ଲେଟର୍ ପାର୍ଟ ଅଫ୍ ଦି ନାଇଟ୍ ।
30. କେତେ ସୁନ୍ଦର ଇନ୍ଦ୍ରଧନୁ !	How beautiful the rainbow is!	ହାଓ ବିଉଟିଫୁଲ୍ ଦି ରେନ୍‌ବୋ ଇଜ୍ !
31. ମୂଷଳାଧାର ବର୍ଷା ହେଉଛି ।	It is raining heavily.	ଇଟ୍ ଇଜ୍ ରେନିଙ୍ଗ୍ ହେଭିଲୀ ।
32. ଅଧିକ ମାତ୍ରାରେ କୁଆପଥର ପଡୁଛି ।	It is hailing badly.	ଇଟ୍ ଇଜ୍ ହେଲିଙ୍ଗ୍ ବ୍ୟାଡ୍‌ଲୀ ।
33. କ'ଣ ଆପଣ ଛତା ନେବେ ।	Would you like an umbrella?	ଉଡ୍ ୟୁ ଲାଇକ୍ ଆନ୍ ଅମ୍ବ୍ରେଲା ?
34. ଜଳବାୟୁ କେତେ ଭଲ ଅଛି !	How fine the climate is!	ହାଓ ଫାଇନ୍ ଦି କ୍ଲାଇମେଟ୍ ଇଜ୍ !

୪୦ତମ ସୋପାନ 40TH STEP

ସମୟ

TIME

1. ଘଣ୍ଟା ଦେଖ ।	Look at the watch.	ଲୁକ୍ ଆଟ୍ ଦି ୱାଚ୍ ।
2. କେତେ ବାଜିଛି ?	What is the time?	ହ୍ୱାଟ୍ ଇଜ୍ ଦି ଟାଇମ୍ ?
3. ଆପଣଙ୍କ ଘଣ୍ଟାରେ କେତେ ବାଜିଛି ?	What is the time by your watch?	ହ୍ୱାଟ୍ ଇଜ୍ ଦି ଟାଇମ୍ ବାଏ ୟୋର୍ ୱାଚ୍ ?
4. କେତେଟା ବାଜିଛି ?	What o'clock is it?	ହ୍ୱାଟ୍ ଓ କ୍ଲକ୍ ଇଜ୍ ଇଟ୍ ?
5. ଠିକ୍ ସାତଟା ବାଜିଛି ।	It is exactly 7 o'clock.	ଇଟ୍ ଇଜ୍ ଏକ୍‌ଜାକ୍ଟଲୀ ୭ ଓ କ୍ଲକ୍ ।
6. ସାଢ଼େ ନଅ ବାଜିଛି ।	It is half past nine.	ଇଟ୍ ଇଜ୍ ହାଫ୍ ପାଷ୍ଟ ନାଇନ୍ ।
7. ତିନିଟା ପନ୍ଦର ବାଜିଛି ।	It is a quarter past three.	ଇଟ୍ ଇଜ୍ ଏ କ୍ୱାର୍ଟର୍ ପାଷ୍ଟ ଥ୍ରୀ ।
8. ଚାରିଟା ବାଜିବାକୁ ୧୫ ମିନିଟ୍ ଅଛି ।	It is a quarter to four.	ଇଟ୍ ଇଜ୍ ଏ କ୍ୱାର୍ଟର୍ ଟୁ ଫୋର୍ ।

9.	ପାଞ୍ଚଟା ବାଜି ପାଞ୍ଚ ମିନିଟ୍ ହୋଇଛି ।	It is five minutes past five.	ଇଟ୍ ଇଜ୍ ଫାଇଭ୍ ମିନିଟ୍ସ ପାଷ୍ଟ ଫାଇଭ୍ ।
10.	ଛଅଟା ବାଜିବାକୁ ଦଶ ମିନିଟ୍ ଅଛି ।	It is ten minutes to six.	ଇଟ୍ ଇଜ୍ ଟେନ୍ ମିନିଟ୍ସ ଟୁ ସିକ୍ସ ।
11.	ସାଢ଼େ ଚାରି ବାଜି ସାରିଛି ।	It is already half past four.	ଇଟ୍ ଇଜ୍ ଅଲ୍‌ରେଡୀ ହାଫ୍ ପାଷ୍ଟ ଫୋର୍ ।
12.	ସେ ୧:୧୫ ରେ ପହଞ୍ଚିବେ ।	She will reach at one fifteen.	ସୀ ୱିଲ୍ ରିଚ୍ ଆଟ୍ ୱାନ୍ ଫିପ୍‌ଟୀନ୍ ।
13.	ଆମେ ଦଶଟା ପଚିଶ ମିନିଟ୍‌ରେ ଅଫିସ୍ ପହଞ୍ଚିଲୁ ।	We reached the office at twenty-five minutes past ten.	ଉଇ ରିଚ୍‌ଡ୍ ଦି ଅଫିସ୍ ଆଟ୍ ଟ୍ୱେଣ୍ଟୀ-ଫାଇଭ୍ ମିନିଟ୍ସ ପାଷ୍ଟ ଟେନ୍ !
14.	ଦିନ ଦ୍ୱିପହରେ ବ୍ୟାଙ୍କ୍ ଲୁଟି ନିଆଗଲା ।	The bank was looted in broad daylight.	ଦି ବ୍ୟାଙ୍କ୍ ୱାଜ୍ ଲୁଟେଡ୍ ଇନ୍ ବ୍ରଡ୍ ଡେଲାଇଟ୍ ।
15.	ସୋମବାର ଦିନ ବଜାର ବନ୍ଦ ରୁହେ ।	The market is closed on Monday.	ଦି ମାର୍କେଟ୍ ଇଜ୍ କ୍ଲୋଜ୍‌ଡ୍ ଅନ୍ ମନ୍‌ଡେ ।
16.	ଆମେ ଦେଢ଼ଟାରେ ଦିପହର ଭୋଜନ କରୁ ।	We take lunch at half past one.	ଉଇ ଟେକ୍ ଲଞ୍ଚ୍ ଆଟ୍ ହାଫ୍ ପାଷ୍ଟ ୱାନ୍ ।
17.	ଏହି ଦୋକାନ ଅଢ଼େଇଟାରେ ପୁଣି ଖୋଲେ ।	This shop reopens at half past two.	ଦିସ୍ ସପ୍ ରିଓପନ୍ସ ଆଟ୍ ହାଫ୍ ପାଷ୍ଟ ଟୁ ।
18.	ସକାଳ ଦଶଟା ବାଜିଛି ।	It is ten A.M.	ଇଟ୍ ଇଜ୍ ଟେନ୍ ଏ.ଏମ୍.
19.	ଆମକୁ ଅଫିସ୍‌ରୁ ଠିକ୍ ପାଞ୍ଚଟାରେ ଛୁଟି ମିଳେ ।	We leave the office exactly at five P.M.	ଉଇ ଲିଭ୍ ଦି ଅଫିସ୍ ଅଫିସ୍ ଏକ୍‌ଜାକ୍ଟଲୀ ଆଟ୍ ଫାଇଭ୍ ପି.ଏମ୍.
20.	କ'ଣ ତୁମ ହାତଘଣ୍ଟା ପଛୁଆ ଅଛି ?	Is your wrist watch slow?	ଇଜ୍ ୟୋର୍ ରିଷ୍ଟ ୱାଚ୍ ସ୍ଲୋ ?
21.	କ'ଣ ଏହି ଟେବୁଲ୍ ଘଣ୍ଟା ଆଗୁଆ ଅଛି ?	Is this time-piece fast?	ଇଜ୍ ଦିସ୍ ଟାଇମ୍-ପିସ୍ ଫାଷ୍ଟ ?
22.	କ'ଣ ଅଫିସ୍‌ର କାନ୍ଥଘଣ୍ଟା ଠିକ୍ ନାହିଁ ?	Is the office-clock not exact?	ଇଜ୍ ଦି ଅଫିସ୍-କ୍ଲକ୍ ନଟ୍ ଏକ୍‌ଜାକ୍ଟ ?
23.	ମୋର ପେନ୍ ଘଣ୍ଟା ବନ୍ଦ ହୋଇଯାଇଛି ।	My pen watch has stopped.	ମାଇଁ ପେନ୍ ୱାଚ୍ ହାଜ୍ ଷ୍ଟପ୍‌ଡ୍ ।

24. ଉଠିବା ସମୟ ହୋଇଗଲା ।	It is time to rise.	ଇଟ୍ ଇଜ୍ ଟାଇମ୍ ଟୁ ରାଇଜ୍ ।
25. ଆପଣ ଅଧାଘଣ୍ଟା ଡେରି କରିଛନ୍ତି ।	You are half an hour late.	ୟୁ ଆର୍ ହାଫ୍ ଆନ୍ ଆଓ୍ୱର ଲେଟ୍ ।
26. ସେ ଦଶ ମିନିଟ୍ ଆଗରୁ ଆସିଛନ୍ତି ।	She is ten minutes early.	ସି ଇଜ୍ ଟେନ୍ ମିନିଟ୍ସ୍ ୟାର୍‌ଲୀ ।
27. ଅଧରାତି ହୋଇଛି ।	It is midnight.	ଇଟ୍ ଇଜ୍ ମିଡ୍‌ନାଇଟ୍ ।
28. ମୋ ମା' ସକାଳୁ ବହୁତ ଶୀଘ୍ର ଉଠନ୍ତି ।	My mother gets up early in the morning.	ମାଇଁ ମଦର୍ ଗେଟ୍ସ ଅପ୍ ୟାର୍‌ଲୀ ଇନ୍ ଦି ମର୍ଣ୍ଣିଙ୍ଗ୍ ।
29. ପୂର୍ବ ମାସରେ ଆମେ ଏଠାରେ ନଥିଲୁ ।	Last month, we were not here.	ଲାଷ୍ଟ ମନ୍ଥ, ଉଇ ୱେୟାର ନଟ୍ ହିୟର୍ ।
30. ଏହି ମାସରେ ଆମେ ଏଠାରେ ରହିବୁ ।	We shall remain here this month.	ଉଇ ସାଲ୍ ରିମେନ୍ ହିୟର୍ ଦିସ୍ ମନ୍ଥ ।
31. ମୁଁ ଆସନ୍ତା ମାସରେ ଶିମଲା ଯିବି ।	I shall go to Simla next month.	ଆଇ ସାଲ୍ ଗୋ ଟୁ ସିମ୍‌ଲା ନେକ୍ସଟ୍ ମନ୍ଥ ।
32. ଆମେ 15 ଅଗଷ୍ଟରୁ ବିପଦରେ ଅଛୁ ।	We have been in trouble since 15th August.	ଉଇ ହାଭ୍ ବିନ୍ ଇନ୍ ଟ୍ରବଲ୍ ସିନ୍ସ ଫିଫ୍‌ଟିନ୍ଥ ଅଗଷ୍ଟ ।
33. ଆଜି କେତେ ତାରିଖ ?	What is the date today?	ହ୍ୱାଟ୍ ଇଜ୍ ଦି ଡେଟ୍ ଟୁଡେ ?
34. ଗତକାଲି ତୁମେ କାହିଁକି ଆସିଥିଲ ?	Why did you come yesterday?	ହ୍ୱାଏ ଡିଡ୍ ୟୁ କମ୍ ୟଷ୍ଟର୍‌ଡେ ?
35. କାଲି ସାତଟାରେ ଆସ ।	Come tomorrow at 7 o'clock.	କମ୍ ଟୁମରୋ ଆଟ୍ ସେଭେନ୍ ଓ କ୍ଲକ୍ ।

•••

ଭାଗ ୫ - ବାର୍ତ୍ତାଳାପ
PART-5–CONVERSATION

୪୧ତମ ସୋପାନ 41ST STEP

ଆସନ୍ତୁ, ବାର୍ତ୍ତାଳାପ କରିବା
LET US TALK

ପରିଚୟ INTRODUCTION

ଆପଣ କେମିତି ଅଛନ୍ତି ?	How do you do?	ହାଓ ଡୁ ୟୁ ଡୁ ?
ଦୟାକରି କୁହନ୍ତୁ, ଆପଣ ଜଣେ ଛାତ୍ର କି ?	Tell me, please, are you a student?	ଟେଲ୍ ମି, ପ୍ଲିଜ୍, ଆର୍ ୟୁ ଏ ଷ୍ଟୁଡେଣ୍ଟ ?
ହଁ ଆଜ୍ଞା, ମୁଁ ଛାତ୍ର ଅଟେ ।	Yes, I am a student.	ୟେସ୍, ଆଇ ଆମ୍ ଏ ଷ୍ଟୁଡେଣ୍ଟ ।
ଆପଣଙ୍କ ନାମ କଣ ?	What is your name?	ହ୍ୱାଟ ଇଜ୍ ୟୋର୍ ନେମ୍ ?
ମୋର ନାମ ପ୍ରଣବ ଚକ୍ରବର୍ତ୍ତୀ ଅଟେ ।	My name is Pranav Chakaravarti.	ମାଇଁ ନେମ୍ ଇଜ୍ ପ୍ରନବ ଚକ୍ରବର୍ତ୍ତି ।
ଆପଣ ଆସାମୀ ନା ବଙ୍ଗାଳୀ ?	Are you an Assamese or a Bengali?	ଆର୍ ୟୁ ଆନ୍ ଆସାମୀଜ୍ ଅର୍ ଏ ବେଙ୍ଗଲି ?
ନା, ମୁଁ ମରାଠୀ ।	No, I am a Marathi.	ନୋ, ଆଇ ଆମ ଏ ମରାଠି ।
କୁହନ୍ତୁ, ସେ କିଏ ?	Tell me, please, who is she?	ଟେଲ୍ ମି, ପ୍ଲିଜ୍, ହୁ ଇଜ୍ ସୀ ?
ସେ ମୋ ମିତ୍ର, ଆଭା ।	She is my friend, Abha.	ସୀ ଇଜ୍ ମାଇଁ ଫ୍ରେଣ୍ଡ, ଆଭା ।
ସେ ଜଣେ ଛାତ୍ରୀ କି ?	Is she a student?	ଇଜ୍ ସୀ ଏ ଷ୍ଟୁଡେଣ୍ଟ ?
ନା, ସେ ଜଣେ ଅନୁବାଦକ ଅଟେ ଏବଂ ସରକାରୀ କାର୍ଯ୍ୟାଳୟରେ କାମ କରେ ।	No, she is a translator and works in the Govt. office.	ନୋ, ସୀ ଇଜ୍ ଏ ଟ୍ରାନ୍ସଲେଟର ଏଣ୍ଡ ଓ୍ୱାର୍କ୍ସ ଇନ୍ ଦି ଗଭର୍ଣ୍ଣମେଣ୍ଟ ଅଫିସ୍ ।

ଧନ୍ୟବାଦ, ବିଦାୟ !	Thanks, Good-bye.	ଥ୍ୟାଙ୍କ୍‌ସ୍, ଗୁଡ୍-ବାଏ ।

ଭାଷା ଶିଖିବା ବାବଦରେ ABOUT LEARING A LANGUAGE

ମହୋଦୟ, କ'ଣ ଆପଣ ହିନ୍ଦୀ କୁହନ୍ତି ?	Hello, do you speak Hindi?	ହେଲୋ, ଡୁ ୟୁ ସ୍ପିକ୍ ହିନ୍ଦୀ ?
ହଁ, ମୁଁ ଟିକେ-ଟିକେ ହିନ୍ଦୀ କୁହେ ।	Yes, I speak Hindi a little.	ୟେସ୍, ଆଇ ସ୍ପିକ୍ ହିନ୍ଦୀ ଏ ଲିଟିଲ୍ ।
ଆପଣ ବହୁତ ଭଲ ହିନ୍ଦୀ କୁହନ୍ତି ।	You speak Hindi well.	ୟୁ ସ୍ପିକ୍ ହିନ୍ଦୀ ୱେଲ୍ ।
ଆପଣଙ୍କ ଜାତି କ'ଣ ?	What is your caste?	ହ୍ୱାଟ୍ ଇଜ୍ ୟୋର୍ କାଷ୍ଟ ?
ମୋର ଜାତି ହେଉଛି କେଲକର ।	My caste is Kelkar.	ମାଇଁ କାଷ୍ଟ ଇଜ୍ କେଲକର ।
ମୁଁ ଅଶୋକ କେଲକର ଅଟେ ।	I am Ashok Kelkar.	ଆଇ ଆମ୍ ଅଶୋକ କେଲକର ।
ଆପଣ ଏମିତି ଭାବୁଛନ୍ତି ?	Do you think so?	ଡୁ ୟୁ ଥିଙ୍କ୍ ସୋ ?
ମୁଁ କଲେଜରେ ପଢୁଛି ।	I am studying in college.	ଆଇ ଆମ୍ ଷ୍ଟଡିଙ୍ଗ୍ ଇନ୍ କଲେଜ୍ ।
ମୁଁ ଭଲ ଭାବରେ ହିନ୍ଦୀ କହିବାକୁ ଚାହୁଁଛି ।	I want to speak Hindi well.	ଆଇ ୱାଣ୍ଟ ଟୁ ସ୍ପିକ୍ ହିନ୍ଦୀ ୱେଲ୍ ।
କ'ଣ ଆପଣଙ୍କ ହିନ୍ଦୀ ଶିକ୍ଷକ ଶ୍ରେଣୀରେ ହିନ୍ଦୀ କୁହନ୍ତି ?	Does your Hindi teacher speak Hindi in class?	ଡଜ୍ ୟୋର୍ ହିନ୍ଦୀ ଟିଚର୍ ସ୍ପିକ୍ ହିନ୍ଦୀ ଇନ୍ କ୍ଲାସ୍ ?
ନିଃସନ୍ଦେହ ! ସେ ପ୍ରାଞ୍ଜଳ ଭାବରେ ହିନ୍ଦୀ କୁହନ୍ତି ।	Of course! He speaks Hindi fluently.	ଅଫ୍ କୋର୍ସ ! ହି ସ୍ପିକ୍ସ ହିନ୍ଦୀ ଫ୍ଲୁଏଣ୍ଟ୍‌ଲୀ ।
ଶିକ୍ଷକ ହିନ୍ଦି କହୁଥିବା ବେଳେ ଆପଣମାନେ ତାଙ୍କୁ ବୁଝନ୍ତି ?	Do you understand when the teacher speaks Hindi?	ଡୁ ୟୁ ଅଣ୍ଡରଷ୍ଟାଣ୍ଡ ହ୍ୱେନ୍ ଦି ଟିଚର୍ ସ୍ପିକ୍ସ ହିନ୍ଦୀ ?
ହଁ, ଯେତେବେଳେ ସେ ଶୀଘ୍ର କୁହନ୍ତି ତେବେ ଆମେ ବୁଝିଯାଉ ।	Yes, we understand when he speaks fast.	ୟେସ୍, ଉଇ ଅଣ୍ଡରଷ୍ଟାଣ୍ଡ ହ୍ୱେନ୍ ହି ସ୍ପିକ୍ସ ଫାଷ୍ଟ ।
ଆପଣ କ'ଣ ଘରେ ହିନ୍ଦୀରେ କଥା ହୁଅନ୍ତି ?	Do you speak Hindi at home?	ଡୁ ୟୁ ସ୍ପିକ୍ ହିନ୍ଦୀ ଆଟ୍ ହୋମ୍ ?

ନିଃସନ୍ଦେହ ନୁହେଁ! ମୋ ପରିବାରର ସଦସ୍ୟ ହିନ୍ଦୀରେ କଥା ହୁଅନ୍ତି ନାହିଁ । ସେମାନେ କେବଳ ମରାଠୀରେ କଥା ହୁଅନ୍ତି । ସେଥିପାଇଁ ଆମେସବୁ ଘରେ କେବଳ ମରାଠୀରେ କଥା ହେଉ ।	Of course not! My family members do not speak Hindi. They speak only Marathi. Therefore, we speak only Marathi at home.	ଅଫ୍ କୋର୍ସ ନଟ୍! ମାଇଁ ଫ୍ୟାମିଲୀ ମେମ୍ବର୍ସ ଡୁ ନଟ୍ ସ୍ପିକ୍ ହିନ୍ଦୀ। ଦେ ସ୍ପିକ୍ ଓନ୍‌ଲୀ ମରାଠୀ। ଦେୟାରଫୋର୍, ଉଇ ସ୍ପିକ୍ ଓନ୍‌ଲୀ ମରାଠୀ ଆଟ୍ ହୋମ୍।
କିନ୍ତୁ ଆପଣ ବହୁତ ଭଲ ହିନ୍ଦୀ କହୁଛନ୍ତି !	But you speak Hindi very well!	ବଟ୍ ୟୁ ସ୍ପିକ ହିନ୍ଦୀ ଭେରୀ ୱେଲ୍!
ଆପଣଙ୍କୁ ଅଶେଷ-ଅଶେଷ ଧନ୍ୟବାଦ !	Thank you very much!	ଥ୍ୟାଙ୍କ୍ ୟୁ ଭେରୀ ମଚ୍!

ଗାଁ ବନାମ ସହର VILLAGE VERSUS CITY

ଆପଣ ଗାଁରେ ରୁହନ୍ତି, କିନ୍ତୁ ସହରକୁ କାମ କରିବା ପାଇଁ ଯାଆନ୍ତି । କ'ଣ ଆପଣ ଗାଁରେ ରହିବାକୁ ଅଧିକ ପସନ୍ଦ କରନ୍ତି ?	You live in the village, but go to the city to work. Do you prefer to live in the village?	ୟୁ ଲିଭ୍ ଇନ୍ ଦି ଭିଲେଜ, ବଟ୍ ଗୋ ଟୁ ଦି ସିଟୀ ଟୁ ୱାର୍କ। ଡୁ ୟୁ ପ୍ରିଫର୍ ଟୁ ଲିଭ୍ ଇନ୍ ଦି ଭିଲେଜ୍?
ହଁ! ମୁଁ ସେଠାରେ ରହିବାକୁ ଅଧିକ ପସନ୍ଦ କରେ । କିନ୍ତୁ ମୁଁ ସହରକୁ ମଧ୍ୟ ଭଲ ପାଏ ।	Oh, yes! I prefer to live there. But I also like the city.	ଓଃ, ୟେସ୍! ଆଇ ପ୍ରିଫର୍ ଟୁ ଲିଭ୍ ଦେୟାର୍। ବଟ୍ ଆଇ ଅଲ୍‌ସୋ ଲାଇକ୍ ଦି ସିଟୀ।
ଆପଣ ସହରକୁ କାହିଁକି ଭଲ ପାଆନ୍ତି ?	Why do you like the city?	ହ୍ୱାଏ ଡୁ ୟୁ ଲାଇକ୍ ଦି ସିଟୀ?
ସହରରେ ସିନେମା-ନାଟକ ଅଛି, ସଂଗ୍ରହାଳୟ, ପୁସ୍ତକାଳୟ ଏବଂ ବିଶ୍ୱବିଦ୍ୟାଳୟ ଆଦି ସବୁକିଛି ଅଛି ।	In the city, there are threatres, museums, libraries and university, etc.	ଇନ୍ ଦି ସିଟୀ, ଦେୟାର୍ ଆର୍ ଥିଏଟରସ୍, ମ୍ୟୁଜିଅମ୍ସ, ଲାଇବ୍ରେରୀଜ୍ ଏଣ୍ଡ ୟୁନିଭର୍ସିଟୀ, ଏଟ୍‌ସେଟ୍ରା।

ହେଲେ ସେଠାରେ କାରଖାନା, ବସ୍, ଟ୍ରକ୍, କାର୍ ମଧ୍ୟ ଅଛି । ସବୁ ସ୍ଥାନରେ କୋଳାହଳ ସୃଷ୍ଟି ହୁଏ ।	But there are also factories, buses, trucks and cars. Everywhere there are crowds and noise.	ବଟ୍ ଦେୟାର୍ ଆର୍ ଅଲସୋ ଫ୍ୟାକ୍ଟ୍ରିଜ୍, ବସେସ୍, ଟ୍ରକ୍ସ ଏଣ୍ଡ କାର୍ସ । ଏଭ୍ରି-ହ୍ୱେୟାର୍ ଦେୟାର୍ ଆର୍ କ୍ରାଉଡ୍ସ୍ ଏଣ୍ଡ ନଏଜ୍ ।
ଏହା ଠିକ୍ । ଏହି କାରଣରୁ ମୁଁ ଗାଁରେ ରହିବାକୁ ଅଧିକ ଭଲ ବୋଲି ଭାବେ, ଯଦ୍ୟପି ମୁଁ ସହରରେ କାମ କରେ । ଗାଁରେ ଶାନ୍ତି ଥାଏ । ସ୍ୱଚ୍ଛ ପବନ ଥାଏ ।	Quite right. That is why I prefer to live in the village, although I do work in the city. In the village, it is quiet, the air is fresh.	କ୍ୱାଇଟ୍ ରାଇଟ୍ । ଦ୍ୟାଟ୍ ଇଜ୍ ହ୍ୱାଏ ଆଇ ପ୍ରିଫର୍ ଟୁ ଲିଭ୍ ଇନ୍ ଦି ଭିଲେଜ୍, ଅଲଦୋ ଆଇ ଡୁ ୱାର୍କ ଇନ୍ ଦି ସିଟୀ । ଇନ୍ ଦି ଭିଲେଜ୍, ଇଟ୍ ଇଜ୍ କ୍ୱାଇଟ୍, ଦି ଏୟାର ଇଜ୍ ଫ୍ରେସ୍ ।
ଏବଂ ଆପଣଙ୍କ ପତ୍ନୀ ମଧ୍ୟ ଗାଁ ଜୀବନ ପସନ୍ଦ କରନ୍ତି କି ?	And does your wife like life in village?	ଏଣ୍ଡ ଡଜ୍ ୟୋର୍ ୱାଇଫ୍ ଲାଇକ୍ ଲାଇଫ୍ ଇନ୍ ଭିଲେଜ୍ ?
ସେ ଏହାକୁ ବହୁତ ପସନ୍ଦ କରେ । ଯେତେବେଳେ ସେ ପୋଷାକ ତଥା ଅନ୍ୟ ଜିନିଷ କିଣିବାକୁ ସହର ଯାଏ ।	She likes it very much. However, now and then she goes to the city to buy clothes and other things.	ସୀ ଲାଇକ୍ସ୍ ଇଟ୍ ଭେରୀ ମଚ୍ । ହାଓଏଭର, ନାଓ ଏଣ୍ଡ ଦେନ୍ ସୀ ଗୋଜ୍ ଟୁ ଦି ସିଟୀ ଟୁ ବାଏ କ୍ଲୋଥେସ୍ ଏଣ୍ଡ ଅଦର୍ ଥିଙ୍ଗ୍ସ୍ ।
ଏହାପରେ ମଧ୍ୟ, ଆମ ପରିବାରର ସଦସ୍ୟମାନେ ଗାଁରେ ଖୁସିରେ ଅଛନ୍ତି ।	However, our family members are happy in the village.	ହାଓଏଭର, ଆୱାର୍ ଫ୍ୟାମିଲୀ ମେମ୍ବର୍ସ ଆର୍ ହାପୀ ଇନ୍ ଦି ଭିଲେଜ୍ ।

ଭାଷା ଶିଖିବା LEARNING OF LANGUAGE

ଶ୍ରୀ ନାମ୍ବିଆର ମହୋଦୟ, ଆପଣ କେମିତି ଅଛନ୍ତି ?	Mr. Nambiar, how are you?	ମିଷ୍ଟର୍ ନାମ୍ବିଆର୍, ହାଓ ଆର୍ ୟୁ ?
ଏକଦମ ଠିକ୍ ଅଛି । ଧନ୍ୟବାଦ ।	Very well, thank you.	ଭେରୀ ୱେଲ୍, ଥ୍ୟାଙ୍କ୍ ୟୁ ।

ଆଉ ଆପଣଙ୍କ ପରିବାର କେମିତି ଅଛି ?	And how is your family?	ଏଣ୍ଡ ହାଓ ଇଜ୍ ୟୋର୍ ଫ୍ୟାମିଲୀ ?
ଆପଣଙ୍କ ଦୟାରୁ ସବୁ ଠିକ୍‌ଠାକ୍ ଅଛି ।	Thanks, all are well.	ଥ୍ୟାଙ୍କ୍ସ, ଅଲ୍ ଆର୍ ୱେଲ୍ ।
ଏପରିକି, ମୁଁ ଶୁଣିଛି ଯେ ଆପଣ କିଛି ସମୟ ହେଲା ହିନ୍ଦୀ ଶିଖୁଛନ୍ତି ।	By the way, I hear that you have been studying Hindi for some time now.	ବାଏ ଦି ୱେ, ଆଇ ହିଅର୍ ଦ୍ୟାଟ୍ ୟୁ ହାଭ୍ ବିନ୍ ଷ୍ଟଡିଙ୍ଗ୍ ହିନ୍ଦୀ ଫର୍ ସମ୍ ଟାଇମ୍ ନାଓ ।
ଏହା ସତ ଅଟେ, ମୁଁ ହିନ୍ଦୀ ପଢ଼ିବା, କହିବା ଏବଂ ଲେଖିବାକୁ ଚାହୁଁଛି ।	That is true, I want to read, speak and write Hindi.	ଦ୍ୟାଟ୍ ଇଜ୍ ଟ୍ରୁ, ଆଇ ୱାଣ୍ଟ ଟୁ ରିଡ୍, ସ୍ପିକ୍ ଏଣ୍ଡ ରାଇଟ୍ ହିନ୍ଦୀ ।
କ'ଣ ଆପଣଙ୍କୁ ଲାଗୁଛି ହିନ୍ଦୀ ଭାଷା କଠିନ ?	Do you find the Hindi language difficult?	ଡୁ ୟୁ ଫାଇଣ୍ଡ ଦି ହିନ୍ଦୀ ଲାଙ୍ଗୁଏଜ୍ ଡିଫିକଲ୍ଟ ?
ବିଦେଶୀଙ୍କୁ ତାହା କଠିନ ଲାଗେ, କିନ୍ତୁ ମୁଁ ଉନ୍ନତି କରୁଛି ।	It seems difficult to foreigners; but I am making progress.	ଇଟ୍ ସିମ୍ସ୍ ଡିଫିକଲ୍ଟ ଟୁ ଫରେନର୍ସ; ବଟ୍ ଆଇ ଆମ୍ ମେକିଙ୍ଗ୍ ପ୍ରୋଗ୍ରେସ୍ ।
ବହୁତ ଭଲ ! ଆପଣ ତ ପୂର୍ବରୁ ହିଁ ଭଲ ହିନ୍ଦୀ କୁହନ୍ତି ।	Excellent! You are already speaking Hindi well.	ଏକ୍ସିଲେଣ୍ଟ ! ୟୁ ଆର୍ ଅଲ୍‌ରେଡୀ ସ୍ପିକିଙ୍ଗ୍ ହିନ୍ଦୀ ୱେଲ୍ ।
ଧନ୍ୟବାଦ ! ମୁଁ ଆହୁରି ଭଲ କହିବାକୁ ଚାହୁଁଛି ।	Thanks! I want to speak better still.	ଥ୍ୟାଙ୍କ୍ସ୍ ! ଆଇ ୱାଣ୍ଟ ଟୁ ସ୍ପିକ୍ ବେଟର୍ ଷ୍ଟିଲ୍ ।
ଆପଣଙ୍କ ଉତ୍ସାହ ପ୍ରଶଂସା ଯୋଗ୍ୟ ଅଟେ ।	Your enthusiasm is praiseworthy.	ୟୋର୍ ଏନ୍ଥୁସିଆଜମ୍ ଇଜ୍ ପ୍ରେଜ୍‌ୱର୍ଦି ।

•••

୪୨ତମ ସୋପାନ 42ND STEP

ଦୁଇ ମିତ୍ରଙ୍କ ମଧ୍ୟରେ
BETWEEN TWO FRIENDS

ମିନାକ୍ଷୀ- ଆପଣ କେମିତି ଅଛନ୍ତି ମହାଶୟା ?	Minakshi—Hello. How are you madam?	— ହେଲୋ । ହାଓ ଆର୍ ୟୁ ମାଡାମ୍ ?
ଗରିମା- ଆପଣଙ୍କ ଦୟାରୁ ଠିକ୍ ଅଛି । ଏବଂ ଆପଣ ?	Garima—Pretty well, thanks. And you?	— ପ୍ରିଟୀ ୱେଲ୍, ଥ୍ୟାଙ୍କ୍ସ୍ । ଏଣ୍ଡ ୟୁ ?
ମିନାକ୍ଷୀ- ମୁଁ ଭଲ ଅଛି । ଧନ୍ୟବାଦ !	Minakshi—I am fine, thanks.	— ଆଇ ଆମ୍ ଫାଇନ୍, ଥ୍ୟାଙ୍କ୍ସ୍ ।
ଗରିମା-ଆଚ୍ଛା, ପୁଣି କେବେ ଦେଖାହେବ ।	Garima—It's good to see you again.	— ଇଟ୍ ଇଜ୍ ଗୁଡ୍ ଟୁ ସୀ ୟୁ ଏଗେନ୍ ।

● ● ●

ଆଭା-କ'ଣ ତୁମେ ପ୍ରାୟତଃ ଦୂରଦର୍ଶନ ଦେଖ ?	Abha—Do you watch television very often?	— ଡୁ ୟୁ ୱାଚ୍ ଟେଲିଭିଜନ୍ ଭେରୀ ଅଫନ୍ ?
ଅମିତ-ହଁ, ମୁଁ ବେଳେ-ବେଳେ ସନ୍ଧ୍ୟାରେ ଏହାକୁ ଦେଖେ ।	Amit—Well, I sometimes watch it in the evening.	— ୱେଲ୍, ଆଇ ସମ୍-ଟାଇମ୍ସ ୱାଚ୍ ଇଟ୍ ଇନ୍ ଦି ଇଭିନିଙ୍ଗ୍ ।
ଆଭା-କ'ଣ ତୁମେ ଗତ ରାତିରେ ଦୂରଦର୍ଶନ ଦେଖିଥିଲ ?	Abha—Did you watch television last night?	— ଡିଡ୍ ୟୁ ୱାଚ୍ ଟେଲିଭିଜନ୍ ଲାଷ୍ଟ ନାଇଟ୍ ?
ଅମିତ-ହଁ, ଦେଖିଥିଲି । ମୁଁ କିଛି ଭଲ କାର୍ଯ୍ୟକ୍ରମ ଦେଖିଲି ।	Amit—Yes, I did. I saw several good programmes.	— ୟେସ୍, ଆଇ ଡିଡ୍ । ଆଇ ସ ସେଭେରାଲ୍ ଗୁଡ୍ ପ୍ରୋଗ୍ରାମ୍ସ ।

● ● ●

ଅମିତ-କ'ଣ ତୁମେ କେବେ ଆକାଶବାଣୀ ଶୁଣ ?	Amit—Do you ever listen to the radio?	— ଡୁ ୟୁ ଏଭର୍ ଲିସନ୍ ଟୁ ଦି ରେଡିଓ ?

ଆଭା-ହଁ, ନିଶ୍ଚୟ । ପ୍ରକୃତରେ ମୁଁ ସବୁଦିନ ରାତିରେ ଆକାଶବାଣୀ ଶୁଣେ ।	Abha—Certainly, I listen practically every night.	— ସର୍ଟେନ୍‌ଲୀ, ଆଇ ଲିସନ୍ ପ୍ରାକ୍ଟିକାଲୀ ଏଭ୍ରୀ ନାଇଟ୍ ।
ଅମିତ-କେଉଁଟି ତୁମର ମନପସନ୍ଦ କାର୍ଯ୍ୟକ୍ରମ ଅଟେ ?	Amit—What's your favourite programme?	— ହ୍ୱାଟ୍ ଇଜ୍ ୟୋର୍ ଫେବରାଇଟ୍ ପ୍ରୋଗ୍ରାମ୍ ?
ଆଭା-ମୋତେ ବନ୍ଦନା ସବୁଠାରୁ ଭଲ ଲାଗେ ।	Abha—I like vandanvar best of all.	— ଆଇ ଲାଇକ୍ ବନ୍ଦନବାର୍ ବେଷ୍ଟ ଅଫ୍ ଅଲ୍ ।
●	●	●
ଶେହନାଜ-ତୁମେ କେଉଁଆଡ଼େ ଯାଇଥିଲ ?	Shehnaz—Where did you go?	— ହ୍ୱେୟାର୍ ଡିଡ୍ ୟୁ ଗୋ ?
ମୀନାଜ-ଆମେ ସୁନ୍ଦର ସମୁଦ୍ର କୂଳକୁ ଯାଇଥିଲୁ ।	Minaz—We went to a beautiful beach.	— ଉଇ ୱେଣ୍ଟ ଟୁ ଏ ବିଉଟିଫୁଲ୍ ବିଚ୍ ।
ଶେହନାଜ-କ'ଣ ତୁମେ ସମୁଦ୍ରରେ ପହଁରିଲ ?	Shahnaz—Did you swim in the ocean?	— ଡିଡ୍ ୟୁ ସ୍ୱିମ୍ ଇନ୍ ଦି ଓସେନ୍ ?
ମୀନାଜ- ହଁ, କିନ୍ତୁ ମୁଁ କୂଳରେ ପହଁରିଥିଲି ।	Minaz—Yes, but I swam close to the shore!	— ୟେସ୍, ବଟ୍ ଆଇ ସ୍ୱାମ୍ କ୍ଲୋଜ୍ ଟୁ ଦି ସୋର୍ !
●	●	●
ମଞ୍ଜୁଳା-ଆଜି ରାତିରେ ଆପଣଙ୍କର କି କାର୍ଯ୍ୟକ୍ରମ ଅଛି ?	Manjula—What are you going to do tonight?	— ହ୍ୱାଟ୍ ଆର୍ ୟୁ ଗୋଇଙ୍ଗ୍ ଟୁ ଡୁ ଟୁନାଇଟ୍ ।
ଗୌରବ-ଏବେ ମୁଁ ସ୍ଥିର କରିନାହିଁ ।	Gaurav—I have not decided yet.	— ଆଇ ହାଭ୍ ନଟ୍ ଡିସାଇଡେଡ୍ ୟେଟ୍ ।
ମଞ୍ଜୁଳା-କ'ଣ ଆପଣ ସିନେମା ଯିବାକୁ ଚାହିଁବେ ?	Manjula—Would you like to go the movies?	— ଉଡ୍ ୟୁ ଲାଇକ୍ ଟୁ ଗୋ ଦି ମୁଭିଜ୍ ?
ଗୌରବ-ନାଁ, ମୁଁ ନାଟକ ଦେଖିବାକୁ ଚାହିଁବି ।	Gaurav—No, I like to go to see a drama.	— ନୋ, ଆଇ ଲାଇକ୍ ଟୁ ଗୋ ଟୁ ସୀ ଏ ଡ୍ରାମା ।
●	●	●

ମନୋଜ-ମୋତେ ରେଲ୍‌ୱେ ଷ୍ଟେସନ ଯିବାର ଅଛି ।	Manoj—I have to go to the railway station.	— ଆଇ ହାଭ୍ ଟୁ ଗୋ ଟୁ ଦି ରେଲ୍‌ୱେ ଷ୍ଟେସନ୍ ।
ବିକାସ-ତୁମେ ସେଠାକୁ କାହିଁକି ଯିବ ?	Vikas—Why do you have to go there?	— ହ୍ୱାଏ ଡୁ ୟୁ ହାଭ୍ ଟୁ ଗୋ ଦେୟାର୍ ?
ମନୋଜ-ମୋ ଭଉଣୀ ବମ୍ବେରୁ ଆସୁଛି, ତାକୁ ଆଣିବାକୁ ଯିବାର ଅଛି ।	Manoj—To receive my sister from Bombay.	— ଟୁ ରିସିଭ୍ ମାଇଁ ସିଷ୍ଟର୍ ଫ୍ରମ୍ ବମ୍ବେ ।
ବିକାସ-ଆସ ମୋ ସ୍କୁଟର୍‌ରେ ବସି ଯିବା ।	Vikas—Let me take you on my scooter.	— ଲେଟ୍ ମି ଟେକ୍ ୟୁ ଅନ୍ ମାଇଁ ସ୍କୁଟର୍ ।
●	●	●
ପ୍ରଦୀପ-କ'ଣ ଆପଣ ଡା. ଭାରତେନ୍ଦୁ ଅଟନ୍ତି ?	Pradip—Are you Dr. Bhartendu?	— ଆର୍ ୟୁ ଡକ୍ଟର ଭାରତେନ୍ଦୁ ?
ମନୋହର-ନା, ସେହି ଡେଙ୍ଗା ମହାଶୟ ଡା. ଭାରତେନ୍ଦୁ ଅଟନ୍ତି ?	Manohar—No. That tall fellow is Dr. Bharatendu.	— ନୋ, ଦ୍ୟାଟ୍ ଟଲ୍ ଫେଲୋ ଇଜ୍ ଡକ୍ଟର ଭାରତେନ୍ଦୁ ।
ପ୍ରଦୀପ-କ'ଣ ଆପଣଙ୍କ ହିସାବରେ, ସେହି ଲୋକ ଯିଏ ଚଷମା ପିନ୍ଧିଛନ୍ତି ?	Pradip—Do you mean the one over there with spectacles?	— ଡୁ ୟୁ ମିନ୍ ଦି ଓ୍ୱାନ୍ ଓଭର୍ ଦେୟାର୍ ୱିଥ୍ ସ୍ପେକ୍‌ଟାକଲ୍ସ ?
ମନୋହର-ହଁ, ସେଇ ଯାହାଙ୍କ କଳା କେଶ ଅଛି ।	Manohar—Yes. The one with dark hair.	— ୟେସ୍ । ଦି ଓ୍ୱାନ୍ ୱିଥ୍ ଡାର୍କ ହେୟାର୍ ।
●	●	●
ଇନାମଦାର-ଆପଣ ଏଠାରେ କେତେବେଳୁ ଅଛନ୍ତି ?	Inamdar—How long have you been here?	— ହାଓ ଲଙ୍ଗ୍ ହାଭ୍ ୟୁ ବିନ୍ ହିୟର୍ ?
ଗୋପାଳ-ମୁଁ ଦୁଇ ସପ୍ତାହ ହେବ ଏଠାରେ ଅଛି ।	Gopal—I have been here for two weeks.	— ଆଇ ହାଭ୍ ବିନ୍ ହିୟର୍ ଫର୍ ଟୁ ୱିକ୍ସ ।
ଇନାମଦାର-ଆପଣ କେବେ କେବେ ଏଠାକୁ ଆସନ୍ତି ?	Inamdar—How often do you get here?	— ହାଓ ଓଫନ୍ ଡୁ ୟୁ ଗେଟ୍ ହିୟର୍ ?

ଗୋପାଳ-ମୁଁ ପାଖାପାଖି ବର୍ଷକରେ ଦୁଇଥର ଏହି ସହରକୁ ଆସେ ।	Gopal—I get to this city about twice a year.	— ଆଇ ଗେଟ୍ ଟୁ ଦିସ୍ ସିଟୀ ଏବାଉଟ୍ ଟ୍ୱାଇସ୍ ଏ ଇୟର୍ ।
ଅନୁ-କ'ଣ ତୁମର ଛୁଟି ଗୁଡ଼ିକ ଭଲରେ ବିତିଲା ?	Anu—Did you have a good vacation?	— ଡିଡ୍ ୟୁ ହାଭ୍ ଏ ଗୁଡ୍ ଭ୍ୟାକେସନ୍ ?
ସତ୍ୟ-ହଁ, ଭଲରେ ବିତିଲା । ସେହି ସମୟ ବହୁତ ମଜାଦାର ଥିଲା ।	Satya—Yes, I did. I had a wonderful time.	— ୟେସ୍, ଆଇ ଡିଡ୍ । ଆଇ ହାଡ୍ ଏ ୱାଣ୍ଡରଫୁଲ୍ ଟାଇମ୍ ।
ଅନୁ-ତୁମେ କ'ଣ କଲ ?	Anu—What did you do?	— ହ୍ୱାଟ୍ ଡିଡ୍ ୟୁ ଡୁ ?
ସତ୍ୟ-ମୁଁ ନୂଆଦିଲ୍ଲୀର କିଛି ପୁରୁଣା ମିତ୍ରଙ୍କ ସହ ସାକ୍ଷାତ କଲି ।	Satya—I visited some old friends in New Delhi.	— ଆଇ ଭିଜିଟେଡ୍ ସମ୍ ଓଲଡ୍ ଫ୍ରେଣ୍ଡସ୍ ଇନ୍ ନିଉ ଡେଲ୍ହୀ ।

•••

୪୩ତମ ସୋପାନ 43RD STEP

ଟଙ୍କା ପଇସା ବାବଦରେ
ABOUT MONEY

1. ତୁମ ପାଖରେ କେତେ ଟଙ୍କା ଅଛି ?	How much money do you have?	ହାଓ ମଚ୍ ମନୀ ଡୁ ୟୁ ହାଭ୍ ?
— ବେଶୀ ନାହିଁ ।	Not very much.	— ନଟ୍ ଭେରୀ ମଚ୍ ।
●	●	●
2. ସେ କୌଣସି ବିଷୟରେ ଚିନ୍ତିତ ଦେଖାଯାଉଛି ।	She looks upset about something.	ସୀ ଲୁକ୍ସ୍ ଅପ୍‌ସେଟ୍ ଏବାଉଟ୍ ସମ୍‌ଥିଙ୍ଗ୍ ।
— ମତେ ଲାଗୁଛି, ତା ପଇସା ହଜିଯାଇଛି ।	I think she has lost her money.	—ଆଇ ଥିଙ୍କ୍ ସୀ ହାଜ୍ ଲଷ୍ଟ ହର୍ ମନୀ ।

— କ'ଣ ଆପଣଙ୍କୁ ସଠିକ୍ ଜଣାଅଛି ଯେ ତା ପଇସା ହଜିଯାଇଛି ?	Are you sure she has lost her money?	— ଆର୍ ୟୁ ସିଓର୍ ସୀ ହାଜ୍ ଲଷ୍ଟ ହର୍ ମନୀ ?
— ହଁ, ମୋର ବିଶ୍ୱାସ ଅଛି ।	I am sure she did.	— ଆଇ ଆମ୍ ସିଓର୍ ସୀ ଡିଡ୍ ।
●	●	●
3. ଆପଣଙ୍କ ବ୍ୟାଙ୍କ୍ ଖାତାରେ କେତେ ଟଙ୍କା ଥିଲା ?	How many rupees did you have in your bank?	— ହାଓ ମେନୀ ରୁପିଜ୍ ଡିଡ୍ ୟୁ ହାଭ୍ ଇନ୍ ୟୋର୍ ବ୍ୟାଙ୍କ୍ ?
— ମୋ ପାଖରେ ଠିକ୍ ତିନିଶହ ଟଙ୍କା ଥିଲା ।	I had exactly three hundred rupees.	— ଆଇ ହାଡ୍ ଏକ୍‌ଜାକ୍ଟଲୀ ଥ୍ରୀ ହଣ୍ଡ୍ରେଡ୍ ରୁପିଜ୍ ।
●	●	●
4. କ'ଣ ତୁମେ ନିଜର ମୋଟରସାଇକଲ୍ ବିକି ଦେଇଛ ?	Did you sell your motorcycle?	— ଡିଡ୍ ୟୁ ସେଲ୍ ୟୋର୍ ମୋଟର୍‌ସାଇକଲ୍ ?
— ହଁ, ମୁଁ ମୋର ବନ୍ଧୁ ଅନୁପମକୁ ବିକିଦେଲି ।	Yes, I sold it to my friend Anupam.	— ୟେସ୍, ଆଇ ସୋଲ୍‌ଡ୍ ଇଟ୍ ଟୁ ମାଇଁ ଫ୍ରେଣ୍ଡ୍ ଅନୁପମ୍ ।
●	●	●
5. କ'ଣ ଆପଣ ଆସନ୍ତା କାଲି ଯାଏଁ ଶହେ ଟଙ୍କା ଉଧାର ଦେଇପାରିବେ ?	Could you lend me one hundred rupees until tomorrow?	— କୁଡ୍ ୟୁ ଲେଣ୍ଡ୍ ମି ୱାନ୍ ହଣ୍ଡ୍ରେଡ୍ ରୁପିଜ୍ ଅନ୍‌ଟିଲ୍ ଟୁମରୋ ?
— ନା, ମୁଁ ଦେଇପାରିବି ନାହିଁ ।	No, I could not.	— ନୋ, ଆଇ କୁଡ୍ ନଟ୍ ।
●	●	●
6. କ'ଣ ଆପଣ ମୋ ପାଇଁ ଛଅ ଶହ ଟଙ୍କା ବାହାର କରିପାରିବେ ?	Could you spare six hundred rupees?	— କୁଡ୍ ୟୁ ସ୍ପେୟାର୍ ସିକ୍ସ ହଣ୍ଡ୍ରେଡ୍ ରୁପିଜ୍ ?
— ହଁ, କିନ୍ତୁ ମୋତେ ସେହି ପଇସା ଆଗାମୀ ସପ୍ତାହ ପୂର୍ବରୁ ଦରକାର ।	Yes, but I shall need the money before next week.	— ୟେସ୍, ବଟ୍ ଆଇ ସାଲ୍ ନୀଡ୍ ଦି ମନୀ ବିଫୋର୍ ନେକ୍ସଟ୍ ୱିକ୍ ।

7.	କ'ଣ ତୁମକୁ ପଇସା ମିଳିଗଲା ?	Did you get the money?	— ଡିଡ୍ ୟୁ ଗେଟ୍ ଦି ମନୀ ?
—	ହଁ, ମୁଁ ମୋ ସାଙ୍ଗଠାରୁ ଧାର୍ ନେଇଗଲି ।	Yes, I borrowed it form my colleague.	— ୟେସ୍, ଆଇ ବରୋଡ୍ ଇଟ୍ ଫ୍ରମ୍ ମାଇଁ କଲିଗ୍ ।
	●	●	●
8.	କ'ଣ ଆପଣଙ୍କ ପାଖରେ ଖୁଚୁରା ଅଛି ?	Have you got any change?	— ହାଭ୍ ୟୁ ଗଟ୍ ଏନୀ ଚେଞ୍ଜ ?
—	ମୋ ପାଖରେ ଦଶ ପଇସିଆ ସାତଟି ମୁଦ୍ରା ଏବଂ ପାଞ୍ଚ ପଇସିଆ ଛଅଟି ମୁଦ୍ରା ଅଛି ।	Here are seven coins of ten paise and six coins of five paise.	— ହିୟର୍ ଆର୍ ସେଭେନ୍ କଏନ୍ସ ଅଫ୍ ଟେନ୍ ପେଇସେ ଏଣ୍ଡ ସିକ୍ସ କଏନ୍ସ ଅଫ୍ ଫାଇଭ୍ ପେଇସେ ।
	●	●	●
9.	କ'ଣ ଆପଣ ଏହି ଦଶ ଟଙ୍କିଆ ନୋଟ୍‌କୁ ବଦଳାଇ ପାରିବେ ?	Can you change this ten rupee note?	— କ୍ୟାନ୍ ୟୁ ଚେଞ୍ଜ ଦିସ୍ ଟେନ୍ ରୁପୀ ନୋଟ୍ ?
—	ମୁଁ ଦୁଃଖିତ, ମୋ ପାଖରେ କୌଣସି ନୋଟ୍ ନାହିଁ ।	I am sorry I don't have any note.	— ଆଇ ଆମ୍ ସରୀ ଆଇ ଡୋଣ୍ଟ୍ ହାଭ୍ ଏନୀ ନୋଟ୍ ।
	●	●	●
10.	କ'ଣ ଆପଣଙ୍କ ପାଖରେ ଶହେ ଟଙ୍କାର ଖୁଚୁରା ନୋଟ୍ ଅଛି ?	Do you have change for one hundred rupees?	— ଡୁ ୟୁ ହାଭ୍ ଚେଞ୍ଜ ଫର୍ ୱାନ୍ ହଣ୍ଡ୍ରେଡ୍ ରୁପୀଜ୍ ?
—	ଗୋଟେ ମିନିଟ୍ ରୁହ, ଟିକେ ଦେଖିଦିଏ ।	Just a minute, let me see.	— ଜଷ୍ଟ ଏ ମିନିଟ୍, ଲେଟ ମି ସୀ ।
11.	କ'ଣ ତୁମେ ବିଦେଶୀ ମୁଦ୍ରା ବିନିମୟ କରିବ ?	Will you get foreign exchange?	— ୱିଲ୍ ୟୁ ଗେଟ୍ ଫରେନ୍ ଏକ୍ସଚେଞ୍ଜ ?
—	ହଁ, ନିଶ୍ଚୟ ।	Yes, I will.	— ୟେସ୍, ଆଇ ୱିଲ୍ ।
	●	●	●

12. ଆପଣ କେତେ ଟଙ୍କା ବିନିମୟ କରିବେ ?	How much will you get?	— ହାଓ ମଚ୍ ୱିଲ ୟୁ ଗେଟ୍ ?
— ଜଣେ ଛାତ୍ର ପ୍ରତିବର୍ଷ ପ୍ରାୟତଃ ପାଞ୍ଚ ହଜାର ଡଲାର ବିଦେଶୀ ମୁଦ୍ରା ବିନିମୟ କରିପାରିବ ।	A student generally gets foreign exchange worth about 5000 dollars per year.	— ଏ ଷ୍ଟୁଡେଣ୍ଟ ଜେନେରାଲୀ ଗେଟ୍ସ୍ ଫରେନ୍ ଏକ୍ସଚେଞ୍ଜ ୱର୍ଥ ଏବାଉଟ୍ 5000 ଡଲାର୍ସ ପର୍ ଇୟର୍ ।
13. ତୁମର ଦରମା କେତେ ?	What is your salary?	— ହ୍ୱାଟ୍ ଇଜ୍ ୟୋର୍ ସାଲାରୀ ?
— ମତେ ମାସକୁ ଚାରିଶହ ଟଙ୍କା ବେତନ ମିଳେ ।	I am drawing a salary of Rs. 400 per month.	— ଆଇ ଆମ୍ ଡ୍ରଇଙ୍ଗ୍ ଏ ସାଲାରୀ ଅଫ୍ ରୁପୀଜ୍ 400 ପର୍ ଇୟର୍ ।
14. ଆପଣ କେତେ ଟଙ୍କା ଚାହୁଁଛନ୍ତି ?	How much do you expect?	— ହାଓ ମଚ୍ ଡୁ ୟୁ ଏକ୍ସପେକ୍ଟ ?
— ମୁଁ ପଚାଶ ଟଙ୍କାରୁ ଅଧିକ ପାଇବାକୁ ଚାହୁଁନାହିଁ ।	I do not wish to have more than fifty rupees.	— ଆଇ ଡୁ ନଟ୍ ୱିସ୍ ଟୁ ହାଭ୍ ମୋର ଦ୍ୟାନ୍ ଫିଫ୍ଟୀ ରୁପୀଜ୍ ।
15. ଆପଣ କିଛି କମିଶନ ଦେବେ ?	Do you give any discount?	— ଡୁ ୟୁ ଗିଭ୍ ଏନୀ ଡିସ୍କାଉଣ୍ଟ ?
— କିଛି ବି ନୁହେଁ ।	Not at all.	— ନଟ୍ ଆଟ୍ ଅଲ୍ ।
16. କ'ଣ ଏହି ଜିନିଷର ମୂଲ୍ୟ କୋଡ଼ିଏ ଟଙ୍କା ହେବ ?	Is this worth twenty rupees?	— ଇଜ୍ ଦିସ୍ ୱର୍ଥ ଟ୍ୱେଣ୍ଟି ରୁପୀଜ୍ ?
— କାହିଁକି ନୁହେଁ ? କିନ୍ତୁ ଏହା ତ ଆହୁରି ମହଙ୍ଗା ।	Why not? It is rather costlier.	— ହ୍ୱାଏ ନଟ୍ ? ଇଟ୍ ଇଜ୍ ରାଦର୍ କଷ୍ଟଲିଅର୍ ।

୪୪ତମ ସୋପାନ 44TH STEP

ବସ୍‌ରେ
ON THE BUS

1.	ଟିକଟ କାଟିଦିଅ ।	Pay for the tickets.	ପେ ଫର୍ ଦି ଟିକେଟ୍ସ ।
2.	ନା, ପୂର୍ବଥର ମୁଁ ଟିକଟ କାଟିଥିଲି । ଆଜି ତୁମର ପାଳି ।	No, I paid last time. It is your turn today.	ନୋ, ଆଇ ପେଡ୍ ଲାଷ୍ଟ ଟାଇମ୍ । ଇଟ୍ ଇଜ୍ ୟୋର୍ ଟର୍ଣ୍ଣ ଟୁଡେ ।
3.	ଆଚ୍ଛା । କ'ଣ ଆମେ ରିଙ୍ଗ ରୋଡ୍, ଲାଜପଥନଗରରେ ଓହ୍ଲାଇବା ?	All right. Shall we get off at the ring road, Lajpat Nagar?	ଅଲ୍ ରାଇଟ୍ । ସାଲ୍ ୱଇ ଗେଟ୍ ଅଫ୍ ଆଟ୍ ଦି ରିଙ୍ଗ୍ ରୋଡ୍, ଲାଜପତ ନଗର ?
4.	ମୁଁ ତ ଭାବୁଛି, ସେଣ୍ଟ୍ରାଲ୍ ମାର୍କେଟ୍ ଠାରୁ ସିନେମା ପାଖ ପଡ଼ିବ । ଯାହା ବି ହେଉ, ଭଡ଼ା ତ ଏକା ।	I think the Central Market is a little nearer the Cinema. Anyway the fare is the same.	ଆଇ ଥିଙ୍କ୍ ଦି ସେଣ୍ଟ୍ରାଲ୍ ମାର୍କେଟ୍ ଇଜ୍ ଏ ଲିଟିଲ୍ ନିଅରର୍ ଦି ସିନେମା । ଏନୀୱେ ଦି ଫେଆର୍ ଇଜ୍ ଦି ସେମ୍ ।
5.	ହଁ, ଠିକ୍ ଅଛି । ମୁଁ ପ୍ରାୟ ରିଙ୍ଗ୍ ରୋଡ୍‌ରେ ଓହ୍ଲାଏ । କିନ୍ତୁ ଏହାଦ୍ୱାରା କୌଣସି ଫରକ ପଡ଼େନାହିଁ ।	Yes, it is. I usually get off at the Ring Road. But it makes no difference.	ୟେସ୍, ଇଟ୍ ଇଜ୍ । ଆଇ ୟୁଜୁଆଲୀ ଗେଟ୍ ଅଫ୍ ଆଟ୍ ଦି ରିଙ୍ଗ୍ ରୋଡ୍ । ବଟ୍ ଇଟ୍ ମେକ୍ସ ନୋ ଡିଫରେନ୍ସ ।
6.	ଏବେ ଟିକଟ କାଟିଦିଅ ।	Now buy the tickets.	ନାଓ ବାଏ ଦି ଟିକେଟ୍ସ ।
7.	ବସ୍‌ରେ ବହୁତ ଭିଡ଼ ଅଛି, ତେଣୁ ମୁଁ ଭାବୁଛି କଣ୍ଡକ୍ଟର ଅଧିକ ବ୍ୟସ୍ତ ଅଛି ।	The bus is over crowded, So I think the conductor is very busy.	ଦି ବସ୍ ଇଜ୍ ଓଭର୍ କ୍ରାଉଡେଡ୍, ସୋ ଆଇ ଥିଙ୍କ୍ ଦି କଣ୍ଡକ୍ଟର୍ ଇଜ୍ ଭେରୀ ବିଜୀ ।
8.	କିନ୍ତୁ ତୁମେ କ'ଣ ପଇସା କାଢ଼ି ସାରିଛ ?	But have you got the money ready?	ବଟ୍ ହାଭ୍ ୟୁ ଗଟ୍ ଦି ମନୀ ରେଡୀ ?

9.	ହଁ, ମୋ ପାଖରେ ଭଡ଼ା ପାଇଁ ଖୁଚୁରା ପଇସା ଅଛି ।	Yes, I have got the exact fare.	ୟେସ୍, ଆଇ ହାଭ୍ ଗଟ୍ ଦି ଏକ୍‌ଜାକ୍ଟ ଫେଆର୍ ।

ସର୍ବସାଧାରଣ ପୁସ୍ତକାଳୟରେ IN A PUBLIC LIBRARY

1.	କ'ଣ ମୁଁ ପୁସ୍ତକାଳୟର ନିୟମିତ ସଦସ୍ୟ ହୋଇପାରିବି ?	May I be a regular member of the library?	ମେ ଆଇ ବି ଏ ରେଗୁଲାର୍ ମେମ୍ବର ଅଫ୍ ଦି ଲାଇବ୍ରେରୀ ?
2.	ନିଃସନ୍ଦେହ । ଏହି ଫର୍ମ ପୂରଣ କରନ୍ତୁ ଏବଂ କୌଣସି ଗେଜେଟେଡ୍ ଅଫିସରଙ୍କ ଠାରୁ ଦସ୍ତଖତ କରାଇ ଆଣନ୍ତୁ ।	Of course. Complete this form, please, and get it signed by any Gazetted officer.	ଅଫ୍ କୋର୍ସ । କମ୍ପ୍ଲିଟ୍ ଦିସ୍ ଫର୍ମ, ପ୍ଲିଜ୍, ଏଣ୍ଡ ଗେଟ୍ ଇଟ୍ ସାଇନ୍‌ଡ୍ ବାଏ ଏନୀ ଗେଜେଟେଡ୍ ଅଫିସର୍ ।
3.	ସଦସ୍ୟତା ଶୁଳ୍କ କେତେ ?	What is the membership fees?	ହ୍ୱାଟ୍ ଇଜ୍ ଦି ମେମ୍ବରସିପ୍ ଫୀଜ୍ ?
4.	କିଛି ନାହିଁ । ସର୍ବସାଧାରଣ ପୁସ୍ତକାଳୟ ସେବା ସବୁଆଡ଼େ ନିଃଶୁଳ୍କ ଅଟେ ।	Not at all, the public library service is entirely free.	ନଟ୍ ଆଟ୍ ଅଲ୍, ଦି ପବ୍ଲିକ୍ ଲାଇବ୍ରେରୀ ସର୍ଭିସ୍ ଇଜ୍ ଏଣ୍ଟାୟାରଲୀ ଫ୍ରୀ ।
5.	ଗୋଟିଏ ସମୟରେ ଆପଣ କେତୋଟି ପୁସ୍ତକ ଦିଅନ୍ତି ?	How many books do you lend at a time?	ହାଓ ମେନୀ ବିକ୍ସ ଡୁ ୟୁ ଲେଣ୍ଡ ଆଟ୍ ଏ ଟାଇମ୍ ?
6.	ପୁସ୍ତକାଳୟ ଚଉଦ ଦିନ ପାଇଁ ତିନୋଟି ପୁସ୍ତକ ଦେଇଥାଏ ।	The library lends three books for fourteen days.	ଦି ଲାଇବ୍ରେରୀ ଲେଣ୍ଡସ୍ ଥ୍ରୀ ବୁକ୍ସ ଫର୍ ଫୋରଟୀନ୍ ଡେଜ୍ ।
7.	ଆଚ୍ଛା ! ପ୍ରତିଦିନର ବିଳମ୍ବ ଶୁଳ୍କ କେତେ ?	I see. What is the late fee per day?	ଆଇ ସୀ । ହ୍ୱାଟ୍ ଇଜ୍ ଦି ଲେଟ୍ ଫୀ ପର୍ ଡେ ?
8.	ଆମେ ପ୍ରତିଦିନ ପ୍ରତ୍ୟେକ ପୁସ୍ତକ ପାଇଁ ଦଶ ପଇସା ନେଉ ।	We charge ten paise per day for each book.	ଉଇ ଚାର୍ଜ ଟେନ୍ ପେଇସେ ପର୍ ଡେ ଫର୍ ଇଚ୍ ବୁକ୍ ।
9.	ପୁସ୍ତକାଳୟ କେତେଟାରୁ କେତେଟା ପର୍ଯ୍ୟନ୍ତ ଖୋଲା ରୁହେ ?	What are the working hours of the library?	ହ୍ୱାଟ୍ ଆର୍ ଦି ଓ୍ୱାର୍କିଙ୍ଗ୍ ଆଓ୍ୱାର୍ସ ଅଫ୍ ଦି ଲାଇବ୍ରେରୀ ?

10. ପୁସ୍ତକାଳୟ ସକାଳ ୯ ଟାରୁ ସନ୍ଧ୍ୟା ସାଢ଼େ ସାତଟା ପର୍ଯ୍ୟନ୍ତ ଖୋଲା ରୁହେ	The library remains open from 9 a.m. to 7.30 p.m.	ଦି ଲାଇବ୍ରେରୀ ରିମେନ୍ସ ଓପନ୍ ଫ୍ରମ୍ 9 ଏ.ଏମ୍ ଟୁ 7.30 ପି.ଏମ୍।

ସିନେମା ଘରେ AT THE THEATRE

1. ବିରତି ହୋଇଗଲା। ସ୍ନାକ୍ ବାର୍‌କୁ ଯାଇ ଚାହା କପେ ଲେଖା ପିଇବା ?	It's interval. Shall we go to the snack bar and have a cup of tea.	ଇଟ୍ ଇଜ୍ ଇଣ୍ଟରଭାଲ୍। ସାଲ୍ ଉଇ ଗୋ ଟୁ ଦି ସ୍ନାକ୍ ବାର୍ ଏଣ୍ଡ ହାଭ୍ ଏ କପ୍ ଅଫ୍ ଟି।
2. ମୋର କିଛି ଦରକାର ନାହିଁ। ଚାଲ ଅଳ୍ପ ଗୋଡ଼ ସିଧା କରିନେବା।	I don't want anything. Let us stretch our legs.	ଆଇ ଡୋଣ୍ଟ ୱାଣ୍ଟ ଏନିଥିଙ୍ଗ୍। ଲେଟ୍ ଅସ୍ ଷ୍ଟ୍ରେଚ୍ ଆୱାର୍ ଲେଗ୍‌ସ୍।
3. ଚାଲ ଯିବା। ନାୟିକା ବାବଦରେ ତୁମର ମତ କ'ଣ ?	Let us go. What do you think of the heroine?	ଲେଟ୍ ଅସ୍ ଗୋ। ହ୍ୱାଟ୍ ଡୁ ୟୁ ଥିଙ୍କ୍ ଅଫ୍ ଦି ହିରୋଇନ୍ ?
4. ତା'ର ପ୍ରଦର୍ଶନ ବହୁତ ଭଲ ଥିଲା।	Her performance was very good.	ହର୍ ପରଫରମାନ୍ସ ୱାଜ୍ ଭେରୀ ଗୁଡ୍।
5. ବସ୍ତୁତଃ ତାହାର ଭବିଷ୍ୟତ ବହୁତ ଉଜ୍ଜ୍ୱଳ ଅଟେ।	Really her future is very good.	ରିଏଲୀ ହର୍ ଫିଉଚର୍ ଇଜ୍ ଭେରୀ ଗୁଡ୍।
6. ସେ ନିଶ୍ଚୟ ହିଁ ସବୁ ଅଭିନେତାଙ୍କ ଠାରୁ ଆଗେଇ ଗଲା।	She certainly surpassed all the actors.	ସୀ ସର୍ଟେନ୍‌ଲୀ ସରପାସ୍‌ଡ୍ ଅଲ୍ ଦି ଆକ୍‌ଟର୍ସ।
7. ସେ ଯେତିକି ଭଲ ଥିଲା ସେତିକି ଅନ୍ୟ କେହି ନଥିଲେ।	None of the others was as good as she was.	ନନ୍ ଅଫ୍ ଦି ଅଦର୍ସ ୱାଜ୍ ଆଜ୍ ଗୁଡ୍ ଆଜ୍ ସି ୱାଜ୍।
8. କେବଳ ଛୋଟ ଝିଅ ମୀରାକୁ ଛାଡ଼ି, ଯିଏ ଆମ ସମସ୍ତଙ୍କ ମନୋରଞ୍ଜନ କଲା।	Except the young child Mira who made us all laugh.	ଏକ୍‌ସେପ୍ଟ ଦି ୟଙ୍ଗ୍ ଚାଇଲ୍‌ଡ୍ ମିରା ହୁ ମେଡ୍ ଅସ୍ ଅଲ୍ ଲାଫ୍।
9. ଘଣ୍ଟି ବାଜୁଛି। ଏହା ଫେରିବାର ସମୟ ଅଟେ।	The bell is ringing. It's time to go back.	ଦି ବେଲ୍ ଇଜ୍ ରିଙ୍ଗିଙ୍ଗ୍। ଇଟ୍ ଇଜ୍ ଟାଇମ୍ ଟୁ ଗୋ ବ୍ୟାକ୍।

•••

୪୫ତମ ସୋପାନ 45TH STEP

ରାସ୍ତା ପଚାରିବା ବେଳେ
ASKING THE WAY

1.	କ୍ଷମା କରିବେ, କ'ଣ ଆପଣ କହି ପାରିବେ କି ମନ୍ଦିର କେଉଁଠି ଅଛି ?	Excuse me. Can you tell me where is the temple?	ଏକ୍ସକ୍ୟୁଜ୍ ମି । କ୍ୟାନ୍ ୟୁ ଟେଲ୍ ମି ହ୍ୱେୟାର୍ ଇଜ୍ ଦି ଟେମ୍ପଲ୍ ?
2.	କେଉଁ ମନ୍ଦିର ?	Which temple are you looking for?	ହ୍ୱିଚ୍ ଟେମ୍ପଲ୍ ଆର୍ ୟୁ ଲୁକିଙ୍ଗ୍ ଫର୍ ?
3.	ମୋ କହିବାର ମାନେ, ଲକ୍ଷ୍ମୀ ନାରାୟଣ ମନ୍ଦିର ।	I mean the temple of Laxmi Narayan.	ଆଇ ମିନ୍ ଦି ଟେମ୍ପଲ୍ ଅଫ୍ ଲକ୍ଷ୍ମୀ ନାରାୟନ୍ ।
4.	ଆଚ୍ଛା, ବିରଳା ମନ୍ଦିର । ପ୍ରଥମ ଟ୍ରାଫିକ୍ ଲାଇଟ ପର୍ଯ୍ୟନ୍ତ ସିଧା ଯାଆନ୍ତୁ ଏବଂ ତା ପରେ ବାମକୁ ବୁଲନ୍ତୁ ।	Oh, the Birla Mandir. Go straight to the first traffic light and then turn left.	ଓଃ, ଦି ବିର୍ଲା ମନ୍ଦିର । ଗୋ ଷ୍ଟ୍ରେଟ୍ ଟୁ ଦି ଫାଷ୍ଟ ଟ୍ରାଫିକ୍ ଲାଇଟ୍ ଏଣ୍ଡ ଦେନ୍ ଟର୍ଣ୍ଣ ଲେଫ୍ଟ ।
5.	ଆଚ୍ଛା ! କ'ଣ ଏହା ଦୂରରେ ଅଛି ?	I see. Is it far?	ଆଇ ସୀ । ଇଜ୍ ଇଟ୍ ଫାର୍ ?
6.	ନା, ଅଧିକ ଦୂର ନୁହେଁ । କେବଳ ଏକ କିଲୋମିଟର ।	Not so far. Only one kilometre.	ନଟ୍ ସୋ ଫାର୍ । ଓନ୍‌ଲୀ ୱାନ୍ କିଲୋମିଟର୍ ।
7.	ପ୍ରଥମ ଟ୍ରାଫିକ୍ ଲାଇଟ୍ ଠାରୁ ବାମ ପଟକୁ ଯିବାର ଅଛି ?	Turn left at the first traffic light?	ଟର୍ଣ୍ଣ ଲେଫ୍ଟ ଆଟ୍ ଦି ଫାଷ୍ଟ ଟ୍ରାଫିକ୍ ଲାଇଟ୍ ?
8.	ଆପଣ ଯେତେବେଳେ ବାମ ପଟକୁ ବୁଲିବେ, ତେବେ ଆପଣଙ୍କୁ ମନ୍ଦିର ଦେଖାଯିବ ।	When you turn left, you will see the temple.	ହ୍ୱେନ୍ ୟୁ ଟର୍ଣ୍ଣ ଲେଫ୍ଟ, ୟୁ ୱିଲ୍ ସୀ ଦି ଟେମ୍ପଲ୍ ।
9.	ଆପଣଙ୍କୁ ଧନ୍ୟବାଦ !	Thank you.	ଥ୍ୟାଙ୍କ୍ ୟୁ ।

10.	ଏମିତି କୌଣସି କଥା ନାହିଁ । ଅପରିଚିତ ବ୍ୟକ୍ତିଙ୍କୁ ସାହାଯ୍ୟ କରିବା ଖୁସିର କଥା ।	Not at all. It is a matter of joy to help a stranger.	ନଟ୍ ଆଟ୍ ଅଲ୍ । ଇଟ୍ ଇଜ୍ ଏ ମ୍ୟାଟର୍ ଅଫ୍ ଜଏ ଟୁ ହେଲ୍ପ୍ ଏ ଷ୍ଟ୍ରେଞ୍ଜର୍ ।

ଔଷଧ ଦୋକାନରେ AT THE MEDICAL STORE

1.	କ'ଣ ଆପଣ ମୋ ଚିଠାରେ ଥିବା ଔଷଧ ଦେଇପାରିବେ ?	Can you make up this prescription for me, please?	କ୍ୟାନ୍ ୟୁ ମେକ୍ ଅପ୍ ଦିସ୍ ପ୍ରେସ୍କ୍ରିପ୍ସନ୍ ଫର୍ ମି, ପ୍ଲିଜ୍ ?
2.	ନିଶ୍ଚୟ, ମହାଶୟ ! କ'ଣ ଆପଣ କିଛି ସମୟ ପରେ ଆସିପାରିବେ ?	Certainly, Sir! will you come back later?	ସର୍ଟେନ୍ଲୀ, ସାର୍ ! ୱିଲ୍ ୟୁ କମ୍ ବ୍ୟାକ୍ ଲେଟର୍ ?
3.	କେତେ ସମୟ ଲାଗିବ ?	How long will it take?	ହାଓ ଲଙ୍ଗ୍ ୱିଲ୍ ଇଟ୍ ଟେକ୍ ?
4.	କେବଳ ଦଶ ମିନିଟ୍ ।	Only ten minutes.	ଓନ୍ଲୀ ଟେନ୍ ମିନିଟ୍ସ ।
5.	କ'ଣ ଆପଣ ମୁଣ୍ଡବିନ୍ଧା ପାଇଁ କୌଣସି ଔଷଧ କହିବେ ?	Could you recommend something for headache?	କୁଡ୍ ୟୁ ରେକମେଣ୍ଡ ସମ୍ଥିଙ୍ଗ୍ ଫର୍ ହେଡେକ୍ ?
6.	ହଁ, ଏହି ଟାବ୍ଲେଟ ଅଧିକ ଫଳପ୍ରଦ । ଆଜିକାଲି ଅଧିକାଂଶ ଡାକ୍ତର ଏହାକୁ ଲେଖୁଛନ୍ତି ।	Yes, these tablets are very effective. Most of the doctors prescribe them nowadays.	ୟେସ୍, ଦିଜ୍ ଟାବ୍ଲେଟ୍ସ ଆର୍ ଭେରୀ ଇଫେକ୍ଟିଭ୍ । ମୋଷ୍ଟ ଅଫ୍ ଦ ଡକ୍ଟର୍ସ ପ୍ରେସ୍କ୍ରାଇବ୍ ଦେମ୍ ନାଓ ଏ ଡେଜ୍ ।
7.	ବହୁତ ଭଲ ! ମୁଁ ଦଶଟି ଟାବ୍ଲେଟ ନେବି ।	All right. I will take ten tablets.	ଅଲ୍ ରାଇଟ୍ । ଆଇ ୱିଲ୍ ଟେକ୍ ଟେନ୍ ଟାବ୍ଲେଟ୍ସ ।
8.	ଏତିକି ତ' ମହାଶୟ ?	Will that be all, Sir?	ୱିଲ୍ ଦ୍ୟାଟ୍ ବି ଅଲ୍, ସାର୍ ?
9.	ହଁ ଆଜ୍ଞା, କେବଳ ମୋ ଚିଠାର ଔଷଧ । କ'ଣ ତାହା ଏବେ ପ୍ରସ୍ତୁତ ହୋଇଯିବ ?	Yes, except for my medicines? Will it be ready now?	ୟେସ୍, ଏକ୍ସେପ୍ଟ ଫର୍ ମାଇଁ ମେଡିସିନ୍ସ ? ୱିଲ୍ ଇଟ୍ ବି ରେଡୀ ନାଓ ?
10.	ନା, ଏବେ ନୁହେଁ । କିଛି ସମୟ ଅପେକ୍ଷା କରନ୍ତୁ । ଦୟାକରି ବସିଯାନ୍ତୁ ।	Not yet. Wait for a short while. Please be seated.	ନଟ୍ ୟେଟ୍ । ୱେଟ୍ ଫର୍ ଏ ସର୍ଟ ହ୍ୱାଇଲ୍ । ପ୍ଲିଜ୍ ବି ସିଟେଡ୍ ।

ଟେଲିଫୋନ୍‌ରେ ON THE TELEPHONE

1.	ଏହା ଡାଏମଣ୍ଡ ପକେଟ୍ ବୁକ୍ସ କି ?	Is it Diamand Pocket Books?	ଇଜ୍ ଇଟ୍ ଡାୟମଣ୍ଡ ପକେଟ୍ ବୁକ୍ସ ?
2.	ଆଜ୍ଞା ହଁ, ଡାୟମଣ୍ଡ । ନମସ୍କାର ।	Yes, Diamand. Good morning.	ୟେସ୍, ଡାୟମଣ୍ଡ । ଗୁଡ୍ ମର୍ଣ୍ଣିଙ୍ଗ୍ ।
3.	କ'ଣ ନରେନ୍ଦ୍ର କୁମାର ଅଛନ୍ତି ?	May I speak to Mr. Narendra Kumar?	ମେ ଆଇ ସ୍ପିକ୍ ଟୁ ମିଷ୍ଟର୍ ନରେନ୍ଦ୍ର କୁମାର ?
4.	ମୁଁ ଦୁଃଖିତ, ସେ ଏବେ ଆସିନାହାନ୍ତି ।	Sorry, he has not arrived yet.	ସରୀ, ହି ହାଜ୍ ନଟ୍ ଆରାଇଭଡ୍ ୟେଟ୍ ।
5.	କ'ଣ ଆପଣ କହିପାରିବେ, ସେ କେତେବେଳେ ଆସିବେ ?	Can you tell when he will come?	କ୍ୟାନ୍ ୟୁ ଟେଲ୍ ହ୍ୱେନ୍ ହି ୱିଲ୍ କମ୍ ?
6.	ମୁଁ ଜାଣିନାହିଁ । ଆପଣ ନିଜର ସନ୍ଦେଶ ମତେ ଦେଇପାରନ୍ତି ।	I don't know. You can give me your message.	ଆଇ ଡୋଣ୍ଟ ନୋ । ୟୁ କ୍ୟାନ୍ ଗିଭ୍ ମି ୟୋର ମେସେଜ୍ ।
7.	କ'ଣ ଆପଣ ତାଙ୍କୁ କହିଦେବେ ଯେ ଶ୍ରୀ ଲାମ୍ବାଙ୍କ ଫୋନ୍ ଆସିଥିଲା, ଏବଂ ସେ ଆସି ମୋତେ ଶୀଘ୍ରାତି ଶୀଘ୍ର ଫୋନ୍ କରିବେ ?	Will you tell him that Mr. Lamba called and ask him to ring me back as early as possible?	ୱିଲ୍ ୟୁ ଟେଲ୍ ହିମ୍ ଦ୍ୟାଟ୍ ମିଷ୍ଟର୍ ଲାମ୍ବା କଲଡ୍ ଏଣ୍ଡ ଆସ୍କ ହିମ୍ ଟୁ ରିଙ୍ଗ୍ ମି ବ୍ୟାକ୍ ଆଜ୍ ୟାରଲୀ ଆଜ୍ ପସିବଲ୍ ?
8.	କହିଦେବି । ଆପଣଙ୍କ ଫୋନ୍ ନମ୍ବର କେତେ ?	O.K. What is your telephone number please?	ଓ.କେ. ହ୍ୱାଟ୍ ଇଜ୍ ୟୋର୍ ଟେଲିଫୋନ୍ ନମ୍ବର ପ୍ଲିଜ୍ ?
9.	ମୋ ନମ୍ବର ହେଉଛି 654527*–ଶ୍ରୀ ନରେନ୍ଦ୍ର କୁମାର ଏହା ଜାଣିଛନ୍ତି ।	My number is 654527*. Mr. Narendra knows it.	ମାଇଁ ନମ୍ବର ଇଜ୍ 654527*. ମିଷ୍ଟର୍ ନରେନ୍ଦ୍ର ନୋଜ୍ ଇଟ୍ ।
10.	ଠିକ୍ ଅଛି, ମହାଶୟ ! ସେ ଆସିବା କ୍ଷଣି, ମୁଁ ତାଙ୍କୁ ଜଣାଇଦେବି ।	Very well, sir. I shall tell him as soon as he arrives.	ଭେରୀ ୱେଲ୍, ସାର୍ । ଆଇ ସାଲ୍ ଟେଲ୍ ହିମ୍ ଆଜ୍ ସୁନ୍ ଆଜ୍ ହି ଆରାଇଭସ୍ ।
11.	ଧନ୍ୟବାଦ । ଦୟାକରି ମନେ ରଖନ୍ତୁ, ଏହା ଜରୁରୀ ଅଟେ । ବିଦାୟ !	Thanks. Please remember, it is most urgent. Good bye.	ଥ୍ୟାଙ୍କସ୍ । ପ୍ଲିଜ୍ ରିମେମ୍ବର, ଇଟ୍ ଇଜ୍ ମୋଷ୍ଟ ଅରଜେଣ୍ଟ । ଗୁଡ୍ ବାଏ ।
	*ଛଅ ପାଞ୍ଚ ଚାରି ପାଞ୍ଚ ଦୁଇ ସାତ ।	*six five four five two seven.	*ସିକ୍ସ ଫାଇବ୍ ଫୋର୍ ଫାଇବ୍ ଟୁ ସେଭେନ୍ ।

୪୬ତମ ସୋପାନ 46TH STEP

ଭ୍ରମଣ ବାବଦରେ
ABOUT A TRIP

ଆଭା-ପୂଜା, କ'ଣ ତୁମେ କେବେ ମହାବଳିପୁରମ୍ ଯାଇଛ ?	Abha—Puja, have ever been to Mahabaii-puram?	ଆଭା—ପୁଜା, ହାଭ୍ ଏଭର୍ ବିନ୍ ଟୁ ମହାବଳିପୁରମ୍ ?
ପୂଜା-ନା, ମୁଁ ଏଥିପାଇଁ କେବେ ସମୟ ବାହାର କରିପାରି ନାହିଁ ।	Puja—No, I could not spare my time for it.	ପୁଜା—ନୋ, ଆଇ କୁଡ୍ ନଟ୍ ସ୍ପେୟାର ମାଇଁ ଟାଇମ୍ ଫର୍ ଇଟ୍ ।
ଆଭା-ଟିକେ ବୁଲି-ବାଲି ଆସ । ତୁମକୁ ବହୁତ ଭଲ ଦୃଶ୍ୟ ଦେଖିବାକୁ ମିଳିବ ।	Abha—Just have a short trip. It enables you to witness a charming scenery.	ଆଭା—ଜଷ୍ଟ ହାଭ୍ ଏ ସର୍ଟ ଟ୍ରିପ୍ । ଇଟ୍ ଏନାବଲ୍ସ ୟୁ ଟୁ ୱିଟ୍‌ନେସ୍ ଏ ଚାରମିଙ୍ଗ୍ ସିନେରୀ ।
ପୂଜା-ଠିକ୍ ଅଛି । କାଲି ମୁଁ ମୋ ବାପାଙ୍କ ସହିତ ଏହି ସ୍ଥାନକୁ ବୁଲିବାକୁ ଯିବି ।	Puja—O.K. I shall go for a short visit tomorraw with my father.	ପୁଜା—ଓ.କେ. ଆଇ ସାଲ୍ ଗୋ ଫର୍ ଏ ସର୍ଟ ଭିଜିଟ୍ ଟୁମରୋ ୱିଥ୍ ମାଇଁ ଫାଦର୍ ।
(ପରଦିନ ପୂଜାକୁ ଆଭା ପଚାରୁଛି)	[The very next day Abha asks Puja]	[ଦି ଭେରୀ ନେକ୍ସଟ୍ ଡେ ଆଭା ଆସ୍କସ୍ ପୁଜା]
ଆଭା-ତୁମକୁ ମହାବଳିପୁରମ୍ କେମିତି ଲାଗିଲା ?	Abha—How did you like Maha-balipuram?	ଆଭା—ହାଓ ଡିଡ୍ ୟୁ ୟୁ ଲାଇକ୍ ମହାବଳିପୁରମ୍ ?
ପୂଜା-ପ୍ରକୃତରେ ଏହା ବଡ଼ ଅଦ୍ଭୁତ ଥିଲା ।	Puja—It was really marvellous.	ପୁଜା—ଇଟ୍ ୱାଜ୍ ରିଏଲୀ ମାର୍‌ବଲସ୍ ।

ଆଭା-ସମୁଦ୍ର କୂଳରେ ଥିବା ମୂର୍ତ୍ତି ଶିଳ୍ପକୁ ତୁମେ ଦେଖିନାହିଁ କି ?

Abha—Have you not visited the sculptures by the side of the sea-shore?

ଆଭା—ହାଭ୍ ୟୁ ନଟ୍ ଭିଜିଟେଡ୍ ଦି ସ୍କଲପ୍‌ଚର୍ସ ବାଏ ଦି ସାଇଡ୍ ଅଫ୍ ଦି ସି-ସୋର୍ ?

ପୂଜା-ପ୍ରକୃତରେ ଦେଖିଛି । କିନ୍ତୁ ମୁଁ ସେହି ଦିଗକୁ କୌଣସି ଧାର୍ମିକ ଭାବନା ଯୋଗୁ ଆକୃଷ୍ଟ ହୋଇନାହିଁ ।

Puja—Indeed, I have, but I am not attracted to it by some religious faith.

ପୁଜା—ଇନ୍‌ଡୀଡ୍, ଆଇ ହାଭ୍, ବଟ୍ ଆଇ ଆମ୍ ନଟ୍ ଆଟ୍ରାକ୍‌ଟେଡ୍ ଟୁ ଇଟ୍ ବାଏ ସମ୍ ରିଲିଜିଅସ୍ ଫେତ୍ ।

ଆଭା-ମୋର ଦୃଷ୍ଟିକୋଣ ବୁଝ । ତୁମେ ଜଣେ କବୟିତ୍ରୀ ଅଟ । କ'ଣ ତୁମେ ମହାବଳିପୁରମ୍ ଆଖପାଖରେ ବ୍ୟାପିଥିବା ମୂର୍ତ୍ତିଶିଳ୍ପରେ କଳାକୃତି ଦେଖିନାହିଁ ?

Abha—Understand my point. You are a poet. Did you not see any work of art in the sculpture scattered around Mahabalipuram?

ଆଭା—ଅଣ୍ଡରଷ୍ଟାଣ୍ଡ୍ ମାଇଁ ପଏଣ୍ଟ । ୟୁ ଆର୍ ଏ ପୋଏଟ୍ । ଡିଡ୍ ୟୁ ନଟ୍ ସୀ ଏନୀ ୱାର୍କ ଅଫ୍ ଆର୍ଟ ଇନ୍ ଦି ସ୍କଲ୍‌ପ୍‌ଚର୍ ସ୍କାଟର୍ଡ ଏରାଉଣ୍ଡ୍ ମହାବଳିପୁରମ୍ ?

ପୂଜା-ପ୍ରକୃତରେ ସେଥିରେ କଳାକୃତି ଅଛି ଏବଂ ମୁଁ ତାକୁ ପ୍ରଶଂସା କଲି । ମୁଁ ସତରେ ପ୍ରଭାବିତ ହେଲି ।

Puja—There are certainly works of art and I appreciated them. I was really impressed.

ପୁଜା—ଦେୟାର୍ ଆର୍ ସର୍ଟନ୍‌ଲୀ ୱାର୍କସ୍ ଅଫ୍ ଆର୍ଟ ଏଣ୍ଡ୍ ଆଇ ଆପ୍ରିସିଏଟେଡ୍ ଦେମ୍ । ଆଇ ୱାଜ୍ ରିଏଲୀ ଇମ୍ପ୍ରେସ୍‌ଡ୍ ।

ଆଭା-ଛାଡ଼ ସେକଥା । ସମୁଦ୍ର ଦୃଶ୍ୟରୁ ତୁମେ କେତେ ଆନନ୍ଦ ଉଠାଇଲ ?

Abha—Apart from this, how did you enjoy the view of the sea?

ଆଭା—ଏପାର୍ଟ ଫ୍ରମ୍ ଦିସ୍, ହାଓ ଡିଡ୍ ୟୁ ଏନ୍‌ଜଏ ଦି ଭିଉ ଅଫ୍ ଦି ସି ?

ପୂଜା-ମୁଁ ଶବ୍ଦରେ ବ୍ୟକ୍ତ କରିପାରିବି ନାହିଁ । ବାସ୍ତବରେ ଏହା ଅଦ୍ଭୁତ ଥିଲା ।

Puja—I cannot express that in words. It was marvellous indeed!

ପୁଜା—ଆଇ କ୍ୟାନ୍ ନଟ୍ ଏକ୍ସପ୍ରେସ୍ ଦ୍ୟାଟ୍ ଇନ୍ ୱାର୍ଡସ୍ । ଇଟ୍ ୱାଜ୍ ମାରବଲସ୍ ଇନ୍‌ଡୀଡ୍ ।

ଯାତ୍ରା ବାବଦରେ
ABOUT A TOUR

ଉମା-ବାପା, ଆପଣ ଦୁଇମାସ ପରେ ଫେରିଛନ୍ତି । କୁହନ୍ତୁ ନା, ଆପଣ କେଉଁ ସ୍ଥାନ ଦେଖିଛନ୍ତି ।	Uma—Papa, you have come back after two months. Please tell me, what places you have visited.	ଉମା—ପାପା, ୟୁ ହାଭ୍ କମ୍ ବ୍ୟାକ୍ ଆଫ୍‌ଟର୍ ଟୁ ମନ୍ଥସ୍ । ପ୍ଲିଜ୍ ଟେଲ୍ ମି, ହ୍ୱାଟ୍ ପ୍ଲେସେସ୍ ୟୁ ହାଭ୍ ଭିଜିଟେଡ୍ ।
ବାପା-ମୁଁ ସାରା ଭାରତ ଭ୍ରମଣ କରି ଫେରିଛି ।	Papa— I am returning after touring the throughout India.	ପାପା—ଆଇ ଆମ୍ ରିଟର୍ଣ୍ଣିଙ୍ଗ୍ ଆଫ୍‌ଟର୍ ଟୁରିଙ୍ଗ୍ ଦି ଥ୍ରୋଆଉଟ୍ ଇଣ୍ଡିଆ ।
ଉମା-ବାପା, ପ୍ରଥମେ ଆପଣ କେଉଁଠାକୁ ଗଲେ ?	Uma—Papa, where did you go first?	ଉମା—ପାପା, ହ୍ୱେୟାର୍ ଡିଡ୍ ୟୁ ଗୋ ଫାଷ୍ଟ ?
ବାପା-ସର୍ବପ୍ରଥମେ ମୁଁ ଦିଲ୍ଲୀ ଗଲି । ଦିଲ୍ଲୀ ଭାରତର ରାଜଧାନୀ ଅଟେ ।	Papa—First of all, I went to Delhi. Delhi is the Capital of India.	ପାପା—ଫାଷ୍ଟ ଅଫ୍ ଅଲ୍, ଆଇ ୱେଣ୍ଟ ଟୁ ଡେଲ୍ଲୀ । ଡେଲ୍ଲୀ ଇଜ୍ ଦି କ୍ୟାପିଟାଲ୍ ଅଫ୍ ଇଣ୍ଡିଆ ।
ଉମା-ଆପଣ ଦିଲ୍ଲୀରେ କ'ଣ ଦେଖିଲେ ?	Uma—What did you see in Delhi?	ଉମା—ହ୍ୱାଟ୍ ଡିଡ୍ ୟୁ ସୀ ଇନ୍ ଡେଲ୍ଲୀ ?
ବାପା-ମୁଁ ପୁରୁଣା ଦିଲ୍ଲୀରେ ଲାଲକିଲ୍ଲା ଦେଖିଲି । ନୂଆଦିଲ୍ଲୀରେ କେନ୍ଦ୍ରୀୟ ସଚିବାଳୟ, ବିରଳା ମନ୍ଦିର ଏବଂ କୁତବ ମୀନାର ଦେଖିଲି ।	Papa—In Old Delhi I saw the Red Fort. I visited the Central Secretariat, the Birla Mandir and the Qutub Minar in New Delhi.	ପାପା—ଇନ୍ ଓଲ୍ଡ୍ ଡେଲ୍ଲୀ ଆଇ ସ ଦି ରେଡ୍ ଫୋର୍ଟ । ଆଇ ଭିଜିଟେଡ୍ ଦି ସେଣ୍ଟ୍ରାଲ୍ ସେକ୍ରେଟାରିଏଟ୍, ଦି ବିର୍‌ଲା ମନ୍ଦିର ଏଣ୍ଡ୍ ଦି କୁତୁବ୍ ମିନାର ଇନ୍ ନିଉ ଡେଲ୍ଲୀ ।
ଉମା-ତା ପରେ ଆପଣ କେଉଁଠାକୁ ଗଲେ ?	Uma—Where did you go afterward?	ଉମା—ହ୍ୱେୟାର୍ ଡିଡ୍ ୟୁ ଗୋ ଆଫ୍‌ଟରୱାର୍ଡ ?
ବାପା-ପୁଣି ମୁଁ ବମ୍ବେ ଗଲି ।	Papa—After that I went to Bombay.	ପାପା—ଆଫ୍‌ଟର୍ ଦ୍ୟାଟ୍ ଆଇ ୱେଣ୍ଟ ଟୁ ବମ୍ବେ ।

ବମ୍ବେ ଭାରତର ସବୁଠୁ ବଡ଼ ବନ୍ଦର ଅଟେ ।	Bombay is the biggest port of India.	ବମ୍ବେ ଇଜ୍ ଦି ବିଗେଷ୍ଟ ପୋର୍ଟ ଅଫ୍ ଇଣ୍ଡିଆ ।
ଉମା-ତେବେ ତ ଆପଣ ସମୁଦ୍ର ଏବଂ ବଡ଼-ବଡ଼ ଜାହାଜ ଦେଖିଥିବେ ।	Uma—Then you must have seen the sea and big ships also.	ଉମା—ଦେନ୍ ୟୁ ମଷ୍ଟ ହାଭ୍ ସୀନ୍ ଦି ସି ଏଣ୍ଡ ବିଗ୍ ସିପ୍ସ ଅଲ୍‌ସୋ ।
ବାପା-ହଁ, ମୁଁ ଅନେକ ଜାହାଜ ଦେଖିଲି ।	Papa—Yes, I have seen many ships.	ପାପା—ୟେସ୍, ଆଇ ହାଭ୍ ସୀନ୍ ମେନୀ ସିପ୍ସ ।
ଉମା-ବାପା, ଆପଣ ଆଗ୍ରା ଯାଇନାହାନ୍ତି କି ?	Uma—Papa, did you not go to Agra?	ଉମା—ପାପା, ଡିଡ୍ ୟୁ ନଟ୍ ଗୋ ଟୁ ଆଗ୍ରା ?
ବାପା-ଆରେ ହଁ, ମୁଁ ଆଗ୍ରା ମଧ୍ୟ ଗଲି ଏବଂ ତାଜମହଲ ଦେଖିଲି ଓ ଗୋଟିଏ ଦିନ ପାଇଁ ମଥୁରାରେ ରହିଲି ।	Papa—Oh yes, I went to Agra also and visited the Taj, and dropped at Mathura too, for a day.	ପାପା—ଓଃ ୟେସ୍, ଆଇ ୱେଣ୍ଟ ଟୁ ଆଗ୍ରା ଅଲ୍‌ସୋ ଏଣ୍ଡ ଭିଜିଟେଡ୍ ଦି ତାଜ୍, ଏଣ୍ଡ ଡ୍ରପ୍‌ଡ୍ ଆଟ୍ ମଥୁରା ଠୁ, ଫର୍ ଏ ଡେ ।
ଉମା-ବାପା, କ'ଣ ଆପଣ ମାନଚିତ୍ର ଉପରେ ସେହି ସ୍ଥାନଗୁଡ଼ିକୁ ଦେଖାଇ ପାରିବେ ଯାହା ଆପଣ ଦେଖିଛନ୍ତି ?	Uma—Will you please point out on the map the places you visited, papa?	ଉମା—ଉଇଲ୍ ୟୁ ପ୍ଲିଜ୍ ପଏଣ୍ଟ ଆଉଟ୍ ଅନ୍ ଦି ମ୍ୟାପ୍ ଦି ପ୍ଲେସେସ୍ ୟୁ ଭିଜିଟେଡ୍, ପାପା ?
ବାପା-କାହିଁକି ନୁହେଁ ଝିଅ, ତୁମେ ମାନଚିତ୍ର ଆଣ । ମୁଁ ତୁମକୁ ସବୁକିଛି ଦେଖାଇବି ।	Papa—Why not, my child, bring the map. I will show you everything.	ପାପା—ହ୍ୱାଏ ନଟ୍, ମାଇଁ ଚାଇଲ୍ଡ, ବ୍ରିଙ୍ଗ୍ ଦି ମ୍ୟାପ୍ । ଆଇ ୱିଲ୍ ସୋ ୟୁ ଏଭ୍ରିଥିଙ୍ଗ୍ ।
ଉମା-ଧନ୍ୟବାଦ ବାପା ।	Uma—Thank you Papa.	ଉମା—ଥ୍ୟାଙ୍କ୍ ୟୁ ପାପା ।
ବାପା-ଠିକ୍ ଅଛି, ମୋ ଟେହ୍ଲାଝିଅ ।	Papa—O.K. my child.	ପାପା—ଓ.କେ. ମାଇଁ ଚାଇଲଡ୍ ।

•••

୪୭ତମ ସୋପାନ 47TH STEP

ଗ୍ରାମୀଣ ଏବଂ ସହରୀ

THE VILLAGER & THE URBANITE

ସହରୀ-ଆପଣ କେମିତି ଅଛନ୍ତି ! ମୁଁ ଆପଣଙ୍କୁ ବହୁତ ଦିନ ପରେ ଦେଖୁଛି ।

Urbaninte—How are you! I am seeing you after a very long time.

ଅରବାନାଇଟ୍—ହାଓ ଆର୍ ୟୁ ! ଆଇ ଆମ୍ ସୀଙ୍ଗ୍ ୟୁ ଆଫ୍ଟର ଏ ଭେରୀ ଲଙ୍ଗ୍ ଟାଇମ୍ ।

ଗ୍ରାମୀଣ-ହଁ ମିତ୍ର, ମୁଁ ଏଠାକୁ ଏକ ବିଶେଷ କାମରେ ଆସିଛି ଏବଂ ଆଜି ରାତିରେ ଫେରିଯିବି ।

Villager—Yes friend, I have come here on a particular business and will return back this night.

ଭିଲେଜର୍—ୟେସ୍ ଫ୍ରେଣ୍ଡ, ଆଇ ହାଭ୍ କମ୍ ହିୟର୍ ଅନ୍ ଏ ପର୍ଟିକୁଲାର୍ ବିଜ୍‌ନେସ୍ ଏଣ୍ଡ୍ ୱିଲ୍ ରିଟର୍ଣ୍ଣ ବ୍ୟାକ୍ ଦିସ୍ ନାଇଟ୍ ।

ସହରୀ-ଏତେ ଶୀଘ୍ର କାହିଁକି ? କ'ଣ ଆପଣ ସହରରେ ରହିବାକୁ ଇଚ୍ଛା କରୁନାହାନ୍ତି ?

Urbanite—Why so soon? Do you hesitate to stay in towns?

ଅରବାନାଇଟ୍—ହ୍ୱାଏ ସୋ ସୁନ୍ ? ଡୁ ୟୁ ହେଜିଟେଟ୍ ଟୁ ଷ୍ଟେ ଇନ୍ ଟାଉନ୍ସ ?

ଗ୍ରାମୀଣ-ହଁ ମହାଶୟ, ମତେ କଦାପି ପସନ୍ଦ ନୁହେଁ । ମୋତେ ସହରର ଅଳିଆ ବାତାବରଣରେ ଭଲ ଲାଗେନାହିଁ । ଭିଡ଼-କୋଳାହଳ ଯୋଗୁ ମତେ ବିରକ୍ତ ଲାଗେ ।

Villager—Yes gentleman, I don't like town at all. I do not find any pleasure in the filthy atmosphere of the towns. Hustle and bustle irritates me.

ଭିଲେଜର—ୟେସ୍ ଜେଣ୍ଟଲମ୍ୟାନ୍, ଆଇ ଡୋଣ୍ଟ୍ ଲାଇକ୍ ଟାଉନ୍ ଆଟ୍ ଅଲ୍ । ଆଇ ଡୁ ନଟ୍ ଫାଇଣ୍ଡ୍ ଏନୀ ପ୍ଲେଜର୍ ଇନ୍ ଦି ଫିଲଦୀ ଆଟ୍‌ମସ୍ଫିୟର୍ ଅଫ୍ ଦି ଟାଉନ୍ସ । ହଷ୍ଟଲ୍ ଏଣ୍ଡ ବଷ୍ଟଲ୍ ଇରିଟେଟ୍ସ ମି ।

ସହରୀ-ଆଶ୍ଚର୍ଯ୍ୟ ! ଆପଣ ଭିଡ଼ ବିନା ଜୀବନର ଆନନ୍ଦ କେମିତି ନିଅନ୍ତି ? ମୁଁ ତ ଗାଁର ଶାନ୍ତି ଏବଂ ନୀରବତାକୁ ସହି ପାରିବି ନାହିଁ । ସେଥିରେ ମୁଁ ପାଗଳ ହୋଇଯିବି ।	Urbanite—Wonder! How can you enjoy life without hustle and bustle? I would not bear the calmness and silence of the village. It would make me mad.	ଅରବାନାଇଟ୍—ୱଣ୍ଡର ! ହାଓ କ୍ୟାନ୍ ୟୁ ଏନ୍‌ଜଏ ଲାଇଫ୍ ୱିଦାଉଟ୍ ହଷ୍ଟଲ୍ ଏଣ୍ଡ୍ ବଷ୍ଟଲ୍ ? ଆଇ ଉଡ୍ ନଟ୍ ବିଅର୍ ଦି କାମ୍‌ନେସ୍ ଏଣ୍ଡ୍ ସାଇଲେନ୍ସ ଅଫ୍ ଦି ଭିଲେଜ୍ । ଇଟ୍ ଉଡ୍ ମେକ୍ ମି ମ୍ୟାଡ୍ ।
ଗ୍ରାମୀଣ-ପ୍ରତ୍ୟେକ ବ୍ୟକ୍ତିର ନିଜସ୍ୱ ଦୃଷ୍ଟିକୋଣ ଥାଏ । କିନ୍ତୁ ମୁଁ ଗ୍ରାମୀଣ ସୌନ୍ଦର୍ଯ୍ୟ କୁ ଅଧିକ ଭଲପାଏ ।	Villager—Every-man has his own attitude, but I love more the rural beauty.	ଭିଲେଜର୍—ଏଭ୍ରୀ-ମ୍ୟାନ୍ ହାଜ୍ ହିଜ୍ ଓନ୍ ଆଟିଚ୍ୟୁଡ୍, ବଟ୍ ଆଇ ଲଭ୍ ମୋର୍ ଦି ରୁରାଲ୍ ବିଉଟୀ ।
ସହରୀ-କ'ଣ ଆପଣ ଏହି ଆଧୁନିକ ଯୁଗର କିଛି ଜିନିଷ ଆପଣଙ୍କ ଗାଁରେ ପାଆନ୍ତି ?	Urbanite—Are you getting something of this modern age in your village?	ଅରବାନାଇଟ୍—ଆର୍ ୟୁ ଗେଟିଙ୍ଗ୍ ସମ୍‌ଥିଙ୍ଗ୍ ଅଫ୍ ଦିସ୍ ମଡର୍ଣ୍ଣ ଏଜ୍ ଇନ୍ ୟୋର୍ ଭିଲେଜ୍ ?
ଗ୍ରାମୀଣ-ଯେଉଁ ଜିନିଷ ଗାଁରେ ମିଳିପାରିବ ତାହା ସହରରେ କଦାପି ନୁହେଁ ।	Villager—The thing which can be gotten in the village can never be gotten in the town.	ଭିଲେଜର୍—ଦି ଥିଙ୍ଗ୍ ହ୍ୱିଚ୍ କ୍ୟାନ୍ ବି ଗଟେନ୍ ଇନ୍ ଦି ଭିଲେଜ୍ କ୍ୟାନ୍ ନେଭର୍ ବି ଗଟେନ୍ ଇନ୍ ଦି ଟାଉନ୍ ।
ସହରୀ-ଓହ ! କ'ଣ ଆପଣ ଶାନ୍ତ ବାତାବରଣରେ ଏକୁଟିଆ ରହିବାକୁ ଚାହୁଁଛନ୍ତି ? ଆପଣଙ୍କ ଜୀବନ ସିନେମା, ଖେଳକୁଦ ଏବଂ ଅନ୍ୟ ସାମାଜିକ ଗତିବିଧି	Urbanite—Oh! Do you want to live in quiet atmosphere alone? Will your life not be dull without	ଅରବାନାଇଟ୍—ଓଃ ! ଡୁ ୟୁ ୱାଣ୍ଟ ଟୁ ଲିଭ୍ ଇନ୍ କ୍ୱାଇଟ୍ ଆଟ୍‌ମୋସ୍‌ଫିୟର୍ ଏଲୋନ୍ ? ୱିଲ୍ ୟୋର୍ ଲାଇଫ୍ ନଟ୍ ବି ଡଲ୍ ୱିଦାଉଟ୍

ବିନା ନୀରସ ହୋଇଯିବନି ?

cinema, sports and other social activities?

ସିନେମା, ସ୍ପୋର୍ଟସ୍ ଏଣ୍ଡ ଅଦର୍ ସୋସିଆଲ୍ ଆକ୍ଟିଭିଟିଜ୍ ?

ଗ୍ରାମୀଣ-ମୋର ମତ ହେଉଛି, ତାହା ଅପେକ୍ଷାକୃତ ଭଲ ହେବ । ନିଃସନ୍ଦେହ ସହର ମାନବ ଜୀବନକୁ ଯନ୍ତ୍ର କରିଦେଇଛି ।

Villager—I think that will be much better. Of course the town had made the human life a machine.

ଭିଲେଜର୍—ଆଇ ଥିଙ୍କ୍ ଦ୍ୟାଟ୍ ୱିଲ୍ ବି ମଚ୍ ବେଟର୍ । ଅଫ୍ କୋର୍ସ ଦି ଟାଉନ୍ ହାଡ୍ ମେଡ୍ ଦି ହ୍ୟୁମାନ୍ ଲାଇଫ୍ ଏ ମେସିନ୍ ।

ସହରୀ-କିନ୍ତୁ କୌଣସି ରାଷ୍ଟ୍ର କ'ଣ ବିନା ବଡ଼ ସହରରେ ଉନ୍ନତି କରିପାରିବ ?

Urbanite—But can a nation prosper without its great cities?

ଅରବାନାଇଟ୍—ବଟ୍ କ୍ୟାନ୍ ଏ ନେସନ୍ ପ୍ରସ୍ପର୍ ୱିଦାଉଟ୍ ଇଟ୍ସ ଗ୍ରେଟ୍ ସିଟୀଜ୍ ?

ଗ୍ରାମୀଣ-କିନ୍ତୁ ଏହା ଭୁଲନ୍ତୁ ନାହିଁ ଯେ ଆମ ରାଷ୍ଟ୍ରର ମୂଳଦୁଆ ଆମ ଗାଁ ଉପରେ ଠିଆ ହୋଇଛି । ଗାଁର ଦଶା ନ ସୁଧାରି ରାଷ୍ଟ୍ର ଉନ୍ନତି କରିପାରିବ ନାହିଁ ।

Villager—But never forget that the foundation of our nation really lies on its village. Without the improvement of the village, the nation cannot progress.

ଭିଲେଜର୍—ବଟ୍ ନେଭର୍ ଫରଗେଟ୍ ଦ୍ୟାଟ୍ ଦି ଫାଉଣ୍ଡେସନ୍ ଅଫ୍ ଆୱାର୍ ନେସନ୍ ରିଏଲୀ ଲାଇଜ୍ ଅନ୍ ଇଟ୍ସ ଭିଲେଜ୍ । ୱିଦାଉଟ୍ ଦି ଇମ୍ପ୍ରୁଭମେଣ୍ଟ ଅଫ୍ ଦି ଭିଲେଜ୍, ଦି ନେସନ୍ କ୍ୟାନ୍ ନଟ୍ ପ୍ରୋଗ୍ରେସ୍ ।

ସହରୀ-ମୁଁ ଏହାକୁ ସ୍ୱୀକାର କରୁଛି, କିନ୍ତୁ ମୁଁ ସହରକୁ ଛାଡ଼ିବା କଥା ଭାବି ପାରିବି ନାହିଁ ।

Urbanite—I admit it, but I don't think of leaving the cities.

ଅରବାନାଇଟ୍—ଆଇ ଆଡ୍ମିଟ୍ ଇଟ୍, ବଟ୍ ଆଇ ଡୋଣ୍ଟ ଥିଙ୍କ୍ ଅଫ୍ ଲିଭିଙ୍ଗ୍ ଦି ସିଟିଜ୍ ।

ଗ୍ରାମୀଣ-ଭଲ କଥାବାର୍ତ୍ତା ପାଇଁ ଆପଣଙ୍କୁ ଧନ୍ୟବାଦ !

Villager—Thank you for the

ଭିଲେଜର୍—ଥ୍ୟାଙ୍କ୍ ୟୁ ଫର୍ ଦି

ଏବେ ମୁଁ ତରବରିଆ ଅଛି । ଯେତେବେଳେ ସମୟ ମିଳିବ, ଆମେ ପୁଣି କଥା ହେବା । ଆଚ୍ଛା ଆସୁଛି ।	pleasant talk. Now I am in a hurry. We shall talk again whenever we find time. Good bye.	ପ୍ଲିଜାଣ୍ଟ୍ ଟକ୍ । ନାଓ ଆଇ ଆମ୍ ଇନ୍ ଏ ହରୀ । ୱି ସାଲ୍ ଟକ୍ ଏଗେନ୍ ହ୍ୱେନ୍‌ଏଭର ୱି ଫାଇଣ୍ଡ୍ ଟାଇମ୍ । ଗୁଡ୍ ବାଏ ।
ସହରୀ-ଆଚ୍ଛା, ବିଦାୟ ! ପୁଣି ଦେଖାହେବ ।	Urbanite—Bye-bye. See you again.	ଅରବାନାଇଟ୍—ବାଏ-ବାଏ । ସୀ ୟୁ ଏଗେନ୍ ।

•••

୪୮ତମ ସୋପାନ 48TH STEP

ଡାକ୍ତର ଏବଂ ରୋଗୀ
THE DOCTOR & THE PATIENT

ରୋଗୀ-ନମସ୍କାର ଡାକ୍ତର ବାବୁ ! କ'ଣ ଆପଣ ମୋ ପାଇଁ କିଛି ସମୟ ଦେଇପାରିବେ ?	Patient—Good morning. doctor! Can you spare me a few minutes?	ପେସେଣ୍ଟ୍—ଗୁଡ୍ ମର୍ଣ୍ଣିଙ୍ଗ୍, ଡକ୍ଟର ! କ୍ୟାନ୍ ୟୁ ସ୍ପେୟାର୍ ମି ଏ ଫିଉ ମିନିଟ୍ସ ?
ଡାକ୍ତର-କାହିଁକି ନୁହେଁ ? ବସନ୍ତୁ... ଏବେ କୁହନ୍ତୁ, ଆପଣଙ୍କର କ'ଣ ହୋଇଛି ?	Doctor—Why not? Sit down... Now, tell me what is wrong with you?	ଡକ୍ଟର—ହ୍ୱାଏ ନଟ୍ ? ସିଟ୍ ଡାଉନ୍... ନାଓ, ଟେଲ୍ ମି ହ୍ୱାଟ୍ ଇଜ୍ ରଙ୍ଗ୍ ୱିଥ୍ ୟୁ ?
ରୋଗୀ-ମୋର ଭୋକ ମରି ଯାଇଛି । ମୋର ସବୁବେଳେ ବଦହଜମୀ ହେଉଛି । ଏବଂ ସବୁଠାରୁ	Patient—I have lost my appetite. I am always	ପେସେଣ୍ଟ୍—ଆଇ ହାଭ୍ ଲଷ୍ଟ ମାଇଁ ଆପେଟାଇଟ୍ । ଆଇ ଆମ୍ ଅଲ୍‌ୱେଜ୍

ଖରାପ କଥା ହେଉଛି	suffering from	ସଫରିଙ୍ଗ୍ ଫ୍ରମ୍
ଯେ ମୁଁ ରାତିରେ ଶୋଇ	indigestion.	ଇନ୍‌ଡାଇଜେସନ୍ ।
ପାରୁନାହିଁ ।	And what is	ଏଣ୍ଡ ହ୍ୱାଟ୍ ଇଜ୍
	worse, I cannot	ୱର୍ସ, ଆଇ କ୍ୟାନ୍
	sleep well at night.	ନଟ୍ ସ୍ଲିପ୍ ୱେଲ୍
		ଆଟ୍ ନାଇଟ୍ ।
ଡାକ୍ତର-ଓହ, ଏହି କଥା ।	Doctor—I see.	ଡକ୍ଟର—ଆଇ ସୀ ।
ଆପଣ କ'ଣ କରୁଛନ୍ତି ?	What are you?	ହ୍ୱାଟ୍ ଆର ୟୁ ?
ରୋଗୀ-ମୁଁ ବରିଷ୍ଠ ପ୍ରୁଫ୍	Patient—I am a	ପେସେଣ୍ଟ୍—ଆଇ ଆମ୍
ରିଡର୍ ଅଛି- ଏକ	senior proof	ଏ ସିନିଅର୍ ପ୍ରୁଫ୍
ପ୍ରତିଷ୍ଠିତ ଛାପାଖାନାରେ ।	reader in a well	ରିଡର୍ ଇନ୍ ଏ
ମୋତେ ଚେୟାର ଉପରେ	established	ୱେଲ୍ ଏଷ୍ଟାବ୍ଲିସ୍ଡ୍
ବସି ଘଣ୍ଟା-ଘଣ୍ଟା କାମ	printing press.	ପ୍ରିଣ୍ଟିଙ୍ଗ୍ ପ୍ରେସ୍ ।
କରିବାକୁ ପଡ଼େ ।	I have to work	ଆଇ ହାଭ୍ ଟୁ ୱାର୍କ
	long hours on	ଲଙ୍ଗ୍ ଅୱାର୍ସ ଅନ୍
	my seat.	ମାଇଁ ସିଟ୍ ।
ଡାକ୍ତର-ଆପଣ କ'ଣ	Doctor—Are you	ଡକ୍ଟର—ଆର୍ ୟୁ
ସାନ୍ଧ୍ୟ ଭ୍ରମଣ କରନ୍ତି ?	habitual of	ହାବିଚୁଆଲ୍ ଅଫ୍
	evening walk?	ଇଭିନିଙ୍ଗ୍ ୱାକ୍ ?
ରୋଗୀ-ନା ଡାକ୍ତରବାବୁ !	Patient—No	ପେସେଣ୍ଟ୍—ନୋ
ମୁଁ ସନ୍ଧ୍ୟାରେ ଭ୍ରମଣ	doctor, I do not	ଡକ୍ଟର, ଆଇ ଡୁ
କରେ ନାହିଁ । ମୁଁ	go for a walk in	ନଟ୍ ଗୋ ଫର୍ ଏ
ଯେତେବେଳେ ଘରେ	the evening.	ୱାକ୍ ଇନ୍ ଦି
ପହଞ୍ଚେ ତେବେ ମୁଁ	I feel very	ଇଭିନିଙ୍ଗ୍ । ଆଇ
ବହୁତ ଥକି ଯାଇଥିବା	tired when I get	ଫୀଲ୍ ଭେରୀ
ଅନୁଭବ କରେ ।	home, I simply	ଟାୟାର୍ଡ ହ୍ୱେନ୍ ଆଇ
ବାସ୍, ତାପରେ ଖାଦ୍ୟ	take my food	ଗେଟ୍ ହୋମ୍, ଆଇ
ଖାଏ ଏବଂ ଖଟ ଉପରେ	and go to bed.	ସିମ୍ପଲୀ ଟେକ୍ ମାଇଁ
ଶୋଇପଡ଼େ ।		ଫୁଡ୍ ଏଣ୍ଡ ଗୋ ଟୁ
		ବେଡ୍ ।
ଡାକ୍ତର-ମୋ ହିସାବରେ	Doctor—As I	ଡକ୍ଟର—ଆଜ୍ ଆଇ
ତୁମ ଚିନ୍ତାର ମୂଳ	think, your	ଥିଙ୍କ୍, ୟୋର୍
କାରଣ ହେଉଛି ତୁମର	troubles are	ଟ୍ରବଲ୍ସ ଆର୍

ବ୍ୟସ୍ତ ଜୀବନ । ଆରାମ କରନ୍ତୁ ଏବଂ ନିୟମିତ ଶାରୀରିକ ଶ୍ରମ କରନ୍ତୁ ।	due to your indisciplined life. Take a rest and do proper physical labour.	ଡିଉ ଟୁ ୟୋର୍ ଇନ୍‌ଡିସିପ୍ଲିନ୍‌ଡ୍ ଲାଇଫ୍ । ଟେକ୍ ଏ ରେଷ୍ଟ ଏଣ୍ଡ ଡୁ ପ୍ରପର୍ ଫିଜିକାଲ୍ ଲେବର୍ ।
ରୋଗୀ-ମୁଁ ଆପଣଙ୍କ କଥାରେ ଏକମତ । ମୁଁ ବହୁ ଦିନରୁ କୌଣସି ଛୁଟି ପାଇ ପାରିନାହିଁ ।	Patient—I agree with you. I could not get any leave for a long time.	ପେସେଣ୍ଟ—ଆଇ ଏଗ୍ରୀ ୱିଥ୍ ୟୁ । ଆଇ କୁଡ୍ ନଟ୍ ଗେଟ୍ ଏନୀ ଲିଭ୍ ଫର୍ ଏ ଲଙ୍ଗ୍ ଟାଇମ୍ ।
ଡାକ୍ତର-ଆଚ୍ଛା, ତେବେ ମୁଁ ଆପଣଙ୍କୁ ପରାମର୍ଶ ଦେବି ଯେ ଆପଣ କିଛି ସମୟ ପାଇଁ ଗ୍ରାମାଞ୍ଚଳକୁ ଯାଆନ୍ତୁ । କବାଟ ଖୋଲା ରଖି ଖୋଲା ପବନରେ ଆରାମ କରନ୍ତୁ । ସକାଳେ ଏବଂ ସନ୍ଧ୍ୟାରେ ଭ୍ରମଣ କରନ୍ତୁ । ନିଜ ଖାଦ୍ୟକୁ ବ୍ୟବସ୍ଥିତ ରଖନ୍ତୁ । ନିୟମିତ ଶୁଅନ୍ତୁ ଏବଂ ବିଶ୍ରାମ ନିଅନ୍ତୁ । ମୁଁ ଭାବୁଛି ଏହି ନିର୍ଦ୍ଦେଶଗୁଡ଼ିକୁ ମାନି ଆପଣ କମ୍ ସମୟ ଭିତରେ ସମ୍ପୂର୍ଣ୍ଣ ସୁସ୍ଥ ହୋଇଯିବେ ।	Doctor—Well. I advise you to go to the country-side for some days. Rest in the open air, keeping the doors open. Take a walk in the morning and the evening. Improve your diet. Be regular in rest and sleep. I think by following these instructions you will be all right in a very short period.	ଡକ୍ଟର—ୱେଲ୍ । ଆଇ ଆଡ୍‌ଭାଇସ୍ ୟୁ ଟୁ ଗୋ ଟୁ ଦି କଣ୍ଟ୍ରିସାଇଡ୍ ଫର୍ ସମ୍ ଡେଜ୍ । ରେଷ୍ଟ ଇନ୍ ଦି ଓପନ୍ ଏୟାର୍, କିପିଙ୍ଗ୍ ଦି ଡୋର୍ସ ଓପନ୍ । ଟେକ୍ ଏ ୱାକ୍ ଇନ୍ ଦି ମର୍ଣ୍ଣିଙ୍ଗ୍ ଏଣ୍ଡ ଦି ଇଭିନିଙ୍ଗ୍ । ଇମ୍ପ୍ରୁଭ୍ ୟୋର୍ ଡାଏଟ୍ । ବି ରେଗୁଲାର୍ ଇନ୍ ରେଷ୍ଟ ଏଣ୍ଡ ସ୍ଲିପ୍ । ଆଇ ଥିଙ୍କ୍ ବାଏ ଫଲୋଇଙ୍ଗ୍ ଦିଜ୍ ଇନ୍‌ଷ୍ଟ୍ରକ୍‌ସନ୍ସ ୟୁ ୱିଲ୍ ବି ଅଲ୍ ରାଇଟ୍ ଇନ୍ ଏ ଭେରୀ ସର୍ଟ ପିରିଅଡ୍ ।
ରୋଗୀ-ଧନ୍ୟବାଦ, ଡାକ୍ତର ! ମୁଁ ଆପଣଙ୍କ ନିର୍ଦ୍ଦେଶ	Patient—Thank you, doctor!	ପେସେଣ୍ଟ—ଥ୍ୟାଙ୍କ୍ ୟୁ ଡକ୍ଟର ! ଆଇ

ଗୁଡ଼ିକୁଁ ନିଷ୍ଠ ପାଳନ କରିବି । ଧନ୍ୟବାଦ !	I shall follow your instructions positively. Thanks!	ସାଲ୍ ଫଲୋ ୟୋର୍ ଇନ୍‌ଷ୍ଟ୍ରକ୍‌ସନ୍ସ ପଜିଟିଭ୍‌ଲୀ । ଥ୍ୟାଙ୍କ୍‌ସ୍ !
ଡାକ୍ତର-ଦଶ ଦିନ ପରେ ଆସିବେ । ମୋ ମତରେ, ଆପଣଙ୍କ ସ୍ୱାସ୍ଥ୍ୟରେ ଉନ୍ନତି ହୋଇଥିବ ।	Doctor—Please visit me after ten days. I think you will improve.	ଡକ୍ଟର—ପ୍ଲିଜ୍ ଭିଜିଟ୍ ମି ଆଫ୍‌ଟର ଟେନ୍ ଡେଜ୍ । ଆଇ ଥିଙ୍କ୍ ୟୁ ୱିଲ୍ ଇମ୍ପ୍ରୁଭ୍ ।

•••

୪୯ତମ ସୋପାନ 49TH STEP

ଆତ୍ମପରିଚୟ
SELF-INTRODUCTION

1. ମୋ ନାମ ଶେହନାଜ ।	My name is Shahnaz.	ମାଇଁ ନେମ୍ ଇଜ୍ ଶେହନାଜ୍ ।
2. ମୁଁ ଭାରତୀୟ ଅଟେ ଏବଂ ପୁନେ ରେ ରହୁଛି ।	I am an Indian and I live in Pune.	ଆଇ ଆମ୍ ଆନ୍ ଇଣ୍ଡିଆନ୍ ଏଣ୍ଡ ଆଇ ଲିଭ୍ ଇନ୍ ପୁନେ ।
3. ମୋର ବୟସ ୧୭ ବର୍ଷ ଅଟେ ।	I am 17 years old.	ଆଇ ଆମ୍ 17 ଇୟର୍ସ ଓଲ୍ଡ୍ ।
4. ମୁଁ କୁମାରୀ ଅଟେ ।	I am a virgin.	ଆଇ ଆମ୍ ଏ ଭର୍‌ଜିନ୍ ।
5. ମୁଁ ଛାତ୍ରୀ ଅଟେ ଏବଂ ଦଶମ ଶ୍ରେଣୀରେ ପଢୁଛି ।	I am a student and studying in 10th class.	ଆଇ ଆମ୍ ଏ ଷ୍ଟୁଡେଣ୍ଟ ଏଣ୍ଡ୍ ଷ୍ଟଡିଙ୍ଗ୍ ଇନ୍ ଟେନ୍‌ଥ୍ କ୍ଲାସ୍ ।
6. ମୋ ବାପା ପି.ଏମ୍.ଟି. ରେ ବରିଷ୍ଠ ଅଧିକାରୀ ଅଛନ୍ତି ।	My father is senior officer in P.M.T.	ମାଇଁ ଫାଦର୍ ଇଜ୍ ସିନିୟର୍ ଅଫିସର୍ ଇନ୍ ପି.ଏମ୍.ଟି ।
7. ମୋର ଦୁଇଭାଇ ଏବଂ ତିନି ଭଉଣୀ ଅଛନ୍ତି ।	I have two brothers and three sisters.	ଆଇ ହାଭ୍ ଟୁ ବ୍ରଦର୍ସ ଏଣ୍ଡ୍ ଥ୍ରୀ ସିଷ୍ଟର୍ସ ।

8. ମୋ ଭାଇ ଯନ୍ତ୍ରୀ ଅଛନ୍ତି ।	My elder brother is an engineer.	ମାଇଁ ୟଲ୍‌ଡର ବ୍ରଦର୍ ଇଜ୍ ଆନ୍ ଇଞ୍ଜିନିୟର୍ ।
9. ମୋ ଛୋଟ ଭାଇ ଦୟାଳୁ ହୃଦୟର ଅଟେ ।	My younger brother is kind hearted.	ମାଇଁ ୟଙ୍ଗର୍ ବ୍ରଦର୍ ଇଜ୍ କାଇଣ୍ଡ୍ ହାଟେଡ୍ ।
10. ମୀନାଜ, ଗୁଲନାର ଏବଂ ଦିଲଶାଦ ହେଉଛନ୍ତି ମୋର ଛୋଟ ଭଉଣୀ ।	Minaz, Gulnar and Dilshad are my younger sisters.	ମିନାଜ୍, ଗୁଲ୍‌ନାର ଏଣ୍ଡ୍ ଦିଲ୍‌ଶାଦ ଆର୍ ମାଇଁ ୟଙ୍ଗର୍ ସିଷ୍ଟର୍ସ ।
11. ସେମାନେ ମୋ ଠାରୁ ଅଧିକ ବୁଦ୍ଧିମତୀ ।	They are more intelligent than me.	ଦେ ଆର୍ ମୋର୍ ଇଣ୍ଟେଲିଜେଣ୍ଟ ଦ୍ୟାନ୍ ମି ।
12. ମୋ ଜୀବନର ଉଦ୍ଦେଶ୍ୟ ହେଉଛି ବୈଜ୍ଞାନିକ ହେବା ।	My aim in life is to be a scientist.	ମାଇଁ ଏମ୍ ଇନ୍ ଲାଇଫ୍ ଇଜ୍ ଟୁ ବି ଏ ସାଇଣ୍ଟିଷ୍ଟ ।
13. ମୁଁ ବିଦ୍ୟାଳୟକୁ ସାଇକଲରେ ଯାଏ ।	I go to school by bicycle.	ଆଇ ଗୋ ଟୁ ସ୍କୁଲ୍ ବାଏ ବାଇସାଇକଲ୍ ।
14. ମୁଁ ସକାଳେ ଟିକେ ଡେରିରେ ଉଠେ ।	I get up somewhat late in the morning.	ଆଇ ଗେଟ୍ ଅପ୍ ସମ୍‌ହ୍ୱାଟ୍ ଲେଟ୍ ଇନ୍ ଦି ମର୍ଣ୍ଣିଙ୍ଗ୍ ।
15. ମୁଁ ଜାଣେ, ଏହା ଖରାପ ଅଭ୍ୟାସ ଅଟେ ।	I know, this is a bad habit.	ଆଇ ନୋ, ଦିସ୍ ଇଜ୍ ଏ ବ୍ୟାଡ୍ ହାବିଟ୍ ।
16. ଏଥିପାଇଁ ମୁଁ ଲଜ୍ଜିତ ଅଟେ ।	I am ashamed of it.	ଆଇ ଆମ୍ ଆସେମ୍‌ଡ୍ ଅଫ୍ ଇଟ୍ ।
17. ବାସ୍ତବରେ, ମୁଁ ଅସହାୟ ଅଟେ ।	Really, I am helpless.	ରିଏଲୀ, ଆଇ ଆମ୍ ହେଲ୍ପଲେସ୍ ।
18. ମୁଁ ମୋ ସ୍ୱଭାବ ସୁଧାରିବାକୁ ଚାହୁଁଛି ।	I intend to improve my habit.	ଆଇ ଇନ୍‌ଟେଣ୍ଡ୍ ଟୁ ଇମ୍ପ୍ରୁଭ୍ ମାଇଁ ହାବିଟ୍ ।
19. ମୋର ଆଶା ଅଛି, ମୁଁ ଏହାକୁ ସୁଧାରିନେବି ।	I hope, I will overpower it.	ଆଇ ହୋପ୍, ଆଇ ୱିଲ୍ ଓଭର୍‌ପାୱାର୍ ଇଟ୍ ।
20. ଏହି ଖରାପ ଅଭ୍ୟାସକୁ ଦୂର କରିବା ପାଇଁ ମୁଁ ମୋ ପରିବାର ସଦସ୍ୟଙ୍କ ସାହାଯ୍ୟ ନେବାକୁ ଚାହୁଁଛି ।	I seek the help of my family members to eradicate this bad habit.	ଆଇ ସୀକ୍ ଦି ହେଲ୍ପ ଅଫ୍ ମାଇଁ ଫ୍ୟାମିଲୀ ମେମ୍ବର୍ସ ଟୁ ଏରାଡିକେଟ୍ ଦିସ୍ ବ୍ୟାଡ୍ ହାବିଟ୍ ।
21. ମୁଁ ସ୍ନାନ କରେ ଏବଂ ଭଗବାନଙ୍କ ଦୟା ପାଇଁ ତାଙ୍କୁ ଧନ୍ୟବାଦ ଜଣାଏ ।	I take a bath and thank God for his grace.	ଆଇ ଟେକ୍ ଏ ବାଥ୍ ଏଣ୍ଡ୍ ଥ୍ୟାଙ୍କ୍ ଗଡ୍ ଫର୍ ହିଜ୍ ଗ୍ରେସ୍ ।

22. ମୋର କିଛି ଚିଠି-ବନ୍ଧୁ ମଧ୍ୟ ଅଛନ୍ତି ।	I have some pen friends too.	ଆଇ ହାଭ୍ ସମ୍ ପେନ୍ ଫ୍ରେଣ୍ଡସ୍ ଟୁ
23. ମୁଁ ସେମାନଙ୍କୁ ଯେକୌଣସି ସମୟରେ ଚିଠି ଲେଖେ ।	I write to them now and then.	ଆଇ ରାଇଟ୍ ଟୁ ଦେମ୍ ନାଓ ଏଣ୍ଡ ଦେନ୍ ।
24. ମୁଁ ବଡ଼ମାନଙ୍କୁ ସମ୍ମାନ ଦେଖାଏ ଏବଂ ଛୋଟମାନଙ୍କୁ ସ୍ନେହ କରେ ।	I respect my elders and love those who are younger.	ଆଇ ରେସ୍ପେକ୍ଟ ମାଇଁ ଏଲ୍ଡର୍ସ ଏଣ୍ଡ ଲଭ୍ ଦୋଜ୍ ହୁ ଆର୍ ୟଙ୍ଗର୍ ।
25. ମୋ ମାତୃଭାଷା ମରାଠୀ ଅଟେ, କିନ୍ତୁ ମୁଁ ହିନ୍ଦୀ ମଧ୍ୟ ଜାଣେ ।	My mother-tongue is Marathi, but I know Hindi also.	ମାଇଁ ମଦର୍-ଟଙ୍ଗ୍ ଇଜ୍ ମରାଠି, ବଟ୍ ଆଇ ନୋ ହିନ୍ଦୀ ଅଲ୍‌ସୋ ।
26. ମୁଁ ଦିଲ୍ଲୀରେ ଆହୁରି ଦୁଇଦିନ ରହିବି ।	I shall stay in Delhi for two days more.	ଆଇ ସାଲ୍ ଷ୍ଟେ ଇନ୍ ଡେଲ୍ହି ଫର୍ ଟୁ ଡେଜ୍ ମୋର୍ ।
27. ମୁଁ ଲାଲକିଲ୍ଲା, କୁତବ ମିନାର, ଜାମା ମସ୍‌ଜିଦ, ନିଜାମୁଦ୍ଦିନ ଦରଗା ଏବଂ ବିରଳା ମନ୍ଦିର ଯିବି ।	I will visit Red Fort, Qutab Minar, Jama Masjid, Dargah-e-Nizamuddin and Birla Mandir.	ଆଇ ୱିଲ୍ ଭିଜିଟ୍ ରେଡ୍ ଫୋର୍ଟ, କୁତୁବ୍ ମିନାର, ଜାମା ମସ୍‌ଜିଦ୍, ଦରଗା-ଇ ନିଜାମୁଦ୍ଦିନ୍ ଏଣ୍ଡ ବିରଲା ମନ୍ଦିର୍ ।
28. ସର୍ବପ୍ରଥମେ ମୁଁ ଭାରତୀୟ ଅଟେ । ମୁଁ ମୋର ସମସ୍ତ ଦେଶବାସୀଙ୍କୁ ଭଲପାଏ ।	First of all, I am an Indian. I love all my countrymen.	ଫାଷ୍ଟ ଅଫ୍ ଅଲ୍, ଆଇ ଆମ୍ ଆନ୍ ଇଣ୍ଡିଆନ୍ । ଆଇ ଲଭ୍ ଅଲ୍ ମାଇଁ କଣ୍ଟ୍ରିମେନ୍ ।
29. ମୁଁ ମୋ ଦେଶ ପାଇଁ ଜଣେ ଲାଭଦାୟକ ନାଗରିକ ହେବାକୁ ଚାହୁଁଛି ।	I want to be a useful citizen of my nation.	ଆଇ ୱାଣ୍ଟ୍ ଟୁ ବି ଏ ୟୁଜ୍‌ଫୁଲ୍ ସିଟିଜେନ୍ ଅଫ୍ ମାଇଁ ନେସନ୍ ।
30. ମୁଁ ଏହି ବର୍ଷ ପଢ଼ିବା ପାଇଁ ଇଂଲଣ୍ଡ ଯିବି ।	I shall go to England for further studies this year.	ଆଇ ସାଲ୍ ଗୋ ଟୁ ଇଂଲଣ୍ଡ ଫର୍ ଫରଦର୍ ଷ୍ଟଡିଜ୍ ଦିସ୍ ଇୟର୍ ।
31. ମୁଁ ବାହ୍ୟାଚାରରେ ବିଶ୍ୱାସ କରେନାହିଁ ।	I don't believe in formality.	ଆଇ ଡୋଣ୍ଟ ବିଲିଭ୍ ଇନ୍ ଫରମାଲିଟୀ ।

32. ଆପଣଙ୍କ ଆତିଥ୍ୟ ପାଇଁ ମୁଁ ଆପଣଙ୍କୁ ହୃଦୟରୁ ଧନ୍ୟବାଦ ଜଣାଉଛି ।	I cordially thank you very much for your hospitality.	ଆଇ କୋର୍ଡିଆଲୀ ଥ୍ୟାଙ୍କ୍ ୟୁ ଭେରୀ ମଚ୍ ଫର୍ ୟୋର୍ ହସ୍ପିଟାଲିଟୀ ।
33. ଅନ୍ତତଃ ମୋର ବିଶ୍ୱାସ ଅଛି ଯେ ଆପଣ ମୋର ଭୁଲ୍‌ଗୁଡ଼ିକୁ କ୍ଷମା କରିବେ ।	Finally, I hope you will overlook my faults.	ଫାଇନାଲୀ, ଆଇ ହୋପ୍ ୟୁ ୱିଲ୍ ଓଭର୍‌ଲୁକ୍ ମାଇଁ ଫଲ୍ଟସ୍ ।
34. ମୁଁ ସର୍ବଦା ପ୍ରତ୍ୟେକଙ୍କ ପ୍ରତି ସଙ୍କୋଚ ରହିବାକୁ ଚାହୁଁଛି ।	I wish to be always sincere to everyone.	ଆଇ ୱିସ୍ ଟୁ ବି ଅଲ୍‌ୱେଜ୍ ସିନ୍‌ସିୟର୍ ଟୁ ଏଭ୍ରୀଓ୍ୱାନ୍ ।

•••

ରୂଢ଼୍ୟୋକ୍ତି ଏବଂ ଲୋକକଥା
IDIOMS & PROVERBS

IDIOMS ରୂଢ଼୍ୟୋକ୍ତି

1. The only support. ଦି ଓନ୍‌ଲୀ ସପୋର୍ଟ । ଅନ୍ଧର ଲଉଡ଼ି
   ବାକ୍ୟ: Ram is the only support of his parents.
2. Idiot. ଇଡିଅଟ୍ । ନିର୍ବୋଧ
   ବାକ୍ୟ: I always thought Tom was a complete idiot.
3. To be befooled. ଟୁ ବି ବିଫୁଲ୍‌ଡ୍ । ବୋକା ବନାଇବା
   ବାକ୍ୟ: The general public was being befooled in the name of Price Committees and Sasta Bazars.
4. To do self-praise. ଟୁ ଡୁ ସେଲ୍ଫ-ପ୍ରାଇଜ୍ । ଆତ୍ମ-ବଡ଼ିମା ଗାଇବା
   ବାକ୍ୟ: I don't like to indulge in self-praise, but I believe I know a thing or two.
5. warm welcome. ୱାର୍ମ ୱେଲ୍‌କମ୍ । ଆନ୍ତରିକ ସ୍ୱାଗତ
   ବାକ୍ୟ: The American delegation did not exactly receive a warm welcome from the Iranian government.
6. Very lovely. ଭେରୀ ଲଭ୍‌ଲୀ । ଆଖିର ତାରା
   ବାକ୍ୟ: Sita is very lovely of her parents.
7. Eye-sore. ଆଇ-ସୋର୍ । ଦେଖି-ସହି ନପାରିବା
   ବାକ୍ୟ: The run-down house was an eye-sore to the neighbors.
8. A world a difference. ଏ ୱାର୍ଲ୍ଡ୍ ଏ ଡିଫରେନ୍ସ । ଆକାଶ-ପାତାଳ ଫରକ
   ବାକ୍ୟ: Between Ram and Shyam a world a difference.

9. A wolf in sheep's clothing. ଏ ଉଲ୍ଫ ଇନ୍ ସୀପ୍ସ୍ କ୍ଲୋଥିଙ୍ଗ୍ । ଘର ଢିଙ୍କି କୁମ୍ଭୀର

ବାକ୍ୟ: Beware of false prophets, who come to you in sheep's clothing, but inwardly they are ravening wolves.

10. To destroy completely. ଟୁ ଡେଷ୍ଟ୍ରଏ କମ୍ପ୍ଲିଟ୍‌ଲୀ । ମାଟିରେ ମିଶାଇବା

ବାକ୍ୟ: The bomb blast completely destroyed the village.

11. Rare visits. ରେଆର୍ ଭିଜିଟ୍‌ସ୍ । ଉଦିଆ ତାରା

ବାକ୍ୟ: Hari's visits are rare to his village.

12. To find fault. ଟୁ ଫାଇଣ୍ଡ୍ ଫଲ୍ଟ । ଅଙ୍ଗୁଳି ଉଠାଇବା

ବାକ୍ୟ: He constantly found fault with my behavior.

13. To carry coal to Newcastle. ଟୁ କ୍ୟାରୀ କୋଲ୍ ନିଉକାଷ୍ଟଲ୍ । ଗୋଦର କୋଡ଼େ ଯେତେ ମାଡ଼େ ସେତେ

ବାକ୍ୟ: Exporting pine to Scandinavia is a bit like carrying coals to Newcastle.

14. A little difference. ଏ ଲିଟିଲ୍ ଡିଫରେନ୍ସ । ଉଣେଇଶ-ବିଶ ଫରକ

ବାକ୍ୟ: There is little difference between the two.

15. To treat good and bad in the same way. ଟୁ ଟ୍ରିଟ୍ ଗୁଡ୍ ଏଣ୍ଡ୍ ବ୍ୟାଡ୍ ଇନ୍ ଦି ସେମ୍ ୱେ । ଧୂଆ ମୂଳା ଅଧୂଆ ମୂଳା ସବୁ ସମାନ

ବାକ୍ୟ: Don't treat them in the same way. Among them some are innocent.

16. To work hard. ଟୁ ୱାର୍କ ହାର୍ଡ । ମୁଣ୍ଡରୁ ବାଳ ଉପୁଡ଼ିବା

ବାକ୍ୟ: Digging a pit with help of spade is a hard work.

17. Dummy. ଡମ୍ମୀ । ଗୋବର ଗଣେଶ

ବାକ୍ୟ: He is a dummy person. He does not do anything.

18. An easy job. ଆଁନ୍ ଇଜି ଜବ୍ । ଖେଳଘର

ବାକ୍ୟ: Media Reporting is not an easy job.

19. To die in the battle-field. ଟୁ ଡାଏ ଇନ୍ ଦି ବେଟେଲ୍-ଫିଲ୍ଡ । ଜୀବନର ବାଜି ଲଗାଇବା

ବାକ୍ୟ: A million soldiers died in the battle-field.

20. To rip up old sores. ଟୁ ରିପ୍ ଅପ୍ ଓଲଡ୍ ସୋରସ୍ । ପୁରୁଣା ଘା' ଉଖାରିବା

ବାକ୍ୟ: It is not the time to rip up old sores, please do the work together.

21. To show great pleasure. ଟୁ ଶୋ ଗ୍ରେଟ୍ ପ୍ଲେଜର୍ । ଘିଅ ଦୀପ ଜାଳିବା

ବାକ୍ୟ: His books have given enormous pleasure to many people.

22. To add salt to injury. ଟୁ ଆଡ୍ ସଲ୍ଟ ଟୁ ଇନ୍‌ଜୁରୀ । କଟା ଘା'ରେ ଚୂନ ମାରିବା

ବାକ୍ୟ: I was late and, to add salt to injury, forgot my keys.

23. To take to one's heels. ଟୁ ଟେକ୍ ଟୁ ୱାନ୍ସ ହୀଲ୍ସ । ଦଉଡ଼ି ପଳାଇବା

ବାକ୍ୟ: When they saw the soldiers coming, they took to their heels.

24. To die. ଟୁ ଡାଏ । ପ୍ରାଣ ତ୍ୟାଗ କରିବା

ବାକ୍ୟ: They were ready to die for their country.

25. To flatter ଟୁ ଫ୍ଲାଟର୍ । ତେଲ ମାରିବା

ବାକ୍ୟ: They were flattered by the invitation from the mayor.

26. To force out of gear. ଟୁ ଫୋର୍ସ ଆଉଟ୍ ଅଫ୍ ଗିଅର୍ । ଦାନ୍ତ (ଟାଣ) ଭାଙ୍ଗିବା

ବାକ୍ୟ: The Indian soldiers forced out of gear of Pakistanies.

27. To embrace. ଟୁ ଏମ୍ବ୍ରାସ୍ । ବୁକୁରେ ଲଗାଇବା

ବାକ୍ୟ: Dole has long embraced the concept.

28. To dig a pit. ଟୁ ଡିଗ୍ ଏ ପିଟ୍ । ଗାତ ଖୋଳିବା

ବାକ୍ୟ: Amit beginning to dig a pit for Sambit.

29. To be relief. ଟୁ ବି ରିଲିଫ୍ । ନାହିଁରେ ତେଲ ପକାଇ ଶୋଇବା

ବାକ୍ୟ: After the exam, I felt an incredible sense of relief.

30. To try one's level best. ଟୁ ଟ୍ରାଏ ୱାନ୍ସ ଲେଭଲ୍ ବେଷ୍ଟ । ପ୍ରାଣପଣେ ଚେଷ୍ଟା କରିବା

ବାକ୍ୟ: Tickets are hard to come by but I'll try my level best to get you one.

31. To live in difficulty. ଟୁ ଲିଭ୍ ଇନ୍ ଡିଫିକଲ୍ଟି । ଗୁଜୁରାଣ ମେଣ୍ଟାଇବା

ବାକ୍ୟ: Without a job he is living in difficulty.

32. To roam aimlessly. ଟୁ ରୋମ୍ ଏମ୍‌ଲେସ୍‌ଲୀ । ଲଗା ନା ପଘା

ବାକ୍ୟ: After complition of Graduation Sumit moving aimlessly.

33. To add fuel to the flames. ଟୁ ଆଡ୍ ଫୁଏଲ୍ ଟୁ ଦି ଫ୍ଲେମ୍‌ସ୍ । ନିଆଁରେ ଘିଅ ପକାଇବା

ବାକ୍ୟ: The debate was going poorly for the audience, and his comments simply added fuel to the flames.

34. To give a flat denial. ଟୁ ଗିଭ୍ ଏ ଫ୍ଲାଟ୍ ଡେନିଆଲ୍ । ମୁହଁ ଉପରେ ଜବାବ ଦେବା

ବାକ୍ୟ: Mary was in denial about her illness and refused treatment.

35. To acknowledge defeat. ଟୁ ଆକ୍ନଲେଜ୍ ଡିଫିଟ୍ । ହାର୍ ମାନିବା

ବାକ୍ୟ: After all the Britishers are acknowledged defeat.

36. To be anxious. ଟୁ ବି ଆନ୍ସିଅସ୍ । ନିଦ ହଜିଯିବା

ବାକ୍ୟ: Students are being anxious for Annual Function.

37. To die. ଟୁ ଡାଏ । ଦୀପ ଲିଭିଯିବା

ବାକ୍ୟ: Twelve people died in the accident.

38. To be something wrong at the bottom. ଟୁ ବି ସମ୍ଥିଙ୍ଗ୍ ରଙ୍ଗ୍ ଆଟ୍ ଦି ବଟମ୍ । ସନ୍ଦେହ ଉପୁଜିବା

ବାକ୍ୟ: In a suicide case police said, there is something wrong at the bottom.

39. To show a clean pair of heels. ଟୁ ଶୋ ଏ କ୍ଲିନ୍ ପେୟାର୍ ଅଫ୍ ହୀଲ୍ସ । ଲାଙ୍ଗୁଡ଼ ଜାକି ପଳାଇବା

ବାକ୍ୟ: When the thief saw the police coming, he show a clean pair of heels.

40. To run about. ଟୁ ରନ୍ ଏବାଉଟ୍ । ମୁଣ୍ଡ ଝାଳ ତୁଣ୍ଡରେ ମାରିବା

ବାକ୍ୟ: I've had to run about all week getting little jobs done for my boss.

41. By leaps and bounds. ବାଏ ଲିପ୍ସ୍ ଏଣ୍ଡ ବାଉଣ୍ଡସ୍ । ପାଲିଙ୍କି ଉପରେ ପାଟଛତା

ବାକ୍ୟ: The profits of my company are increasing by leaps and bounds.

42. To vanquish. ଟୁ ଭାନ୍କ୍ୱିସ୍ । ମାଟି କାମୁଡ଼େଇବା

ବାକ୍ୟ: Chandrasekhar Azad vanquished the Britishers.

43. To ruin. ଟୁ ରୁଇନ୍ । ମାଟିରେ ମିଶାଇବା

ବାକ୍ୟ: A large white house falling into gentle ruin.

44. To run away. ଟୁ ରନ୍ ଆୱେ । ଚମ୍ପଟ୍ ମାରିବା

ବାକ୍ୟ: Children who run away from home normally go to Playground.

45. To exaggerate a thing. ଟୁ ଏକ୍ସାଗେରେଟ୍ ଏ ଥିଙ୍ଗ୍ । କୁଆ ଉଡ଼ିଗଲେ ଛୁଆ ଉଡ଼ିଗଲା କହିବା

ବାକ୍ୟ: Women are saying exaggerate all things.

46. To get no sleep. ଟୁ ଗେଟ୍ ନୋ ସ୍ଲୀପ୍। ନିଦ ହଜିଯିବା

ବାକ୍ୟ: For the I.A.S preparation Ajit getting no sleep.

47. To insult. ଟୁ ଇନ୍‌ସଲ୍‌ଟ୍। ଅପମାନ ଦେବା

ବାକ୍ୟ: We were greatly insulted by his rudeness.

48. To reveal a secret. ଟୁ ରିଭିଲ୍ ଏ ସିକ୍ରେଟ୍। ରହସ୍ୟରୁ ପରଦା ଉଠାଇବା

ବାକ୍ୟ: Police reveal the secret about a murder.

49. To conceal. ଟୁ କନ୍‌ସିଲ୍। ଗୋପନୀୟ ରଖିବା

ବାକ୍ୟ: Shyam concealed his identity by using a false name.

50. To be much ashamed. ଟୁ ବି ମଚ୍ ଆସେମ୍‌ଡ୍। ଲାଜରେ ଜଳିଯିବା

ବାକ୍ୟ: He was much ashamed of what he had said to her.

51. To destroy. ଟୁ ଡେସ୍‌ଟ୍ରଏ। ଭୂମିସାତ କରିବା

ବାକ୍ୟ: They burn, they destroy the dwellings in which Ram has taken up his abode.

52. To weep bitterly. ଟୁ ୱିପ୍ ବିଟରଲୀ। କୋହ ଫଟାଇ କାନ୍ଦିବା

ବାକ୍ୟ: Getting death news of son, mother wept bitterly.

53. To be overjoyed. ଟୁ ବି ଓଭର୍‌ଜଏଡ୍। ଅତି ଆନନ୍ଦିତ ହେବା

ବାକ୍ୟ: They were both so overjoyed to see me.

54. A narrow escape. ଏ ନ୍ୟାରୋ ଏସ୍‌କେପ୍। ଅଳ୍ପକେ ବର୍ତ୍ତିବା

ବାକ୍ୟ: In my early life I had a narrow escape from death by poisoning.

55. To wait. ଟୁ ୱେଟ୍। ବାଟ ଚାହିଁବା

ବାକ୍ୟ: Laxmi wait up her husband till midnight.

56. Fair weather friend. ଫେୟାର୍ ୱେଦର୍ ଫ୍ରେଣ୍ଡ୍। ସ୍ୱାର୍ଥପର ବନ୍ଧୁ

ବାକ୍ୟ: A fair weather friend is harmful for us.

57. To roam about. ଟୁ ରୋମ୍ ଏବାଉଟ୍। ବାରଦୁଆର ଶୁଣ୍ଢିପିଣ୍ଡା ହେବା

ବାକ୍ୟ: Rima roam about for finding a rent house.

58. To feel very greedy. ଟୁ ଫୀଲ୍ ଭେରି ଗ୍ରୀଡି। ପାଟିରୁ ଲାଳ ଗଡ଼ିବା

ବାକ୍ୟ: Seeing the sweet, Sunita felt very greedy.

59. To remain idle. ଟୁ ରିମେନ୍ ଆଇଡଲ୍। ମାଛି ଘଉଡ଼ାଇବା

ବାକ୍ୟ: This country will not remain idle if its friends are attacked.

60. To make castles in the air. ଟୁ ମେକ୍ କାସ୍‌ଟଲ୍ସ ଇନ୍ ଦି ଏୟାର୍। ଦିବାସ୍ୱପ୍ନ ଦେଖିବା

ବାକ୍ୟ: You need to study hard to win a gold medal. It is worthless to make castles in the air.

61. The watering of the mouth. ଦି ୱାଟରିଙ୍ଗ୍ ଅଫ୍ ଦି ମାଉଥ୍। ପାଟିରୁ ଲାଳ ଗଡ଼ିବା
ବାକ୍ୟ: Talking about food makes my mouth water.

62. To run away. ଟୁ ରନ୍ ଆୱେ। ଅଦୃଶ୍ୟ ହେବା
ବାକ୍ୟ: You can't run away from your problems by watching videos all day.

63. To make a mountain of a mole hill. ଟୁ ମେକ୍ ଏ ମାଉଣ୍ଟେନ୍ ଅଫ୍ ଏ ମୋଲ୍ ହିଲ୍। ତିଳକୁ ତାଳ କରିବା
ବାକ୍ୟ: Don't make a mountain of a molehill. It's not that important.

64. To acknowledge. ଟୁ ଆକ୍‌ନଲେଜ୍। ସ୍ୱୀକାର କରିବା
ବାକ୍ୟ: She found it difficult to acknowledge herself as a failure.

65. To promise. ଟୁ ପ୍ରୋମିଜ୍। କଥା ଦେବା
ବାକ୍ୟ: Going back on your promise makes you a liar.

66. To talk big. ଟୁ ଟକ୍ ବିଗ୍। ବାହାଦୂରୀ ଗପିବା
ବାକ୍ୟ: It's easy to talk big but what did they actually do?

67. To face. ଟୁ ଫେସ୍। ସାମ୍ନା କରିବା
ବାକ୍ୟ: I am ready to face any problem.

68. To be all in all. ଟୁ ବି ଅଲ୍ ଇନ୍ ଅଲ୍। ସର୍ବେସର୍ବା ହେବା
ବାକ୍ୟ: In that Company Ajit is all in all.

69. To take to one's heels. ଟୁ ଟେକ୍ ଟୁ ୱାନ୍ସ ହୀଲ୍ସ। ଜୀବନ ନେଇ ଦୌଡ଼ିବା
ବାକ୍ୟ: The thief took to his heels when he saw a policeman after him.

70. To surrrender. ଟୁ ସରେଣ୍ଡର୍। ଆତ୍ମସମର୍ପଣ କରିବା
ବାକ୍ୟ: The commander surrendered the valley to the opposing forces.

71. To sit idly. ଟୁ ସିଟ୍ ଆଇଡିଆଲୀ। ହାତ ବାନ୍ଧି ବସିବା
ବାକ୍ୟ: I do not intend to sit idly by while my children need my help.

72. To make efforts. ଟୁ ମେକ୍ ଏଫୋର୍ଟସ୍। ଚେଷ୍ଟା କରିବା
ବାକ୍ୟ: I will make every effort to be there on time.

73. Give up. ଗିଭ୍ ଅପ୍। ହାତଛଡ଼ା କରିବା

ବାକ୍ୟ: Gloria tried to be friendly with Kelly, but finally gave up.

74. To repent. ଟୁ ରିପେଣ୍ଟ୍। ପଶ୍ଚାତାପ କରିବା

ବାକ୍ୟ: Do you repent of the sins that separate us from God and neighbor?

75. To build castles in the air. ଟୁ ବିଉଲଡ୍ କାସ୍‌ଟଲ୍ସ ଇନ୍ ଦି ଏୟାର୍। କୁହୁଡ଼ି ପହଁରିବା

ବାକ୍ୟ: Don't build castles in the air. Work hard to fulfill your aim.

ଲୋକକଥା PROVERBS

1.	Among the blind the one-eyed is king.	ଏମଙ୍ଗ୍ ଦି ବ୍ଲାଇଣ୍ଡ ଦି ୱାନ୍-ଆଏଡ୍ ଇଜ୍ କିଙ୍ଗ୍।	ଅପାଳକ ରାଇଜରେ ବିଜୁଳି ଲକ୍ଷେଟଙ୍କା।
2.	Empty vessels make the most noise.	ଏମ୍ପଟୀ ଭେସେଲ୍ସ ମେକ୍ ଦି ମୋଷ୍ଟ ନଏଜ୍।	ଫମ୍ପା ମାଠିଆର ଶବ୍ଦ ଅଧିକ।
3.	If one is good, the world is good.	ଇଫ୍ ୱାନ୍ ଇଜ୍ ଗୁଡ୍, ଦି ୱାର୍ଲଡ୍ ଇଜ୍ ଗୁଡ୍।	ନିଜେ ଭଲ ହେଲେ ଦୁନିଆଁ ଭଲ।
4.	Prevention is better than cure.	ପ୍ରିଭେନ୍‌ସନ୍ ଇଜ୍ ବେଟର୍ ଦ୍ୟାନ୍ କିଓର୍।	ନିବାରଣ ଠାରୁ ନିରାକରଣ ଭଲ।
5.	Hurry spoils curry.	ହରୀ ସ୍ପଏଲ୍ସ କରୀ।	ତରତରରେ କାମ ଖରାପ।
6.	To kill two birds with one stone.	ଟୁ କିଲ୍ ଟୁ ବାର୍ଡସ୍ ୱିଥ୍ ୱାନ୍ ଷ୍ଟୋନ୍।	ଗୋଟିଏ ଗୁଳିରେ ଦୁଇଟି ଶିକାର।
7.	Handsome is that handsome does.	ହ୍ୟାଣ୍ଡସମ୍ ଇଜ୍ ଦ୍ୟାଟ୍ ହ୍ୟାଣ୍ଡ୍‌ସମ୍ ଡଜ୍।	କାମ ଭଲ ତ ନିଜେ ଭଲ।
8.	Nearer the church farther from heaven.	ନିଅରର୍ ଦି ଚର୍ଚ୍ଚ ଫାର୍‌ଦର୍ ଫ୍ରମ୍ ହେଭେନ୍।	ଦୀପ ତଳ ଅନ୍ଧାର।
9.	While there is life there's hope.	ହ୍ୱାଇଲ୍ ଦେୟାର୍ ଇଜ୍ ଲାଇଫ୍ ଦେୟାର୍ ଇଜ୍ ହୋପ୍।	ଜୀବ ଥିଲେ ଲୋଭ ଅଛି।
10.	Where there are flowers, there are thorns.	ହ୍ୱେୟାର୍ ଦେୟାର୍ ଆର୍ ଫ୍ଲାୱାର୍ସ, ଦେୟାର୍ ଆର୍ ଥ୍ରୋନ୍ସ।	ଫୁଲ ଥିଲେ କଣ୍ଟା ଅଛି।
11.	Might is right.	ମାଇଟ୍ ଇଜ୍ ରାଇଟ୍।	ଜୋର୍ ଯା'ର ମୁଲକ ତା'ର।
12.	The wearer best knows where the shoe pinches.	ଦି ୱେରର୍ ବେଷ୍ଟ ନୋଜ୍ ହ୍ୱେୟାର୍ ଦି ସୁ ପିଞ୍ଚେସ୍।	ଯାହାର କଷ୍ଟ ସେ ଜାଣେ।

13.	As the king so are the subjects.	ଆଜ୍ ଦି କିଙ୍ଗ୍ ସୋ ଆର୍ ଦି ସବ୍‌ଜେକ୍ଟସ୍ ।	ଯେପରି ରାଜା ସେପରି ପ୍ରଜା ।
14.	Be a Roman when you are in Rome.	ବି ଏ ରୋମାନ୍ ହ୍ୱେନ୍ ୟୁ ଆର୍ ଇନ୍ ରୋମ୍ ।	ଯେ ଦେଶ ଯାଇ ସେ ଫଳ ଖାଇ ।
15.	Barking dogs seldom bite.	ବାର୍‌କିଙ୍ଗ୍ ଡଗ୍ସ ସେଲ୍‌ଡମ୍ ବାଇଟ୍ ।	ଭୁକିଲା କୁକୁର କାମୁଡ଼େ ନାହିଁ ।
16.	A little pot is soon hot.	ଏ ଲିଟିଲ୍ ପଟ୍ ଇଜ୍ ସୁନ୍ ହଟ୍ ।	ଛୋଟ ସାପର ବିଷ ବେଶୀ
17.	Money begets money.	ମନୀ ବେଗେଟ୍ସ ମନୀ ।	ଟଙ୍କା ହିଁ ଟଙ୍କାକୁ ଜନ୍ମଦିଏ ।
18.	A bird in hand is better than two in the bush.	ଏ ବାର୍ଡ ଇନ୍ ହ୍ୟାଣ୍ଡ୍ ଇଜ୍ ବେଟର୍ ଦ୍ୟାନ୍ ଟୁ ଇନ୍ ଦି ବୁସ୍ ।	ନାହିଁ ମାମୁଁ ଠାରୁ କଣା ମାମୁଁ ଭଲ
19.	A bad workman blames the tools.	ଏ ବ୍ୟାଡ୍ ୱର୍କମ୍ୟାନ୍ ବ୍ଲେମ୍ସ ଦି ଟୁଲ୍ସ ।	ନାଚି ନଜାଣି ବାଟର ଦୋଷ ।
20.	A little knowledge is a dangerous thing.	ଏ ଲିଟିଲ୍ ନଲେଜ୍ ଏ ଡେଞ୍ଜରସ୍ ଥିଙ୍ଗ୍ ।	ଅଳ୍ପ ବିଦ୍ୟା ଭୟଙ୍କର ।
21.	To live in Rome and strife with the Pope.	ଟୁ ଲିଭ୍ ଇନ୍ ରୋମ୍ ଏଣ୍ଡ୍ ଷ୍ଟ୍ରାଇଫ୍ ୱିଥ୍ ଦି ପୋପ୍ ।	ପାଣିରେ ରହି କୁମ୍ଭୀର ସହ ଶତ୍ରୁତା ।
22.	No pain, no gain.	ନୋ ପେନ୍, ନୋ ଗେନ୍ ।	କଷ୍ଟ କଲେ କୃଷ୍ଣ ମିଳେ ।
23.	The priest goes no further than the church.	ଦି ପ୍ରିଏଷ୍ଟ ଗୋଜ୍ ନୋ ଫରଦର୍ ଦ୍ୟାନ୍ ଦି ଚର୍ଚ୍ଚ ।	ଏଣ୍ଟୁଅ ଦଉଡ଼ କିଆ ବୁଦାକୁ ।
24.	Diamond cuts diamond.	ଡାଇମଣ୍ଡ କଟ୍ସ ଡାଇମଣ୍ଡ ।	ବିଷକୁ ବିଷ କାଟେ ।
25.	Silence is golden.	ସାଇଲେନ୍ସ ଇଜ୍ ଗୋଲ୍‌ଡେନ୍ ।	ନୀରବ ରହିବା ସବୁଠୁଁ ଭଲ ।

•••

ଇଂରାଜୀ-ଓଡ଼ିଆ ଶବ୍ଦକୋଶ
ENGLISH-ODIA DICTIONARY
ବର୍ଗୀକୃତ ଶବ୍ଦ ସୂଚୀ
Classified Glossary

1. ସମ୍ପର୍କୀୟ Relations

Uncle	କକା
Aunt	ଖୁଡ଼ି
Sister-in-law	ଜା (ନଣନ୍ଦ)
Grandfather	ଜେଜେ
Grandmother	ଜେଜେ ମା'
Son-in-law	ଜ୍ୱାଇଁ
·ndfather (Maternal)	ଅଜା
Grandmother (Maternal)	ଆଈ
Husband	ସ୍ୱାମୀ
Wife	ସ୍ତ୍ରୀ
Father	ପିତା (ବାପା)
Son	ପୁତ୍ର
Daughter-in-law	ପୁତ୍ରବଧୂ
Daughter	ଝିଅ
Sister	ଭଉଣୀ
Nephew	ପୁତୁରା
Niece	ଝିଆରୀ
Brother	ଭାଇ
Nephew	ଭଣଜା
Niece	ଭାଣିଜୀ
Mother	ମା'
Uncle (Maternal)	ମାମୁଁ
Aunt (Maternal)	ମାଇଁ
Father-in-law	ଶ୍ୱଶୁର
Mother-in-law	ଶାଶୁ
Step-mother	ସାବତ ମା'

2. ଘରୋଇ ସରଞ୍ଜାମ Domestic Articles

Almirah	ଆଲମାରୀ
Chair	ଚେୟାର
Scissors	କଇଁଚି
Glass	ଗିଲାସ
Mat	ସପ
Spoon	ଚାମଚ
Key	ଚାବି
Bed	ଖଟ
Stove	ଚୂଲା
Umbrella	ଛତା
Basket	ଝୁଡ଼ି
Lock	ତାଲା
Plate	ଥାଳି
Box	ବାକ୍ସ
Pot	ବାସନ
Bucket	ବାଲ୍‌ତି
Table	ଟେବୁଲ୍
Candle	ମହମବତୀ
Box	ସିନ୍ଦୁକ
Soap	ସାବୁନ
Needle	ଛୁଞ୍ଚି
Hammer	ହାତୁଡ଼ି

3. ଲେଖାପଢ଼ା ସାମଗ୍ରୀ
Stationery

Newspaper	ଖବରକାଗଜ
Pin	ଆଲ୍‌ପିନ୍
Pen	କଲମ
Paper	କାଗଜ
Postage stamp	ଡାକ ଟିକଟ
Wire	ତାର
Inkpot	ସ୍ୟାହି ଧୁଆଠ
Carbon paper	କାର୍ବନ୍ କାଗଜ
Copying	ନକଲ କରିବା
Pencil	ପେନ୍‌ସିଲ
Map	ନକ୍ସା
Divider	ବୃତ୍ତ ଆଙ୍କିବା ଯନ୍ତ୍ର
Postcard	ପୋଷ୍ଟକାର୍ଡ
File	ଫାଇଲ୍
Tape	ଫିତା
Seal	ମୋହର
Eraser	ରବର
Rubber stamp	ରବର ମୋହର
Waste-paper	ଅନାବନା କାଗଜ
Basket	ଝୁଡ଼ି
Envelope	ଲଫାପା
Ink	ସ୍ୟାହି
Blotting paper	ବ୍ଲଟିଙ୍ଗ୍ କାଗଜ

4. ଶରୀରର ଅଙ୍ଗ
Parts of the Body

Toe	ଆଙ୍ଗୁଳି (ଗୋଡ଼)
Finger	ଆଙ୍ଗୁଳି (ହାତ)
Thumb	ବୁଢ଼ା ଆଙ୍ଗୁଳି (ହାତ)
Eye	ଆଖି
Lip	ଓଠ
Heel	ଗୋଇଠି
Shoulder	କାନ୍ଧ
Waist	ଅଣ୍ଟା
Ear	କାନ
Skull	ଖପୁରୀ
Neck	ବେକ
Throat	ଗଳା
Cheek	ଗାଲ
Knee	ଆଣ୍ଠୁ
Skin	ଚମଡ଼ା (ତ୍ୱଚା)
Face	ମୁଖମଣ୍ଡଳ
Chest	ଛାତି (ପୁରୁଷ)
Breast	ଛାତି (ମହିଳା)
Thigh	ଜଙ୍ଘ
Tongue	ଜିଭ
Chin	ଥୋଡ଼ି
Beard	ଦାଢ଼ି
Tooth	ଦାନ୍ତ
Brain	ମସ୍ତିଷ୍କ
Vein	ନାଡ଼ି
Nose	ନାକ
Back	ପିଠି
Stomach	ପେଟ
Muscle	ମାଂସପେଶୀ
Foot	ପାଦ
Lung	ଫୁସ୍‌ଫୁସ୍
Hair	କେଶ (ବାଳ)
Gum	ମାଢ଼ି
Mouth	ପାଟି
Backbone	ମେରୁଦଣ୍ଡ
Bone	ହାଡ଼
Palm	ପାପୁଲି
Heart	ହୃଦୟ

5. ରୋଗ Ailments

Leprosy	କୁଷ୍ଠ ରୋଗ
Constipation	କୋଷ୍ଠବଦ୍ଧତା
Cough	କାଶ
Rheumatism	ଗଣ୍ଠିବାତ

Tumour	ଆବୁ
Dumb	ମୂକ
Giddiness	ମୁଣ୍ଡବୁଲା ରୋଗ
Sneeze	ଛିଙ୍କ
Fever	ଜ୍ୱର
Asthma	ଶ୍ୱାସରୋଗ
Ringworm	ଦାଦୁ
Stone	ପଥର
Sweat	ଝାଳ
Insanity	ପାଗଳାମି
Pus	ପୂଯ
Jaundice	କାମଳ ରୋଗ
Dysentery	ଅମାଶୟ (ନାଳଝାଡ଼ା)
Leucorrhoea	ଶ୍ୱେତ ପ୍ରଦର
Boil	ବଥ
Phelgm	କଫ
Piles	ଅର୍ଶରୋଗ
Diabetes	ମଧୁମୂତ୍ର ରୋଗ
Fever	ଜ୍ୱର
Hunger	ଭୋକ
Urine	ମୂତ୍ର
Fatness	ମୋଟାପଣ
Cataract	ମୋତିଆ ବିନ୍ଦୁ
Anaemia	ରକ୍ତହୀନତା
Paralysis	ପକ୍ଷାଘାତ
Stool	ବିଷ୍ଠା (ମଳ)
Small-pox	ବସନ୍ତ ରୋଗ
Headache	ମୁଣ୍ଡବିନ୍ଧା
Swelling	ଜଳାପୋଡ଼ା (ଫୁଲା)
Cholera	ହଇଜା

6. ବସ୍ତ୍ର ଏବଂ ପରିଧାନ Clothes & Wearing

Napkin	ଗାମୁଛା
Shirt	ଶାର୍ଟ
Blanket	କମ୍ବଳ
Coat	କୋଟ
Sheet	ଚାଦର
Pocket	ପକେଟ୍
Towel	ତଉଲିଆ
Gloves	ହସ୍ତାବରଣ
Shawl	ଶାଲ
Pant	ପ୍ୟାଣ୍ଟ
Trousers	ପାଇଜାମା
Button	ବୋତାମ
Cotton	ତୁଳା
Silk	ରେଶମ
Gown	ଗାଉନ୍
Petticoat	ଘାଗରା
Turban	ପଗଡ଼ି

7. ଆଭୂଷଣ Ornaments

Ring	ମୁଦି
Bracelet	କଙ୍କଣ
Bangle	କଡ଼ା
Bangle	ଚୁଡ଼ି
Garland	ମାଳା
Coral	ପୋହଳା
Pearl	ମୋତୀ
Diamond	ହୀରା

8. ଫୁଲ, ଫଳ ଏବଂ ପନିପରିବା Flowers, Fruits & Vegetables

Mango	ଆମ୍ବ
Potato	ଆଳୁ
Grape	ଅଙ୍ଗୁର
Fig	ଡିମିରି
Sugarcane	ଆଖୁ
Lotus	ପଦ୍ମ
Pumpkin	ବୋଇତିକଖାରୁ
Banana	କଦଳୀ
Date	ଖଜୁରୀ

Carrot	ଗାଜର
Rose	ଗୋଲାପ
Grass	ଘାସ
Blackberry	ଜାମୁକୋଳି
Watermelon	ତରଭୁଜ
Coconut	ନଡ଼ିଆ
Orange	କମଳା
Lemon	ଲେମ୍ବୁ
Papaya	ଅମୃତଭଣ୍ଡା
Mint	ପୋଦିନାପତ୍ର
Plant	ଗଛ
Onion	ପିଆଜ
Cauliflower	ଫୁଲକୋବି
Cabbage	ବନ୍ଧାକୋବି
Plum	ବରକୋଳି
Brinjal	ବାଇଗଣ
Chilli	ଲଙ୍କା
Groundnut	ଚିନାବାଦାମ
Radish	ମୂଳା
Garlic	ରସୁଣ
Apple	ସେଓ

9. ଖଣିଜ ପଦାର୍ଥ Minerals

Coal	କୋଇଲା
Silver	ଚାନ୍ଦି
Copper	ତମ୍ବା
Mercury	ପାରଦ
Brass	ପିତଳ
Tin	ଟିଣ
Lead	ସୀସା
Iron	ଲୁହା

10. ଅନ୍ନ ଓ ଖାଦ୍ୟ ପଦାର୍ଥ Cereals & Eatables

Cornflour	ଅଟା
Coffee	କଫି
Wheat	ଗହମ
Gram	ଚଣା
Cake	ରୁଟି
Tea	ଚା
Sugar	ଚିନି
Barley	ଯବ
Oil	ତେଲ
Curd	ଦହି
Pulse	ଡାଲି
Milk	ଦୁଧ
Cheese	ଛେନା
Maize	ମକା
Food	ଭୋଜନ
Butter	ମଖନ
Cream	ସର
Meat	ମାଂସ
Sweets	ମିଠାଇ
Jam	ମୋରବା
Fine flour	ମଇଦା
Bread	ରୁଟି
Loaf-sugar	ଗୁଡ଼
Wine	ମଦ
Honey	ମହୁ

11. ଜୀବିକା Occupations

Teacher	ଶିକ୍ଷକ
Artisan	କାରିଗର
Artist	କଳାକାର
Farmer	କୃଷକ
Treasurer	କୋଷାଧ୍ୟକ୍ଷ
Shoe-maker	ମୋଚି
Jeweller	ଅଳଙ୍କାର ବ୍ୟବସାୟୀ
Weaver	ତନ୍ତୀ
Brasier	କଂସାରୀ
Postman	ଡାକବାଲା
Doctor	ଡାକ୍ତର
Oilman	ତେଲୀ

Tailor	ଦର୍ଜି	Calf	ବାଛୁରୀ
Dentist	ଦନ୍ତ ଚିକିତ୍ସକ	Cat	ବିରାଡ଼ି
Shopkeeper	ଦୋକାନୀ	Monkey	ମାଙ୍କଡ଼
Washerman	ଧୋବା	Ox	ବଳଦ
Watchman	ଚୌକିଦାର	Bear	ଭାଲୁ
Hawker	ବୁଲାବିକାଳି	Sheep	ମେଣ୍ଢା
Carpenter	ବଢ଼େଇ	Lamb	ମେଣ୍ଢାଛୁଆ
Beggar	ଭିକାରୀ	Fox	କୋକିଶିଆଳୀ
Fisherman	ଧୀବର	Bull	ଷଣ୍ଢ
Boatman	ନାଉରିଆ	Jackal	ଶିଆଳ
Gardener	ମାଳୀ	Lion	ସିଂହ
Clerk	ଗୁମାସ୍ତା (କିରାନି)	Pig	ଘୁଷୁରି
Sweeper	ଝାଡୁଦାର	Deer	ହରିଣ
Cashier	କୋଷାଧକ୍ଷ	Elephant	ହାତୀ
Dyer	ରଞ୍ଜକ		**13. ପକ୍ଷୀ Birds**
Writer	ଲେଖକ	Egg	ଅଣ୍ଡା
Physician	ବଇଦ	Owl	ପେଚା
Goldsmith	ବଣିଆ	Pigeon	ପାରା
Editor	ସମ୍ପାଦକ	Cuckoo	କୋଇଲି
Confectioner	ଗୁଡ଼ିଆ	Crow	କାଉ
	12. ପଶୁ Animals	Eagle	ଇଗଲ
Camel	ଓଟ	Sparrow	ଘରଚଟିଆ
Dog	କୁକୁର	Nest	ପକ୍ଷୀବସା
Rabbit	ଠେକୁଆ	Bat	ବାଦୁଡ଼ି
Donkey	ଗଧ	Kite	ଚିଲ
Cow	ଗାଈ	Beak	ଥଣ୍ଟ
Horse	ଘୋଡ଼ା	Wing	ଡେଣା
Mouse	ମୂଷା	Cage	ପିଞ୍ଜରା
Tail	ଲାଞ୍ଜ	Nightingale	ବୁଲବୁଲ
Beast	ପଶୁ	Cock	କୁକୁଡ଼ା (ଗଞ୍ଜା)
Claw	ପଶୁର ନଖ	Hen	ମାଈ କୁକୁଡ଼ା
Puppy	କୁକୁରଛୁଆ	Peacock	ମୟୂର
He-goat	ଅଣ୍ଡିରା ଛେଳି	Crane	ସାରସ ପକ୍ଷୀ
She-goat	ମାଈ ଛେଳି	Swan	ରାଜହଂସ

•••